TRAITÉ
DES CONTRATS
DE MARIAGE.
CONTENANT

UN RECUEIL DES MAXIMES les plus approuvées pour les regler & les dresser avec précaution, & toutes les clauses differentes dont ils peuvent être composez entre toutes sortes de personnes, suivant l'usage des Pays de Coûtumes, & de Droit écrit.

A PARIS, AU PALAIS,

Chez DAMIEN BEUGNIE', dans la Grand'Salle, au Pilier des Consultations, au Lion d'Or.

M. DCC. VIII.

Avec Approbation, & Privilege du Roy.

A MONSEIGNEUR
MESSIRE
LOUIS BECHAMEIL,
CHEVALIER,
MARQUIS DE NOINTEL,
CONSEILLER D'ESTAT.

MONSEIGNEUR,

Si j'ay travaillé à la com-
position de ce petit livre, conte-
nant les preceptes & la methode

EPISTRE.

de dreßer facilement & avec jugement les Contrats de Mariage, dans le deßein de le rendre utile au Publique, ce n'a pas été sans former en même tems celuy de l'offrir à une perſonne d'une vertu recommandable, conſiderée, reſpectée dans le monde, & qui par l'autorité d'un merite ſuperieur pût faire connoître qu'en l'agréant le premier, il n'eſt pas indigne de l'approbation des autres. Cette perſonne, c'eſt vous, MONSEIGNEUR, que l'on reſpecte en effet, non pas ſeulement à cauſe du caractere que vous portez & de la place éminente que vous tenez dans le Conſeil de Sa Majeſté ; mais plus encore par la connoißance & les preuves que nous avons de ces rares & nobles talens que vous avez employez à ſervir le Roy & l'Etat dans les plus belles Intendances du Royaume, & qui ont laißé dans les Provinces où ils

ont brillé une impreßion ſi vive,
qu'elles ne ceſſent de regreter vôtre abſence, & d'avoüer qu'elles
n'ont jamais été gouvernées ſi ſagement, ny par une perſonne qui
ait ſçû mieux ménager les interêts du Prince & ceux du peuple
en même tems.

C'eſt dans cet illuſtre employ de
Conſeiller d'Etat qui fait aujour-
d'huy l'objet de vos occupations,
qu'à la vûë de tant de rares qualitez qui donnent de la veneration pour vôtre perſonne, vous faites avoüer, MONSEIGNEUR,
qu'aprés avoir tres-dignement rempli ceux qui luy ont ſervi comme
de degrez pour y parvenir, vous y
ſoutenez merveilleuſement bien cette haute réputation que vous vous
êtes acquiſe par la facilité que
vous faites paroître dans la diſcuſſion des interêts publics au mi-
lieu d'un Conſeil ſi plein de lumie-
re & de penetration, qu'il ne faut
pas moins que vôtre capacité pour

EPISTRE.

la foutenir, comme vous faites, avec une approbation ſi univerſelle.

Je pourrois ſans flaterie ny ſans ſortir des bornes d'une juſte moderation, en entrant dans un plus ample détail de tous les endroits d'éclat qui ont ſignalé vôtre conduite, faire reſſouvenir le Public combien il vous doit être redevable de ces exemples de vertus que vous luy propoſez ſans ceſſe dans toutes vos actions. C'eſt une juſtice même qui vous eſt düe, & à laquelle je ſatisferois plus volontiers qu'un autre, ſi je n'en étois empêché par les motifs de la retenuë que m'inſpire la conſideration de vôtre modeſtie naturelle, qui n'eſt pas un petit relief à tant d'autres qualitez qui éclatent en vous.

Il ne faut donc pas s'étonner ſi je prens la liberté de m'adreſſer à vous, MONSEIGNEUR, pour faire réüſſir mon deſſein, ou-

tre que j'y fuis excité par la
confideration generale de l'eftime
publique que vous poffedez, &
fur tout par ce jufte difcernement
que vous faites des chofes, fi propre à donner à un livre tout le
credit dont il a befoin dés que
vous voudrez bien l'honorer de vôtre approbation. Je m'y fens engagé d'ailleurs par les motifs particuliers d'une double reconnoiffance.
Je vous la dois foit comme com-
patriote de la ville de Clermont,
laquelle ayant l'avantage d'avoir
dans fon voifinage vos principales terres, a déja reçu & eft tous
les jours en état de recevoir des
marques de la bienveillance que
vous avez pour elle ; foit parce
que j'en ay reçu moy-même des
graces particulieres dont vous m'a-
vez honoré en tant de rencontres,
que je dois indifpenfablement ê-
tre attaché à vôtre perfonne , en
forte que je croirois effentiellement
manquer à mon devoir, fi en met-

EPISTRE.

tant au jour ce petit Ouvrage, je ne commençois par vous l'offrir & le soumettre à vôtre jugement.

Si vous avez la bonté, MONSEIGNEUR, de l'appuyer d'un suffrage favorable, j'ay tout lieu de me flater qu'il sera bien reçu, puisqu'il est difficile que les personnes de discernement ne se déclarent pas pour une chose qui aura eu l'avantage de meriter vôtre agrément. Ce sera le moyen de fermer la bouche à l'envie, & de faire perdre aux mauvais Censeurs la demangeaison de l'attaquer injustement. Mais c'est peut-être aussi trop présumer de moy & de vos bontez, MONSEIGNEUR, que d'oser reclamer vôtre protection pour un sujet si mediocre. Quoyqu'il en soit, je ne laisse pas que de le faire avec quelque sorte de confiance. Persuadé que malgré l'indiscretion de mon zele, vôtre generosité ordinaire vous portera à m'accorder une

EPISTRE.

faveur que je n'ay enfin resolu de vous demander que dans l'apprehension de n'avoir jamais que cette occasion de vous donner des témoignages publics de mon respect, & du dévoüement avec lequel j'ay l'honneur d'être,

MONSEIGNEUR,

Vôtre tres-humble & tres-obéïssant serviteur G.D.T.

PREFACE
AU LECTEUR.

IL semble que c'est venir aprés coup, & se donner une peine superfluë, que de mettre au jour un ouvrage sur la maniere de rediger les Contrats de Mariage ; que c'est écrire pour écrire seulement sans aucun fruit pour le Public, que de toucher une matiere si ordinaire qui fait l'attention tous les jours des plus habiles gens par la necessité generale & frequente de bien entendre la qualité & la substance d'un acte aussi commun qu'il est important dans le commerce, & que c'est aller inconsidérément sur les voyes d'au-

truy, que de traiter un sujet
aprés que tant d'autres en ont
parlé d'une maniere si utile à
l'instruction de ceux qui se
donnent la peine de frequen-
ter les livres.

J'avoüe que cette raison avoit
d'abord fait impression sur mon
esprit, & qu'elle m'auroit empêché de penser à rendre publiques des observations qui
étoient les fruits des reflexions que j'avois faites sur cette matiere dans l'exercice d'u-
ne profession à laquelle je me
suis dévoüé il y a plus de
vingt ans, & que je n'avois
mis sur le papier que confu-
sément & seulement pour mon
instruction & soulagement particulier dans les occasions où
comme Avocat j'ay été requis
de donner mon avis ou de rediger des articles de Mariage
entre personnes qui m'ont confié leurs interêts.

Mais ayant confideré que
cette fcience a plus de délica-
teffe & de profondeur qu'on
ne s'imagine ; que c'eft une
terre qui plus elle eft cultivée
plus elle produit, & que tant
de livres qu'on a faits fur les
plus grandes matieres de nôtre Droit Coûtumier, n'empêchent pas qu'on n'imprime
tous les jours fur les mêmes
fujets des ouvrages qui paroif-
fent nouveaux., & font encore plaifir à ceux-là mêmes
qui ont vû tous les autres,
parce qu'il s'y rencontre toûjours des endroits qui les ré-
compenfent de la peine qu'ils
ont de les lire, & contribuent
de quelque chofe à leur inf-
truction. J'ay cru que je pou-
vois paffer par deffus cette raifon.

Et ce qui m'a encore plus
fortement déterminé à prendre ce parti, eft qu'encore que

le sujet que je traite se trouve répandu dans tous nos livres, ce n'est pas neanmoins avec suite & avec intention de la part des Auteurs d'en épuiser le fond, & de ne laisser rien à desirer à l'instruction de celuy qui veut se former une connoissance universelle de tous les mysteres de cette espece de Contrats: ce n'est que par fragmens & à l'occasion d'autres matieres qu'ils en parlent; il y a beaucoup de choses même necessaires à sçavoir qui ne se trouvent pas chez eux, & qui ne s'apprennent que par une experience journaliere formée sur des évenemens souvent imprévûs qui donnent lieu aujourd'huy à une infinité de clauses qui n'étoient pas en usage autrefois.

Nous voyons le Notaire Cassan, M. Claude Ferriere en son livre de la Science des Notaires, & autres Auteurs & Praticiens plus anciens qui ont donné au Public des formules de Contrats de Mariage avec quelques Notes fur la matiere de ces Contrats qui ne peuvent qu'être utiles; mais comme ces Notes font tres-fuccinctes & faites comme en paffant dans le rang d'une quantité de fujets differents, ils n'ont pû ny voulu vray-femblablement fortir des bornes du deffein qu'ils s'étoient fait de parler de bien d'autres chofes, ny changer l'ordre de leurs projets pour s'attacher à propofer toutes les regles & les principes fur lefquels eft fondée la doctrine des Contrats de Mariage qui merite par elle-même un Traité particulier.

Ces regles & ces principes font fondez fur les Ordonnances, fur les Coûtumes, fur le droit écrit, fur les Arrêts des Cours Souveraines & fur le droit commun ; il les faut entendre à fond & leurs diverſitez pour bien dreſſer des articles de Mariage. Les Coûtumes, par exemple, font ſouvent differentes touchant les communautez de biens , les doüaires, les dots, les avantages reciproques .entre conjoints & autres chefs de conventions matrimoniales ; qui les ignore eſt expoſé à faire des actes defectueux qui font tomber les parties dans des inconveniens tres-préjudiciables à leurs familles, ce qui arrive à ceux qui n'ont pas d'experience, & qui ſe repoſent ſur la foy de quelques modeles qu'ils trouvent dans les ſtyles & directoires des Notaires.

C'eſt pour éviter ces dangers & pour aller au but que

tous les gens du métier se pro-
posent, que j'ay cherché &
me suis fait une route qui
m'ayant conduit jusqu'à present avec assez de facilité,
pourra je m'imagine guider les
autres avec le même succés.
Ce sera au Lecteur à juger si
la methode est aussi aisée que
je me la figure ; au moins
elle me paroît avoir cet avantage que je me suis étudié à
faire en sorte que les veritez
que je propose se suivent & se
soutiennent l'une l'autre, &
que par cet enchaînement elles soient plus capables de faire impression sur l'esprit, & de
rassembler en tres-peu de tems
toutes les idées dont on a besoin quand l'occasion se presente de dresser un Contrat
de Mariage dés que l'on est
informé de la condition des
parties, de la nature de leurs
biens, & des conséquences
de

de leurs interêts.

C'eſt à quoy je me ſuis d'autant plus neceſſairement attaché, qu'ayant entrepris avant
d'avoir fait ces reflexions de
travailler à des Contrats de
Mariage de quelque impor-
tance indépendamment de cette methode, j'ay ſenti par ma
propre experience que faute
de cette ſuite, l'eſprit étant
diſſipé par la diverſité des ob-
jets & la confuſion des idées,
en étoit moins touché, & qu'on
en tiroit par conſequent moins
de profit.

J'ay donc ramaſſé avec le
plus de choix qu'il m'a été
poſſible les principes les plus
certains & les plus importans
ſur cette matiere. Je commence
dans le premier chapitre par
montrer l'origine & l'excellence du Mariage. Dans le ſecond
j'explique la qualité des Contrats de Mariage par rapport

aux effets civils : les chapitres
fuivans traitent de la communauté, de la dot, de l'ameubliffement, du douaire, du
préciput, de la claufe de renonciation à la communauté
par la femme avec faculté de
reprendre, du remploy des
propres des conjoints alienez
pendant le Mariage, des avantages reciproques des conjoints
& des fecondes nôces. Chacune de ces matieres a fon chapitre feparé fuivant l'arrange-
ment qui s'obferve aux articles
de Mariage avec les inftruc-
tions & Notes qui leur font
propres, ayant difpofé le tout
dans un ordre methodique
qui me paroît naturel & fort
propre à l'effet que je pré-
tends, qui eft de donner à un
chacun une parfaite intelligence de la conduite que doivent
tenir les Avocats, Notaires &
autres confeils chargez du foin

de la redaction ou compoſi-
tion d'un Contrat de Mariage.

Je n'ay pas voulu faire un
plus gros livre quoyque j'euſſe
de la matiere ſuffiſamment
préparée ; mais au contraite
je me ſuis attaché à réduire
tout en principes & en faits dé-
tachez de toutes queſtions, que
j'ay évité ſoigneuſement pour
ne pas perdre la ſuite & l'œconomie de mon deſſein, & ne
pas charger le Lecteur d'un
recüeil de ce qui ſe trouve
répandu dans les autres livres.

De l'établiſſement de ces
principes appuyez tantôt d'un
raiſonnement, tantôt de l'autorité des Arrêts & du ſentiment des Auteurs, je paſſe aux
conſequences que j'ay tirées
les plus juſtes & les plus aſſûrées qu'il m'a été poſſible, ſur
leſquelles j'ay redigé les clau-

ses & stipulations differentes de
toutes especes, les ayant distribuées en lettres italiques chacune à son rang, c'est-à-dire,
suivant l'ordre des matieres
ausquelles elles sont attachées,
& qui se trouveront sur le
champ ou par le moyen de la
table mise à la fin du livre, ou
bien en recourant au chapitre
auquel la clause dont on sera
en peine aura sa relation. Par
exemple, une clause de communauté se trouvera sur le
chapitre de la communauté,
une institution d'heritier ou
substitution dans le chapitre
de la dot, & ainsi des autres.

J'avertis seulement le Lecteur que parmy ces clauses,
il en trouvera de pleines &
finies, d'autres qui sont inter-
rompuës par des explications
& citations d'autoritez sur chacune de leurs parties, pourquoy

j'ay mis ce mot, *Suite*, à la marge & à côté de plusieurs articles pour faire connoître qu'ils sont relatifs à la clause précedente, qui est comme un tout auquel ces parties doivent être réünies.

Si l'on trouve que je sois tombé dans quelques erreurs, & que j'aye avancé quelques maximes douteuses, je diray pour ma justification que je ne l'ay pas fait de mon chef, & que tout au contraire de certains écrivains qui se piquent d'établir des maximes sur la foy de leurs propres meditations, j'ay affecté de ne rien avancer que sur celle des Auteurs les plus approuvez, & des Arrêts que je cite, tant pour lever sur le champ le scrupule des uns, que pour aider les autres plus incredu- les à verifier ce que je propo- se. A l'égard du style dont je

me suis servi dans ce petit Ouvrage, quoyque l'on pût répondre à ceux qui le trouveront trop dur & peu exact,
qu'un sujet de la nature de
celuy que je traite rempli de
preceptes qui enseignent à
dresser des clauses dont le langage singulier a été inventé
uniquement pour conserver
l'interêt des particuliers, n'est
pas susceptible de grand ornement, ny d'une politesse propre à flater les oreilles ; neanmoins j'aime mieux laisser au
Lecteur la liberté d'en faire
tel jugement qu'il luy plaira ;
& s'il est vray qu'il se trouve
des gens difficiles qui ne par-
donnent rien, & qui reprennent jusqu'aux moindres dé-
fauts, l'on se consolera aussi de
leur peu d'indulgence, si l'on
a le bonheur de plaire à ceux
qui ne cherchant que le soli-
de, ne font pas difficulté de

PREFACE.

recevoir favorablement un livre dés qu'ils y trouvent des
veritez inſtructives dont le Public peut tirer de l'utilité, ſuivant la maxime judicieuſe du
Poëte de Cour : *Ubi plura ni-
tent in carmine, non ego paucis
offendar maculis, &c.* *

TABLE

DES CHAPITRES

contenus en ce Livre.

TRAITÉ'

TRAITÉ
DES CONTRATS
DE MARIAGE.

CHAPITRE PREMIER.

Du Mariage en general.

L E Mariage eſt un nom d'honneur, ſur lequel on ne doit tourner ſes penſées qu'avec reſpect ; la plûpart ne l'enviſageant qu'exterieurement & par rapport à leurs mouvemens naturels, prennent en le contractant de ſi fauſſes meſures, & s'y engagent par des conſiderations ſi peu conformes à l'eſprit de ſon auteur, qu'ils s'en font une occaſion de déreglement , & au lieu de s'en procurer les benedictions,

A

s'attirent au contraire, par le mauvais usage qu'ils en font, une infinité de malheurs qu'ils reçoivent tous les jours comme la peine de leur prévarication.

Rien n'est plus ordinaire que de voir des personnes en qui les pensées humaines & temporelles font toute la regle de cet engagement ; on n'écoute le plus souvent que les interêts de la fortune, les mouvemens de l'ambition, ou les saillies d'une passion déreglée qui font trouver le Mariage plus ou moins desirable.

Le voluptueux ne cherche qu'à satisfaire sa passion ; il s'attache grossierement à ce qu'il y a de plus naturel. S'il est délicat, il se contente de trouver un objet avec des agrémens de corps & d'esprit qui puissent remplir la sensualité de ses plaisirs ; il se met peu en peine des qualitez de l'ame, ny de trouver des vertus qui luy promettent des douceurs plus durables; son cœur troublé d'une aveugle passion, ne le rend attentif qu'aux plaisirs des sens, & luy fait oublier tout le reste.

L'ambitieux possedé du desir de donner un nouvel éclat à sa condition, & de s'élever à un degré d'où il puisse regarder ses égaux avec avantage, recherche dans une alliance de quoy flater ses projets, & sans consulter d'autres raisons que celles de sa vanité, embrasse aveuglément un parti contraire à son repos, & ruineux à ses interêts.

L'avare par une autre espece de tyrannie cherche uniquement les biens perissables : qu'ils soient bien ou mal acquis; que la source en soit infectée, il ne luy importe. *Non propter opus, sed propter opes.* Indifferent au deshonneur de l'alliance qu'il contracte, & peu curieux de la bonne ou mauvaise éducation de celle qu'il recherche, il met son souverain bien dans la possession des richesses qu'elle luy apporte, sans considerer qu'il n'y a rien qui corrompe tant les mœurs, ny qui trouble davantage les familles, que cette pernicieuse inclination qui étoufe les sentimens de la nature, & détruit l'harmonie des Mariages.

C'étoit pour obvier à cette corruption, que le Legiſlateur d'Athenes l'un des ſept Sages de la Grece, retrancha tous les avantages matrimoniaux, & ordonna que les femmes n'apporteroient en ménage que quelques petits meubles pour ôter les moyens d'acheter leurs maris, & retrancher ainſi de la Republique le luxe, la venalité & le trafic honteux des Mariages qui étoit pour lors auſſi commun qu'aujourd'huy, n'eſtimant pas que ces alliances intereſſées fuſſent accompagnées de beaucoup d'amitié, n'étant fondées que ſur l'eſperance flateuſe d'un bien periſſable.

Ce deſordre vient de ce que les hommes font trop peu de reflexion ſur le caractere éminent du Mariage, & de ce que l'on enviſage ſeulement ſes effets ſans en conſiderer la cauſe.

Le Mariage a été reçu & approuvé de toutes les nations comme le principe de la vie & de la ſocieté civile ; mais l'excellence de ſon auteur, ſon antiquité, l'honneur & l'avantage qu'on en reçoit, le rendent encore plus recommandable,

Dieu en formant l'Univers, aprés avoir fait l'homme, fit auffi la femme pour être fa compagne, & leur donna la fecondité par fa benediction qui n'a été effacée ni par la prévarication d'Adam, ni par le deluge.

C'eft alors que le Mariage fut inftitué felon le precepte de la nature pour multiplier le genre humain deftiné à la gloire d'une felicité éternelle. En l'état du peché ç'a été un remede contre la concupifcence, donnant un objet legitime à cette inclination naturelle qui a été corrompuë par la fatalité du crime de nôtre premier pere; mais en la loy de grace il a été reçu pour être le figne & l'image de l'union parfaite de Jesus-Christ avec fon Eglife. C'eft ainfi que parle faint Paul : *Sacramentum hoc magnum eft, ego autem dico in Chrifto & in Ecclefia.* Il a été auffi élevé à la dignité de Sacrement avec des graces fingulieres pour en bannir le vice, & faire que l'amour conjugal foit foutenu par les liens d'une charité plus parfaite, & que les mariez accompliffent plus faci-

Eph. 5. 32.

A iij

lement tous les devoirs tant à leur égard, qu'à l'égard de leurs enfans. En sorte que cette societé est maintenant, ou doit être parmy les Chrétiens principalement, une union d'esprit & une communion de foy & de religion. C'est un consentement de l'homme & de la femme de passer leur vie ensemble dans une union qui ne doit finir qu'avec la vie ; c'est une communication de tous droits divins & humains, & telle est la définition du Mariage par rapport au Createur, & par rapport à la creature.

De là il faut conclure premierement que le Mariage tirant son principe du droit naturel, les hommes en general ont l'inclination plus portée à embrasser cet état que celuy du celibat. En effet, nous lisons que parmy les Hebreux, l'obligation de se marier étoit si naturelle, que celuy qui negligeoit de prendre une femme passoit pour un homicide ; & les Anciens qui voyoient dans la loy de Moyse que la femme avoit été tirée du côté de l'homme, ne pouvoient s'imaginer que ce même homme pût être par-

fait fans fe réünir à elle par le Mariage.

Les Juifs encore aujourd'huy felon leurs loix font dans l'obligation
de fe marier, & les Rabins ont
arrêté que ce devoir commence à
18. ans ; que celuy qui en paffe 20.
fans prendre femme, eft cenfé vivre en peché, & cela fondé fur ce
que l'on eft obligé de donner des
enfans au monde pour fatisfaire au
commandement que Dieu fit au pre-
mier homme : *Croiffez & multipliez,*   Genef. t. 28
& rempliffez la terre.

Mais la loy de grace ayant infpi-
ré aux Chrétiens des fentimens plus
purs ; fi d'un côté l'engagement du
Mariage, pris felon les loix même
du Chriftianifme, n'a rien que de
loüable, il faut convenir auffi que
la continence volontaire eft quelque chofe de bien plus agreable à
Dieu, puifqu'elle eft le caractere &
l'effet d'une vertu plus relevée, en
forte neanmoins que parmy nous
les mariages font libres, ne s'y engage qui ne veut. Mais fi l'on eft
deftiné à cet état, il n'eft pas permis d'y entrer qu'à l'âge de pu-

berté , c'eſt à-dire , aux garçons à 14. ans , & aux filles à 12. auquel âge elles commencent à être *viripotentes*.

En ſecond lieu , le Mariage prenant ſon fondement , & empruntant ſes effets du Droit Civil , & le Prince qui gouverne les peuples ayant droit par conſéquent d'en étendre ou diminuer la liberté ſelon qu'il le juge convenable au bien des Sujets pour le ſoutien & la tranquillité de l'Etat ; les Ordonnances qu'il fait à ce ſujet doivent être reguliérement obſervées ſous les peines qui y ſont portées.

Enfin , le Droit Canonique qui ne doit pas ſe taire dans les matieres de Religion , ſur tout quand il s'agit des Sacremens , & d'ôter les voyes à leur profanation , preſcrivant certaines regles , elles doivent auſſi être neceſſairement ſuivies.

Tous les peuples de la terre en remontant juſques dans l'antiquité la plus reculée , ont toûjours été rigoureux obſervateurs de certaines regles jugées entr'eux neceſſaires à la ſolennité des mariages. Les Hebreux , les Grecs , les Romains &

les Chrétiens des derniers tems, se
font fait un point de discipline &
de Religion de remplir scrupuleu-
sement les ceremonies que chaque
nation s'étoit prescrites dans la celebration de leurs nôces.

Il seroit trop long de rapporter
icy tous les témoignages que les livres sacrez nous fourniffent de ce
qui se pratiquoit chez les Israëlites.
Je m'abstiendray auffi de repeter les
mœurs des Atheniens, des Lacede-
moniens & autres peuples de la Grece, comme des remarques simplement curieuses ; mais trop peu utiles
à mon sujet. Je me contenteray
seulement d'obferver que chez les
Romains trois sortes de Mariages
étoient en usage. 1°. *Per confarrea-*
tionem, 2°. *Per coemptionem,* 3°. *Per*
cohabitationem.

Le premier se faifoit en donnant
un même pain à manger à l'époux
& à l'époufe en signe de conjonction ; il étoit accompagné de liba-
tions, de Sacrifices, de vœux publics ; l'on obfervoit le vol des oi-
feaux, & quantité d'autres ceremonies pompeufes qui donnoient affez
à connoître que c'étoit l'action qu'ils

avoient le plus en veneration, & qui meritoit davantage l'invocation du Ciel.

Le Mariage *per cohabitationem* se faisoit par une habitation d'an & jour qui étoit comme une espece de Noviciat qui se pratiquoit même chez les Hebreux, au bout duquel si par hazard on ne se trouvoit pas bien ensemble, il étoit permis de se quiter.

Celuy *per coemptionem* se faisoit par une interrogation que l'homme faisoit à la femme si elle vouloit être mere de famille, laquelle luy répondoit en ces termes : *Je le veux*; & ensuite la femme demandoit à l'homme s'il vouloit être pere, & aprés luy avoir répondu : *Ouy je le veux*, ils se touchoient dans la main, & ce Mariage s'appelloit *coemptio*, non pas tant par rapport à la ceremonie, que parce qu'au fond il se faisoit par une espece d'achapt, & que les deniers dotaux en faisoient le prix ; aussi avons-nous gardé quelques vestiges de cette ancienne ceremonie, en ce que le futur marié donne encore étant à l'Eglise pour la celebration du Mariage quelques pieces de monnoye à la fille.

Ces ceremonies de nôces étoient precedées de fiançailles qu'ils appelloient *Sponfalia*, *à fpondendo*, & ces fiançailles fe faifoient fans éclat, en particulier, le futur marié donnant un anneau à la fille qui avoit été promife, pour gage de leur convention, *pignoris loco*.

Et quoyqu'ils fuffent Payens, ils eftimoient que les Mariages n'étoient pas une action commune ; mais qu'il y avoit du myftere, & qu'ils étoient de Droit Divin ; d'où vient que le Jurifconfulte Modeftin en la loy 1. *ff. de Rit. nupt.* en donne cette définition : *Nuptia funt conjunctio maris & femina, & confortium omnis vita divini & humani generis communicatio.*

Parmy nous les Mariages ont eu d'autres formalitez differentes felon les tems. L'on a vû le Droit Canon fe roidir contre le Droit Civil de France pour approuver des Mariages contractez contre les Ordonnances ; les Canoniftes n'envifageant que la dignité du Sacrement fans s'arrêter aux mœurs ny aux regles de la bonne difcipline, eftimoient par exemple que la liberté de se marier commune à tous les fidelles étoit indépendante de la puissance paternelle ; saint Thomas confirme cette doctrine. D'autres ont soutenu la validité d'un Mariage fait par le seul consentement des parties & des parens sans le ministere du Prêtre, n'estimant pas que les hommes pussent rompre ce que Dieu avoit si étroitement uni. Tantôt on les a approuvez faits par paroles de present sans benediction ny autre ceremonie, & tels Mariages s'appelloient Mariages présumez : quelquefois on les a reçus faits *in extremis*. Enfin, comme il n'y avoit pas de regles certaines sur la forme des Mariages, & que les sentimens se trouvoient partagez, les Tribunaux Laïcs & Ecclesiastiques n'étoient remplis que de ces contestations embarassantes qui se formoient dans les familles sur la validité ou invalidité des Mariages.

Mais cette varieté de Jurisprudence donnant ouverture aux abus qui se commettoient par le moyen des Mariages clandestins ; parce que la plûpart abusoient de ce Sacrement pour le faire servir de pretexte à leur débauche, & profanoient ainsi la pureté qui doit l'accompagner ; l'Eglise & le Prince pour empêcher le progrés de ces defordres & réprimer la licence des jeunes gens qui se portent inconfidérement à tous les excez les plus dangereux, ont prefcrit un ordre neceffaire à tenir dans les formalitez des Mariages pour les rendre plus folennels, & interdire toutes voyes illicites & clandeftines.

Les formalitez effentiellement defirées tant par les Conciles que par les Ordonnances des Rois, font ;

1°. Le confentement des Pere, Mere, ou Tuteur. Pour fatisfaire au devoir de la nature qui exige des enfans cette marque de l'obeïffance qu'ils doivent à leurs parens dans l'action la plus importante de leur vie.

2°. Les Fiançailles ; ceremonie qui fuivant l'ufage de l'Eglife doit préceder les nôces, & qui confifte en promeffes ; que fe font en prefence du Prêtre, les parties de s'époufer.

3°. La publication des Bancs : pour avertir le Public du Mariage qui se doit faire, & afin qu'on ne puisse se marier sans le consentement & la connoissance de ceux qui peuvent avoir droit & interêt de s'y opposer.

4°. La benediction du Prêtre necessaire pour conferer la grace du Sacrement : *Conjugum velamine & sacerdotali benedictione sanctificari oportet*, dit saint Ambroise parlant des Mariages.

5°. La presence de quatre témoins dignes de foy, pour autoriser la verité du Mariage, & sur-tout pour certifier la qualité des Contractans ; qu'ils les connoissent bien ; qu'ils sont enfans de famille ou en la puissance d'autruy, & depuis quel tems ils sont demeurans dans les Paroisses où ils se disent domiciliez, de laquelle certification il doit être fait mention dans l'acte de celebration sur peine contre les Curez ou Vicaires qui y auront contrevenu, & contre les témoins qui auront fait de fausses declarations, d'être punis comme fauteurs du crime de rapt. Cecy est expreſſement ordonné par l'Arrêt du Parlement du 15. Mars 1687. rendu en conformité de l'art. 40. de l'Ordonnance de Blois.

La formalité de faire enregiſtrer & controller les publications des Bans de Mariages ou les diſpenſes de les publier, ordonnée par l'Edit du mois de Septembre 1697. a été abrogée par autre Edit du mois de   1707. comme trop à charge aux peuples.

Ces differentes formalitez ſont établies principalement ſur l'Ordonnance de Blois d'Henry III. du mois de May 1579. articles 40. & 41. qui exige la publication de trois bans, & le conſentement des pere, mere, ou Tuteur ſur peine d'exheredation des enfans de famille.

Sur celle de Loüis XIII. du mois de Janvier 1629. qui prononce des peines rigoureuſes contre les raviſſeurs ou ceux qui ſont reputez tels pour avoir épouſé ou contribué à ſuborner & faire épouſer des enfans de famille ſans le conſentement de leur pere & mere.

Sur la declaration du Roy du 26. Novembre 1639. qui renouvelle la

neceſſité de ces formalitez, con-
damne les Mariages cachez ; ceux
qui ſe font à l'extrémité de la vie ,
prononce la nullité des Mariages
faits ſans y garder ces formalitez ,
& declare illegitimes les enfans qui
ſont iſſus de ces Mariages irregu-
liers.

Sur l'Edit du Roy du mois de
Mars 1697. qui exige plus expreſſément que par le paſſé, pour la
validité des Mariages, la preſence du
propre Curé de ceux qui contractent. Défend à tous Curez, Prêtres
tant Seculiers que Reguliers , de
conjoindre en Mariages autres perſonnes que ceux qui ſont leurs
vrais & ordinaires, Paroiſſiens demeurans actuellement & publiquement dans leurs Paroiſſes , au moins
depuis ſix mois à l'égard de ceux
qui demeuroient auparavant dans
une autre Paroiſſe de la même ville, ou dans le même Dioceſe ; &
depuis un an pour ceux qui demeuroient dans un autre Dioceſe, ſi ce
n'eſt qu'ils en ayent une permiſſion
ſpeciale & par écrit du Curé des
parties qui contractent, ou de l'Archevêque ou Evêque Dioceſain. Exige

ge de plus la certification de quatre témoins dans les circonstances & pour les raisons expliquées cy-devant, & qui sont énoncées en l'Arrêt du 15. Mars 1687. Permet aux pere & mere d'exhereder leurs enfans & leurs filles veuves quoyque majeures de 25. ans, lesquels se marieront sans leur consentement & sans avoir requis par écrit leur avis & conseil. Défend les Mariages faits *in extremis*, & declare les enfans nez ou à naître des Mariages contractez en cet état, ensemble leur posterité, incapables de toutes Successions.

Il paroît assez que cet Edit a pour fin principale d'obliger les Contractans de celebrer leurs Mariages pardevant leurs propres Curez, de punir les Curez, Vicaires & autres Prêtres tant Seculiers que Reguliers qui contreviendront aux devoirs qui leur sont prescrits par cet Edit, & d'ôter par là tout moyen à l'avenir de profaner ce qu'il y a de plus saint dans la Religion, & dans la societé civile.

Mais parce qu'il se trouvoit quantité de Mariages contractez & ce-

B

lebrez par le miniftere des Prêtres autres que les veritables Curez, qui n'étoient par confequent
pas conformes à la difpofition de
l'Edit, & que la nullité n'en pouvoit être prononcée fans de grandes confequences dans le Public,
le Roy a rendu une declaration le
15. Juin de la même année 1697.
qui enjoint à ceux qui prétendent
avoir contracté des Mariages de cette maniere, de fe retirer pardevant
leurs Archevêques ou Evêques pour
les rehabiliter fuivant les formes
prefcrites par les faints Canons &
par les Ordonnances, aprés avoir
accompli la penitence falutaire qu'ils
auront jugé à propos de leur impo-
fer.

Plufieurs Arrêts ont été rendus
en la Cour de Parlement en execution de ces Edits & Declarations
du Roy, entre autres celuy du 15.
Juin 1691. qui caffe le Mariage
d'entre Barthelemy Crevel & Ni-
colle Joly, qui avoit été fait fans
le confentement du pere de B. Crevel.

Autre Arrêt du 24. Mars 1699.
qui declare le Mariage d'Antoine

le Clerc Sieur de Taucourt avec Jeanne Picard nullement & abusivement celebré, pour avoir été celebré en autre Paroisse que celle des parties, & en l'absence du Sieur de Taucourt pere, & sans sommations respectueuses préalablement à luy faites.

Il n'est plus permis de contrevenir à des Decrets si sages, ny d'en éluder l'execution directement ou indirectement ; & l'omission de ces formalitez feroit la nullité du Mariage, comme une fraude & une contravention criminelle aux loix qui les ont prescrites, non pas pour donner atteinte à la liberté du Mariage, ny au mystere qu'il renferme; mais par une sage prévoyance qui n'a autre intention au contraire que d'en relever la grandeur. Ainsi les Juges d'Eglise ne peuvent plus suivre leurs anciennes maximes sans violer le respect qu'ils doivent aux Ordonnances sur ce qui regarde la discipline des Mariages ; & si leurs Sentences ne s'y trouvoient pas conformes, l'abus feroit immanquable pardevant les Juges Souverains.

Et comme dans le concours de

plufieurs formalitez que la précaution du Prince juge neceffaire au
retranchement d'un abus, il y en
a toûjours quelqu'une d'un commandement plus exprés ; nous pou-
vons dire que le confentement,
l'avis & l'affiftance des pere & mere, parens ou Tuteurs, font de
cette qualité, comme étant fondez
non-feulement fur la neceffité de
l'obeïffance filiale infpirée par la
nature & enfeignée par la loy de
Dieu qui en a fait un precepte, en
promettant la récompenfe d'une longue vie à l'enfant qui honorera fon
pere & fa mere, c'eft-à-dire, qui
foumettra fa volonté à celle de fes
parens, & qui les rendra arbitres
de fon fort dans les principales actions de fa vie ; mais encore fur une
raifon de politique bien puiffante,
puifque le premier moyen de conduire les Sujets à l'obeïffance qu'ils
doivent à leur Prince, c'eft de leur
en faire prendre l'impreffion de bonne heure, par celle qu'ils doivent
à leurs parens. Quand des enfans
font accoûtumez de jeuneffe à flé-
chir fous une autorité domeftique, ils
ont plus de facilité à fe foumettre à

celle du Souverain, & c'eſt principalement cette obeïſſance des peuples qui fait la ſtabilité des plus
grandes Monarchies.

Les livres ſacrez & les hiſtoires
profanes ſont remplis de témoignages & d'exemples venerables
de cette ſoumiſſion des enfans aux
pere & mere, quand il s'agiſſoit de
leurs Mariages.

Nous liſons dans la Geneſe
qu'Iſaac n'oſa prendre une femme ſans le conſentement d'Abra-
ham qui luy fit prendre Rebecca
fille de Batuël. *Geneſ. c. 24.*

Jacob prend pour femme Ra-
chel fille de Laban, qu'Iſaac ſon
pere luy avoit choiſie, Rebecca ſa
mere n'ayant pas voulu conſen-
tir qu'il épousât la fille de Geth.

Le jeune Tobie ne prit Sara qu'-
avec les mêmes précautions.

Sanſon devenu amoureux de la
fille d'un Philiſtin, ne voulut pas
l'épouſer ſans l'agrément de ſon
pere. Et tous ces Mariages furent
benis du Seigneur.

Au contraire, Eſaü frere de Jacob ayant épouſé contre le gré de
ſes pere & mere, deux femmes Cha-

nanéenes, Judith & Basemat, en reçut malediction du Seigneur, & fut
à ce sujet privé du preciput qui luy
mes. c. 27. appartenoit dans la terre promise.

Xenophon rapporte que Cyrus
ne voulut pas agréer la fille de
Cyaxares, qu'il n'eût pris auparavant
le conseil de ses pere & mere.

Ceux qui lisent l'Histoire de France, n'ignorent pas que Judith fille
de Charles le Chauve aprés la mort
d'Edeulphe Roy d'Angleterre son
mari, étant revenuë à la Cour de
son pere, fut enlevée par Baudoin
surnommé bras de fer, premier
Comte de Flandres, qui l'épousa
sans le consentement de son pere,
lequel irrité de cet affront, pour-
suivit son excommunication, ce
qu'il n'auroit pû éviter s'il n'avoit
fait sa paix par l'entremise du Pape
Nicolas, à condition que son Mariage seroit celebré selon les loix
du Royaume.

Loüis surnommé le Begue, son
frere, fit la même faute ; il se ma-
ria contre l'avis & sans le consentement de Charles, & le Mariage fut
cassé.

Tous ces exemples & les obfervations qui les précedent, nous
font des preuves aſſûrées que les
enfans qui negligeoient le confeil
de leurs parens dans leurs alliances, ont toûjours été regardez dans
les Republiques & les Etats bien po-
licez, comme des violateurs des
loix divines & humaines, civiles &
politiques, punis comme tels, indignes de reſſentir aucunes confo-
lations domeſtiques & privez de
tous les effets civils qui appartiennent de droit aux conjonctions re-
gulieres, comme la legitimation des
enfans, la capacité de fucceder, &
autres qui flatent fi fenfiblement les
hommes.

Ces loix font aujourd'huy plus en
vigueur qu'elles n'ont jamais été.
Le Ciel nous fait heureuſement vivre fous le gouvernement d'un Mo-
narque qui les a renouvellées avec
des peines fi rigoureufes, qu'on ne
voit plus dans l'Etat de ces conjonctions funeftes aux pofteritez,
de ces Mariages clandeftins faits par
les enfans de famille au mépris des
loix & de la religion.

Les feuls cas qui peuvent mettre à

l'abry de la feverité des loix, les enfans de famille dont les Mariages fe trouvent contractez fans la participation de leurs parens font :

1°. Lors que le pere ayant connoiffance du Mariage, ne le contredit, ou fi ne l'ayant pas fçu, il l'approuve & l'autorife dans la fuite.

2°. Quand le pere eft furieux.

3°. Lors que le pere eft abfent depuis plufieurs années fans avoir donné de fes nouvelles, & que le fils pendant l'abfence s'eft honnêtement allié par l'avis de fes plus proches parens s'il eft mineur.

4°. Lors que l'enfant de famille a 30. ans, & la fille 25. & qu'ils ont fommé leurs pere & mere de confentir à leur établiffement.

5°. Quand ce font Mariages contractez par les enfans de ceux de la Religion Pretenduë Reformée abfens du Royaume pour fait de Religion, auquel cas par Declaration du Roy du 6. Août 1686. ces enfans majeurs ou mineurs font difpenfez d'avoir le confentement de leurs pere, mere ou Tuteur qui fe font retirez dans les pays étrangers,

&

& peuvent valablement contracter Mariage en prenant le confentement de leurs autres parens ou alliez (s'ils en ont) ou à leur defaut, de leurs amis ou voifins.

Mais en ce dernier cas la même Declaration veut qu'avant de paſſer outre au Contrat & celebration du Mariage, il ſoit fait devant le Juge Royal des lieux, le Procureur du Roy preſent ou autres Juges & Procureurs Fiſcaux au defaut des Royaux, une aſſemblée de ſix des plus proches parens ou alliez, amis ou voiſins pour donner leur avis & conſentement, dont il ſera fait mention ſommaire dans le Contrat de Mariage qui ſera ſigné deſdits parens, amis ou voiſins, comme auſſi ſur le Regiſtre de la Paroiſſe où ſe fera la celebration du Mariage. Il ſemble que cette formalité ne ſeroit pas moins neceſſaire dans les deux autres cas du pere furieux, & du pere abſent.

L'on demande ſi le Tuteur peut épouſer ſa pupille, ou la faire épouſer à ſon fils.

Si l'on conſulte le Droit Romain, l'on trouvera ces Mariages

C

expreſſément défendus comme contraires aux bonnes mœurs, par la
loy derniere *ff. de legat. & fidei-
com.* 1°. Et la loy 7. *Cod. de interd.
Matrim.* par cette raiſon que le Tuteur en ce cas eſt toûjours conſide-
ré comme une perſonne qui abuſe
de l'autorité qui luy eſt donnée ſur
ſa pupille, & viole la loy du dépôt
qui luy eſt confié.

De même parmy nous un Ma-
riage de cette qualité auquel ſe
trouveroient les circonſtances de dé-
ception & de préſomption, que le
Tuteur auroit par autorité fait con-
ſentir ſa pupille d'épouſer luy ou
ſon fils, courroit riſque auſſi d'être
caſſé.

Mais au fond n'y ayant en la perſonne du Tuteur ny de ſon fils aucune incapacité civile & canonique
qui l'empêche ſeulement comme
Tuteur, de contracter Mariage a-
vec ſa mineure; & en France le
pouvoir du Tuteur ne luy donnant
pas celuy de marier ſa mineure
ſans l'avis de ſes parens, il s'en-
ſuit que ſi les parens de la fille demandée en Mariage par ſon Tuteur
ou le fils de ſon Tuteur, trouvent

que le parti luy soit sortable & avantageux, rien n'empêche qu'aprés une assemblée de famille provoquée à ce sujet, & moyennant l'avis & le consentement de tous les parens rendus certains par un acte solemnel, le Mariage ne puisse se contracter valablement.

Voila ce que c'est que le Mariage en general; son origine, son excellence, sa définition, ses formalitez, & ses ceremonies.

A l'égard de son étymologie, elle se tire du nom de mere : *Matrimonium ita dictum à matre,* tant parce que le Mariage ayant pour fin principale la procreation des enfans, c'est la mere qui étant toujours certaine, en assûre principalement la naissance, que parce qu'elle contribuë plus que l'homme à cette naissance par les travaux qu'elle essuye, & les peines que luy cause l'éducation de ses enfans. C'est le vœu que fait la femme quand elle se marie, de mettre de enfans au monde, de les nourrir, & de tout sacrifier à leur éducation. *Velo mater esse & filios procreare. Can. requisisti 33. q. 1. B. August. lib. 19. contra Faustum.*

CHAPITRE II.

Du Contrat ou Traité de Mariage.

Rien n'empêche que les person-nes habiles au Mariage ne s'y engagent en satisfaisant aux for-malitez marquées par les loix ci-viles & canoniques. Mais comme c'est un acte des plus importans qu'il y ait dans la societé civile, puisqu'il engage pour toute la vie ceux qui le contractent, l'on doit bien prendre garde de ne s'attacher qu'à des partis sortables en âge, en biens, & en conditions, parce que le rapport des avantages de la fortune & de la naissance contri-buë beaucoup à l'union des cœurs, au lieu que de la difference de l'âge, de l'humeur & des biens, naissent souvent le mépris, la divi-sion, & la chûte des familles. Ainsi il n'y a pas d'action dans la vie où la prudence doive agir avec plus de circonspection; l'on ne sçauroit

trop refléchir fur ce qui convient à
nôtre repos ; trop meurement déliberer fur les fuites de cet engagement ; trop prévoir l'avenir, ni prendre des mefures affez juftes pour
éviter les écüeils dont parle l'Ora-
teur Romain, quand il dit que le
Mariage eft *Seminarium omnium bonorum & malorum* ; rien n'y eft indifferent, & ceux qui donnent au
hazard dans l'efprit d'une refigna-
tion trop aveugle ou trop precipi-
tée, fe trouvent fouvent les dupes
de leur propre confiance. L'on doit
reclamer les affiftances du Ciel
dans une affaire qui intereffe nôtre
falut auffi-bien que nôtre fortune.
Il faut enfin fi judicieufement con-
certer cette grande affaire, qu'on
n'ait pas lieu dans la fuite de s'en
repentir, ce qui eft la plus mal-
heureufe & la plus ingrate de toutes les reffources, n'y ayant rien de
plus trifte que de s'abandonner à
la refolution de reveler par des
plaintes-inutiles le fecret des peines
domeftiques, qui font bien fouvent
la honte & le fcandale de ceux qui
les rendent publiques.

Après avoir ainfi déliberé fur l'état des personnes & des facultez, il faut s'appliquer à faire dresser les articles d'un Contrat de Mariage.

Ce n'est pas que le Mariage ne puisse se faire sans Contrat. *Consensus, non contractus facit Matrimonium*, le Contrat n'est qu'accessoire & accidentel. Quelquefois même l'on s'en passe, sur tout parmy les gens de la campagne, & en ce cas la Coûtume y supplée, reglant les principaux droits des conjoints, tellement que quand il ne se trouve pas de Traité & de Conventions Matrimoniales redigées par écrit, on a recours à la loy municipale du pays, qui est un Contrat public & commun à tous les peuples d'une Province, & qui les assujettit également. Mais quand on conseille d'en faire un, & avec grande attention, c'est parce que dans les Contrats de Mariage on établit des loix qui doivent en regler le cours; l'on y instituë des heritiers; l'on y fait des substitutions qui conservent les biens dans une longue posterité; l'état des familles y prend son fondement. Enfin, c'est une loy domestique qui donne le repos, & dont l'execution eſt inviolable. *Tabularum nuptialium maneat firma & inconcuſſa fides.*

Ceux qui ſe marient peuvent faire entrer dans leurs Contrats toutes ſortes de clauſes, pourvû qu'elles ſoient licites, ils peuvent déroger aux Coûtumes contraires. Car les Contrats de Mariage étant ſuſceptibles de toutes pactions & conventions non répugnantes aux bonnes mœurs, ni à l'intereſt public, les Contractans ſont aſſûrez qu'elles feront ſuivies, & que rien n'eſt capable de les changer. *Si quis mulierem deſponſaverit, quicquid ei per tabularum ſeu chartarum inſtrumenta conſcripſerit, perpetualiter inconvulſum permaneat.* Le conſentement unanime des parties aprés coup ne peut produire le moindre changement. Il n'en eſt pas de ce Contrat comme des autres ; ce qui eſt fait par un Contrat de Mariage ne ſe peut détruire ; la poſterité à venir de ceux qui contractent, eſt comme une tierce perſonne intereſſée, au prejudice de laquelle l'on ne peut rien innover. Voilà pourquoy en France l'on favoriſe ſi fort les

Contrats de Mariage, parce que les dispositions en font immuables, servant de regle à la fortune des familles ; aussi-bien que de titre à la naissance des hommes. Il n'y a rien, dit Seneque, liv. *6. De Benefic.* chap. 21, qu'on veüille plus fortement que ce qu'on ne veut pas même pouvoir changer. L'inconstance, ajoûte-t-il au chap. 23. est le partage des hommes, & la constance est le caractere des Dieux ; les choses étrangeres ne les peuvent contraindre ; c'est leur inviolable & éternelle volonté qui leur sert de loy.

C'est ce qui fait qu'il est permis par Contrat de Mariage de deroger aux Coûtumes en choses qui ne blessent ni l'interêt d'un tiers, ni le Public, ni les bonnes mœurs.

Il y a deux cas neanmoins qui ne permettent pas de deroger à la loy ou à la Coûtume.

Le premier, quand l'une ou l'autre est conçûë en termes negatifs & prohibitifs, parce qu'il n'est pas permis aux particuliers d'éluder la prohibition qui veut être obéïe, & qui est comme un lien qui tient nos volontez aſſujetties, & qui ne nous permet pas de rien changer à ſon intention. *Sic dat, ſic voluit, ſic imperat.* Ce qui n'eſt pas quand elle s'explique par une clauſe poteſtative & de faculté ; alors on y peut deroger, parce que *proviſio hominis facit ceſſare proviſionem legis.*

Le ſecond eſt quand la loy ou la Coûtume a requis expreſſement certaines formalitez en quelque choſe, & ſur tout quand elle dit à peine de nullité ; il eſt certain qu'on ne peut y deroger par aucune convention ; parce que ſi la loy preſcrit des formalitez & ſolemnitez, c'eſt dans la vûë de l'interêt general & public qui ne peut être bleſſé par les conventions des particuliers : par exemple un conjoint ne pourroit faire à l'autre par Contrat de Mariage une donation d'immeubles & le décharger en même tems de la formalité, & de l'inſinuation.

Et comme la prévoyance des hommes trouve & prend dans les Contrats de Mariage des meſures aſſûrées pour l'avantage de la poſterité de chacune famille ; auſſi l'on ne peut être trop inſtruit ſur la maniere de dreſſer les articles de ces Contrats par rapport à l'état, aux conditions, & aux affaires des Contractans.

Rien n'eſt plus commun que cette eſpece de Contrat; mais auſſi rien n'eſt ſi rare que de ſçavoir ménager avec jugement les conventions des futurs conjoints pour le bien des parties & de leurs deſcendans. Si vous voulez y réüſſir, faites choix d'un bon conſeil, comme d'un bon Pilote experimenté pour vous faire éviter les écüeils qui ſe rencontrent en cette matiere. La plûpart deces differentes ſtipulations qui s'inſerent ſi fréquemment dans les Contrats de Mariage ne ſont pas entenduës par les parties qui contractent. Les Notaires mêmes qui paſſent les Contrats ignorent les effets de ces clauſes, & n'en prévoyent ni les ſuites, ni les conſequences, c'eſt par hazard quand ils rencontrent juſte. On les voit le plus ſouvent, ſur tout ceux des Provinces (ſi l'on en excepte quelques-uns) inſerer des clauſes par ſtyle dans l'idée confuſe qu'ils ont de cette matiere, & ſur le modele d'autres

Contrats qu'ils ont vûs. C'est la raison pour laquelle l'on a recours ordinairement aux Avocats les plus
habiles & les plus experimentez,
pour les rediger & trouver des
temperamens aux difficultez qui se
presentent.

Il faut donc observer que la premiere regle que doit se faire un
Avocat & tout autre conseil choisi
pour ce grand ouvrage, ou un Notaire, est de considerer la qualité
des parties, c'est-à-dire, si elles traitent de leur propre autorité ou sous
celle d'autruy ; si elles sont majeures ou mineures, & si entre majeurs
ce sont des personnes qui ayent déja été mariées ; car il y a des clauses & des précautions differentes
pour les uns & pour les autres.

Quant aux mineurs de 25. ans,
ils ne peuvent valablement contracter Mariage sans le consentement de leurs pere, mere ou Tuteur, autrement le Mariage peut
être cassé suivant les raisons & les
autoritez rapportées au précedent
Chapitre, si ce n'est en Normandie
où l'on est majeur à 20. ans, & en
quelqu'autres Coûtumes où le tems

de la majorité est fixé au dessous de 25. ans.

A l'égard des majeurs, ils peuvent valablement contracter Mariage sans le consentement des pere & mere ; mais les Ordonnances permettent aux pere & mere d'exhereder les enfans qui auront contracté cet engagement sans leur permission, ou du moins sans avoir demandé leur agrément, & sans les avoir sommez & fait prier de donner leur approbation au Mariage, laquelle sommation se doit faire de la part des enfans quand les pere & mere ont refusé de gré à gré leur consentement. Ordinairement l'on se sert, & l'on doit même se servir de Notaires en la presence desquels la requisition & priere se fait par les enfans en presence encore de quelques témoins, amis communs, & le Notaire dresse son procés verbal de la soûmission du fils requerant, & de la réponse des pere & mere.

Cette requisition se doit réiterer trois fois par les fils âgez de plus de 30. ans, & par les filles âgées de plus de 25. soit qu'ils ayent déja été mariez ou non.

Outre la formalité de faire ces sommations respectueuses aux pere & mere par le ministere des Notaires, il est encore necessaire que les enfans qui voudront y satisfaire, en demandent la permission aux Juges Royaux des lieux des domiciles de leurs pere & mere, ce qui leur sera accordé sur requête ; cette précaution est ordonnée par Arrest du Parlement de Paris du 27 Aoust 1692, pour rendre la foy de telles sommations moins suspecte.

Ce n'est pas assez de jetter ses vûës & ses idées en general sur toutes ces observations, qui sont du soin & du fait, principalement du Conseil, pour l'aider à établir & rediger avec seureté les conventions des contractans ; mais les futurs mariez doivent encore ne pas negliger d'assembler leurs parens, & les prier de faire fonction de Conseillers domestiques, pour être presens aux discussions des droits & interêts matrimoniaux. *Paterna pietas pro liberis consilium capit.* L'on doit suivre plûtôt leurs inspirations non suspectes de fausses complaisances, au contraire pleines de fageffe & d'affection, que les mouvemens d'une forte inclination qui aveugle le plus fouvent nôtre raifon, & qui fait prefque toûjours tomber dans des fautes irreparables, ceux qui font trop prevenus de leur paffion, pour agir dans toutes les regles de la prudence, s'ils ne font fecourus de celle d'autruy.

Dés que le Contrat eft fait & figné, la fille devient en quelque façon fous la puiffance de fon futur époux ; enforte qu'elle ne peut plus paffer aucun acte important qui faffe confequence, foit pour fa dot, pour fes autres conventions, ny pour la difpofition de fon bien, qu'elle ne foit autorifée de luy pour le paffer ; ainfi en difpofe la Coûtume d'Artois art. 87. C'eft auffi en general l'effet des promeffes de mariage, dont la vertu eft fi grande, que la fille accordée entre par avance fous la puiffance du futur époux ; & la fignature du Contrat de Mariage eft une preparation fi proche au Sacrement, qu'elle fait déja l'état & la confiftance des biens, en attendant que l'Eglife fixe plus étroitement l'union des corps & de l'efprit. *Uxoris nomine fponfa venit non ex propria significatione, sed ex interpretatione.* Bartol. sur la Loy *cum pater ff. de jure dot. & leg. 4. ff. de fundo dot.* En effet, s'il étoit libre à une accordée de disposer de son bien, sans la participation de son futur époux, tel passeroit un Contrat de Mariage avec une fille riche, qu'il l'épouseroit pauvre à son insçû, & contre ses espérances ; ce qui est d'une conséquence infinie, autant pour l'honneur & la concorde du Mariage, que pour la fortune des conjoints. Chopin sur la Coûtume de Paris liv. 1. tit. 1. n. 15. Charondas sur l'art. 223. de la même Coûtume.

L'on va plus avant, & l'on tient pour certain que les personnes accordées ou fiancées ne peuvent se donner l'une à l'autre, non plus que mary & femme. M. Loüet lett. D. n. 28. Mansuer au titre *de dote & matrim. n.* 37. Argentré sur la Coûtume de Bretagne *tit. de Donat.* art. 220. *Glof.* 6. *n.* 4. *& glof.* 8. *n.* 2. *& 3.*

L'acte qui se fait pour rediger les conventions des futurs mariez, s'appelle Contrat ou traité de Mariage, non pas que la signification en soit differente, puisque ce sont deux termes synonimes, l'usage ayant introduit la maniere de qualifier les pactions de Mariage du mot de traité ou de Contrat indifferemment.

Il doit être passé pardevant Notaires, & jamais sous seing privé, à moins que la reconnoissance ne s'en fasse dans le moment de la signature, ou du moins avant la celebration du Mariage pardevant Notaires, ou pardevant le Juge des lieux, & même il est toûjours mieux de le passer d'abord pardevant Notaires, parce que j'estime que la reconnoissance n'en est point valable, que toutes les personnes qui ont signé ce traité sous seing privé, ne soient presentes & ne signent à la reconnoissance ; si c'est pardevant Notaires ; & si c'est pardevant le Juge, il faut qu'elles y soient presentes, ou qu'elles y soient dûement appellées.

Il naîtroit une infinité d'inconveniens, de passer un Traité de Mariage sous seing privé, sans être reconnu avant la celebration du mariage.

Le premier, c'est que ce Traité ne porteroit point d'hypotheque.

Le second, c'est que ne faisant foy

ny

ny de sa datte, ny de son contenu,
il sera presumé être fait depuis le
Contrat de Mariage, & toutes les
conventions qui y seroient stipulées
avantageuses à la femme seront nulles ; & en païs coûtumier, la coûtume faisant un Contrat entre les conjoints, au moment de la celebration,
lorsqu'il n'y en a pas un fait entr'eux auparavant, on repute qu'il
n'y en a point, s'il n'est pas passé
pardevant Notaires ; ensorte que
toutes les conventions faites par un
Traité sous signature privée qui seroient contraires à la coûtume, de-
meureroient inutiles & nulles.

Et le troisiéme, c'est que si ce Traité portoit quittance de la somme
promise pour la dot de la future é-
pouse, aprés la celebration du Mariage, elle n'en pourroit pas même
pretendre la répetition auparavant
les creanciers de son mary, pour
dettes créées même aprés le mariage,
parce que ce Traité & la reconnoissance portée par iceluy du payement
de la dot promise, seroient présumez
avoir été faits entre le mary & la
femme, depuis la celebration du
Mariage, pour frauder les creanciers

D

du mary, & pour conſerver du bien dans leur famille.

Sur la difference qui eſt entre les Contrats communs & ordinaires, & les Contrats de Mariage, l'on peut dire des premiers en general, que les particuliers peuvent contracter de toutes les choſes qui tombent dans le commerce, & faire des Contrats de differentes eſpeces qui ne ſeront icy expliquées comme étrangeres à nôtre ſujet.

Mais que les Contrats de Mariage ont cela de particulier & de different des autres. 1°. Qu'ils ont une faveur & une autorité bien plus grande. 2°. Que dés que le Mariage eſt celebré l'on n'y peut pas déroger, ny rien changer, pas même du conſentement des parties. Tout ce qui ſe feroit de contraire aux premieres conventions, *rebus non integris*, ſeroit nul & paſſeroit pour avantage indirect prohibé entre conjoints. C'eſt ce qui n'eſt pas des autres Contrats ordinaires, dont la reſiliation depend des parties qui les ont paſſez, n'y ayant rien de plus naturel que de reſoudre les choſes par les mêmes voyes & les mêmes principes qui leur ont donné l'être, & dont l'execution encore peut être renduë inutile par des contre-écrits & contre-lettres, dont l'usage est très commun, & lesquelles au contraire sont expressement deffenduës dans les Traitez de Mariage, *Quorum æterna & perpetua debet esse autoritas*, si ce n'est qu'elles soient faites avant la celebration du Mariage, & en presence des mêmes parens des futurs qui ont assisté au Contrat. 3°. Que la consideration des Contrats de Mariage est si puissante, qu'en leur faveur on y reçoit toute sorte de conventions non repugnantes aux bonnes mœurs ; on y convertit le mobilier en immobilier *& è converso*, l'on stipule & repute propres des biens qui ne le sont pas même de simples deniers. 4°. Que la Loy se déclare tellement en faveur des Contrats de Mariage, par raport à la seureté des femmes, qu'en certains cas & en certaines choses, elle leur donne, comme à déja été dit, une hypoteque tacite que les autres obligations & pactions ne peuvent s'acquerir, si elles ne sont passées pardevant Notaires. 5°. Que si l'interêt fait uniquement la substance &

le feul objet des autres Contrats qui
tombent dans le commerce ordinaire des affaires ; celuy-cy au contraire eft un Contrat d'honneur, d'affection & de complaifance, établi
fur des vûës infiniment plus rele-
vées, qui lie les cœurs encore plus
que les biens, & qui renferme tout
ce qu'il y a de plus recommandable
dans l'état civil & politique. 6°.
Qu'enfin ce Contrat à cela encore de
particulier fur les autres, qu'il eft
entre-vifs & à caufe de mort tout
enfemble, puifque l'on n'y a pas fi-
tôt parlé de dot, terme qui n'infpire
que le plaifir, qu'incontinent aprés
l'on parle de doüaire, qui prefupofe
la mort : l'on penfe aux nôces &
aux funerailles en même tems ; le
cas de furvie & de predecés y eft
auffi fouvent repeté que le mot de
futur époux & de future époufe ; &
c'eft un mélange de termes funeftes
& de joïe, pour nous faire connoître
que toutes chofes dans le monde
tendent à la mort, & que nous ne
naiffons que pour mourir. D'où vient
qu'au raport des Hiftoriens Romains, les Céfars dans la pompe
de leurs triomphes, mettoient toû-

jours fur leur char , qui portoit tout
ce grand appareil de gloire, une Ur-
ne , pour leur apprendre qu'elle de-
voit dans peu être reduite dans ce
petit efpace.

Autrefois les Contrats de Mariage
prenoient leur forme & leur autorité
de différentes manieres , non feulement les Notaires étoient en droit
de les recevoir ; mais il y avoit des
Juges Royaux qui s'étoient encore
attribué celuy de les faire paffer devant eux , en forme de conventions
& de condamnation volontaire, portant foumiffion de les executer ; &
l'ufage avoit tellement autorifé les
uns & les autres , qu'ils étoient également autentiques , & produifoient
les mêmes effets quant à l'hypoteque. Cet ufage s'eft encore confervé en certains endroits de la Picardie , où les gens de la campagne,
par une ancienne habitude qu'ils ont
contractée , fe retirent pardevant les
Juges des Seigneurs , pour y paffer
leur Traité de Mariage , à la fin duquel ils paffent condamnation d'executer tout ce qui eft contenu dans
l'acte , le Juge prononçant cette
condamnation , & fuivant leur tra-

dition ruſtique ſe repoſent ſur la foy
de ces actes defectueux, en quoi ils
s'abuſent : car il n'y a que les Notaires & Tabellions qui ayent le
droit de recevoir de tels Contrats ;
c'eſt une attribution & une faculté
qui leur eſt donnée par les Ordonnances & Declarations des Rois ,
privatiment à tous autres Officiers.

La ſeule exception qui s'y trouve
& qui eſt digne d'être icy remarquée,
eſt celle qui conſiſte dans le droit re-
ſervé à Meſſieurs les Secretaires d'E-
tat , des commandemens & finances
de Sa Majeſté , de recevoir les Contrats de Mariages des Princes & Prin-
ceſſes paſſez en preſence des Roys ,
leſquels Contrats portent hypoteque
du jour de leur date , & ont en toutes choſes la même force & vertu
que s'ils avoient été reçûs par dès
Notaires ; c'eſt une poſſeſſion qu'ils
ſe ſont toûjours conſervée , & dans
laquelle ils ont encore été confirmez
par la Declaration du Roy du 21.
Avril 1692. qu leve les ſcrupules que
les Notaires de Paris s'efforçoient
de faire naître ſur la forme de ces
Contrats, pretendant introduire la
neceſſité d'en dépoſer chez eux une

double expedition, reconnuë devant
eux par les parties ; ce qui ayant pa-
rû une entreprife contraire au ref-
peçt & à la foy qui font dûs à des
actes qui portent un caractere fi important, le Roy par fa Declaration
fufdatée, aprés avoir ordonné que
les minutes demeureront és mains
du Secretaire d'Etat qui les aura reçûës, pour en délivrer des expeditions, quand il en fera requis, ordonne neanmoins que pour la com-
modité des parties il en foit depofé
une copie de luy, fignée par collation
chez un Notaire, qui en pourra délivrer des expeditions, comme s'il
avoit reçû la minute.

CHAPITRE III.

De la Communauté.

LA Communauté de biens entre
le mary & la femme a été introduite en France par la difpofition du
droit coûtumier : l'origine en eft
affez incertaine. Pafquier en fes re-
cherches de la France liv. 4. chap.
21. rapporte de quelle maniere les

anciens Gaulois la pratiquoient.
Cefar dans fes Commentaires de la
guerre des Gaules liv. 6. Suetone *in
Jul. Caf. cxp.* 51. en font auffi mention ; j'y renvoye le Lecteur qui fera curieux d'apprendre les differentes mœurs des anciens François à cet
égard. Il eft toûjours certain que la
Communauté de biens entre gens
mariez, étoit incounuë au droit Romain, & le Royaume eft encore aujourd'huy partagé fur cet ufage : il
y a des Provinces, comme le Lio-
nois, le Languedoc, la Gafcogne,
& plufieurs autres qui fe gouvernent
felon le droit écrit : elles ne recon-
noiffent pas la Communauté de
biens ; plufieurs Coûtumes encore,
comme celle de Normandie art. 389.
celle de Rheims art. 239. ne la reçoivent pas. Chaque Province du Royaume avoit anciennement fes Loix à
part, pour marque d'indépendance,
chacune regloit fes ufages, fuivant
le genie & les mœurs de fon païs ;
les unes les ont confervez avec un at-
tachement qui étoit fouvent plus
d'habitude que de difcernement ; &
lors de la reformation des Coûtumes, elles fe font fervies de l'autorité
du

du Prince pour les faire rediger par écrit, afin qu'elles fuſſent ſtables à l'avenir : les autres ont conſenti d'être reformées & d'être reglées ſur le pied des Provinces voiſines, en déferant à l'eſprit general & le plus convenable à l'interêt public. Voilà pourquoy nous voyons tant de difference dans les Coûtumes du Royaume, qu'une partie reçoit la communauté entre les conjoints, & que l'autre partie ne la reçoit pas. Mais comme l'uſage le plus frequent eſt celuy qui admet la communauté, & qu'il s'en eſt formé une eſpece de droit commun dans la plûpart des Coûtumes, & que ce droit preſque general ſert le plus ſouvent de regle aux perſonnes mêmes qui ſont domiciliées dans les Provinces où la communauté n'a pas lieu, quand elles n'ont pas de raiſons particulieres pour ne vouloir pas vivre en ſocieté de biens ; c'eſt auſſi un des principaux points de nos Contrats de Mariage. Ainſi pour en dreſſer les articles, la premiere choſe à laquelle on penſe, c'eſt de regler cette communauté. Pour cet effet on doit s'informer des parties à quelle Coû-

tume elles veulent aſſujetir les conventions de leur Mariage ; la Coûtume de Paris art. 220. & la plû-part
introduiſent entre mariez la communauté de tous les biens, meubles
& conqueſts, immeubles faits conſtant le Mariage, & les autres la rejettent. Enſorte que ſi nonobſtant
ces Coûtumes où la communauté n'a
pas lieu, les futurs conjoints deſi-
rent de vivre en communauté de
biens., ils ont la liberté de déroger à
la Loy municipale de leur païs,
pourvû qu'elle ne ſoit pas prohibitive, & peuvent déclarer qu'ils ſe
ſoumettent à la Coûtume d'une telle
Province pour regler leur communauté ; la Coûtume de Paris eſt celle ſous laquelle pour l'ordinaire les
perſonnes des Provinces éloignées
ſe rangent plus volontiers, parce
qu'étant la Coûtume de la Ville capitale du Royaume, on luy doit la
juſtice d'y déferer auſſi davantage ;
ceux qui veulent en uſer ainſi doivent s'expliquer en ces termes. *Les*

auſe que
futurs
ont
mmuns
biens

*futurs époux ſeront uns & communs en
tous biens meubles & conqueſts immeubles, ſuivant & au deſir de la Coûtume de..... à laquelle ils ſe ſoumet-*

tent , nonobstant la demeure & les acquisitions qu'ils pourroient faire dans
d'autres Coûtumes contraires , dérogeant pour cet effet ausdites Coûtumes.

Mᵉ Gilles Fortin en ses notes sur
l'art. 220. de la Coûtume de Paris ,
est d'avis que la communauté peut
être stipulée au delà des termes de
l'article , c'est-à-dire des biens propres , comme des meubles & conquests , parce que le Contrat de Mariage est susceptible de toutes sortes
de conditions qui ne blessent pas les
bonnes mœurs. Voyez ce qu'en dit
Duplessis sur la même Coûtume
Traité des communautés liv. 2.
chapit. 1. sect. 1. pag. 81. & suivantes.

La plûpart des Auteurs conviennent que cette stipulation de communauté de biens propres est valable , étant faite par un Contrat de
Mariage entre majeurs , & qu'elle
est nulle entre mineurs. Papon liv. 15.
tit. 1. §. 2. rapporte un Arrest qui l'a
ainsi jugé , au profit d'une femme
mineure , qui se fit restituer contre
la clause de son Contrat de Mariage.

- Il est certain qu'on peut stipuler

communauté de tous biens dans les
Coûtumes qui permettent de les donner entre-vifs.

Et comme l'effet de cette communauté ainsi convenuë & contractée,
n'est pas seulement de faire une confusion du mobilier que chacune des
parties apporte en Mariage, ensemble
des acquisitions, pour aprés le decés
del'un des conjoints, le tout être partagé par moitié entre le survivant &
les heritiers du prédecedé, mais encore de rendre communes les dettes
mobiliaires, & notamment celles
duës par chacun des futurs avant leur
mariage : *Confunduntur quidem jura*
personalia activa & passiva quæ possi-
debant ante matrimonium, sed non rea-
lia & hypoteca. Que c'est un piege
où plusieurs sont attrapez, dans l'i-
gnorance où sont les mariez, des affaires que chacun d'eux pouvoit
avoir avant leur recherche, & des
dettes qu'ils peuvent avoir créées,
principalement s'ils sont majeurs ;
car quand ils sont mineurs, cela n'est
pas tant à craindre, à cause qu'ils ne
peuvent en minorité valablement
s'obliger, à moins que les dettes ne
viennent du chef de leurs pere & me-

té, dont ils sont heritiers. Pour prevenir le desordre qui en pourroit arriver, ils peuvent user d'une précaution, en faisant mettre cette clause ;

Que les futurs ne seront neantmoins tenus des detes l'un de l'autre créées avant leur mariage ; celuy qui les aura faites, ou du chef duquel elles seront dûës, demeurant obligé de les payer sur son bien; même les interêts & arrerages de ces dettes, si aucuns sont dûs & échûs avant ledit futur mariage, sans que l'autre dès conjoints soit obligé d'y contribuer en façon quelconque, nonobstant la communauté cy-devant stipulée.

C'est une précaution qui est à prendre, sur tout par la personne qui épouse un homme veuf, ou une femme veuve, ayant des enfans d'un premier lit : car sans cette stipulation la seconde communauté seroit chargée & du compte tutelaire qui seroit à rendre aux enfans, & du remploy des propres de la premiere femme alienez par le mary. Brodeau sur M. Loüet lett. R. n. 30

La clause qui suit ne peut jamais être stipulée par un Contrat de Mariage, & ne seroit pas valable lors

E iij

même qu'elle s'y trouveroit.

*Comme auſſi qu'ils ne ſeront tenus
des arrerages & interêts de ces mêmes
dettes qui coureront ou ſeront échûes depuis ledit futur Mariage & durant la
communauté.*

Parce qu'elle eſt contre les bonnes
mœurs, en ce quelle tend à priver
les enfans qui proviendront du Mariage, des biens maternels, & parce
qu'elle eſt abſolument contre l'eſſen-
ce de la communauté.

On en va donner un exemple.

Une femme qui auroit pour
20000 livres de biens, & pour
10000 livres de dettes paſſives cou-
rant à interêt, les arrerages s'en ac-
cumulant, faute de payement, pendant la communauté, dont le mary
eſt le Maître, en vingt années elle
trouveroit tout ſon bien conſommé ;
& cette femme étant encore contrainte aprés le deceds de ſon mary,
de renoncer à la communauté, pour
s'exempter des dettes qu'il auroit luy-
même contractées avant ou depuis le
Mariage, ſe verroit dans le fâcheux
état de n'avoir ny bien de ſon chef,
ny occaſion d'en reprendre ſur celuy

de son mary, pour ses conventions matrimoniales.

Pour joüir de l'avantage de la clause, par laquelle il est dit que les futurs payeront separément leurs dettes créées avant le Mariage, il est nécessaire que celuy qui aura plus d'intérêt à la stipulation, fasse faire inventaire avant le Mariage separément, des effets appartenans à tous les deux, afin que si pendant le Mariage les créanciers venoient à les faire saisir comme des effets communs, il fût en état d'en obtenir main-levée, en representant l'inventaire, en vertu de la clause portée au Contrat de Mariage, laquelle deviendroit inutile sans cette formalité d'inventaire, du moins contre des tiers, tels que les creanciers qui ont droit d'agir en ce cas contre le mary maître de la communauté, & de le faire condamner au payement des dettes mobilieres de sa femme, sauf au mary à les reprendre, & à s'en faire recompenser sur la part afferante à sa femme, aprés la dissolution de la communauté, en vertu de la clause, laquelle est toûjours vala-

Avis touchant la clause que chacun des conjoints payera ses dettes créées avant le Mariage separément, & chacun sur ses biens.

E iiij

ble & opere son effet entre les conjoints, nonobstant le deffaut d'inventaire.

Mais si les futurs n'avoient aucuns
effets mobiliers , comme il seroit
inutile, même impossible de faire un
inventaire , il sera bon de declarer
dans le Contrat de Mariage, *qu'il
n'a été fait aucun inventaire en consequence de la clause cy-dessus , attendu
que les futurs n'ont aucuns meubles ny
effets à inventorier,* ou bien declarer,
*que tout ce que la future apporte en ma-
riage consiste en telle chose. ... ou telle
somme....* Car les parties sont
dispensées de la representation d'un
inventaire , quand notoirement ils
n'avoient point d'effets mobiliers ,
ainsi jugé par Arrest du 11 Mars 1602.
raporté par Me Gilles Fortin, en ses
Notes sur le 222. art. de la Coûtume
de Paris.

Cette necessité d'inventaire , à proprement parler, n'a lieu que lors que
les futurs sont majeurs, usans de leurs
droits, & qu'ils se marient de leur
chef, ou quand ils ont déja été mariez, & qu'ils convolent en secondes
nôces.

suite.

Elle paroît inutile quand les enfans font mariez par leurs pere & mere, avec certains biens, deniers & effets mobiliers declarez au contrat, parce que l'énumeration faite de ces chofes en ce cas fert d'inventaire.

Comme auffi elle femble inutile pour les filles mineures qui font fous charge de tuteur au tems de leur mariage, lorfque le compte tutelaire ne leur a pas été rendu, car il eft impoffible fans cela de faire un inventaire jufte & fidele, & pour lors le compte qui doit être rendu, doit auffi fuppléer à l'inventaire.

Il eft certain que comme les parties contractantes peuvent convenir qu'il y aura entr'elles communauté, en dérogeant à leurs coûtumes contraires; auffi leur eft-il loifible dans les Coûtumes qui introduifent cette communauté, de ftipuler le contraire; ce qui fe fait ordinairement lorfque le futur époux eft ou fans biens ou mauvais ménager, ou que c'eft un homme veuf ou une femme veuve, riches en acquifitions de leurs communautés, & qui ayant des enfans ne veulent pas à leur préjudice en enrichir une seconde femme, ou un second mary ; en ce cas, on convient non seulement qu'il n'y aura pas du tout de communauté ; mais encore l'on stipule une separation de biens, à l'effet que chacun puisse joüir du sien, indépendamment l'un de l'autre, la femme sans être autorisée de son mary.

Et si l'on se contentoit de stipuler simplement qu'il n'y aura pas de communauté, le mary ne laisseroit pas que de joüir des biens de sa femme, d'en avoir l'administration, faire baux à loyer de ses immeubles, recevoir les revenus, & d'en donner valablement quittances, sans que sa femme ny ses heritiers puissent jamais les contester, parce que la qualité seule de mary luy donne ce pouvoir, soit qu'il y ait communauté, soit qu'il n'y en ait pas ; ainsi qu'il se pratique dans le païs de droit écrit, ou quoi-que la communauté de biens n'ait pas lieu, le mary a cependant le droit de joüir de la dot de sa femme. Soëfve centur. 1. chap. 54. & centur. 2. chap. 84. tom. 2.

Enforte que pour interdire absolument au mary l'administration des biens de la femme, il est necessaire de stipuler une separation de biens, faire mention que la femme se reserve l'entiere administration de ses biens & dispositions de ses revenus, & qu'elle declare ne vouloir être en aucune façon sous la puissance du mary à cet égard ; il faut que la clause soit conçûë de maniere que les interêts & droits des conjoints paroissent n'avoir rien de commun ; jusques-là même que quand la femme ne veut pas souffrir que son mary luy soit à charge en rien ; dans le cas de cette separation, on peut convenir d'une pension, payable à la femme par le mary, ou bien au mary par la femme. Pour tout dire & faire comprendre, voicy comme la clause peut être redigée.

A été convenu qu'il n'y aura aucune communauté de biens entre les futurs époux, soit de ceux qui leur appartiennent presentement, soit de ceux qui leur écheront cy-aprés, ou qu'ils pourront acquerir, tant en meubles qu'immeubles, nonobstant toutes Coûtumes contraires, ausquelles ils ont derogé &

Clause qu'il n'y aura pas de communauté, & que les futurs jouïront separement de leurs biens.

renoncé : au moyen de quoy chacun defdits futurs époux joüira feparément de
fes meubles & immeubles prefens &
avenir, enfemble des revenus defdits
immeubles, fans que le futur époux
puiffe rien pretendre ny demander fur
ceux de la future époufe, ny reciproquement la future époufe fur ceux dudit futur époux, pour quelque caufe que
ce foit ; à l'effet de laquelle joüiffance
de fefdits biens meubles & immeubles
prefens & avenir, & afin que ladite
future puiffe les regir, gouverner
& adminiftrer librement, faire baux à
loyer, donner quittances, & generalement faire tout ce qui dépendra & fera
de la fuite de cette adminiftration, ledit futur époux l'a dés-à-prefent autorifée & l'autorife par ces prefentes, pour
toûjours & irrevocablement, en telle
forte qu'elle ne fera obligée de prendre
autre plus ample ny plus fpeciale autorifation, encore bien que le cas le re-
quît plus particulierement ou autrement. Et fera tenuë ladite Damoifelle
future époufe de payer audit fieur futur époux par chacun an, tant & fi
long-temps qu'ils feront demeurans enfemble pour fes logement & nourritures, & des domeftiques qui luy con-

viendront selon sa qualité , & pour
ses entretiens , la somme de . . . . . ladite
somme payable , soit qu'il y ait enfans
ou non.

Ou si l'on veut, on convient que
cette pension sera augmentée en cas
de survenance d'enfans à proportion.

Supposons que dans la susdite clause , par laquelle la femme est autorisée de son mary pour joüir de ses
biens , les regir & administrer , &c. il
soit encore ajoûté cette autre clause ;
Qu'elle sera & est pareillement autori-
sée de sondit futur époux pour la fa-
culté qu'elle a stipulée & qui luy est ex-
pressément donnée de vendre , aliener ,
ou autrement disposer de ses biens , tant
meubles qu'immeubles presens & à ve-
nir par donation entre-vifs à cause de
mort , ou autres actes , au profit & en
faveur de telles personnes , pour tele
prix , charges & conditions qu'elle ju-
gera à propos , comme aussi pour en ac-
querir d'autres , prêter ou emprunter
toutes & telles sommes que bon luy
semblera , par promesses , obligations ,
contrats de constitution ou autrement ,
recevoir tous rachats , remboursemens
& autres sommes qui luy sont dües , en
donner quitances , même pour faire &

Suite pose
donner à la
femme la
faculté de
vendre &
disposer de
son bien en
consequen-
ce de la se-
paration
stipulée.

paſſer tous autres actes & Contrats qu'il appartiendra pardevant Notaires & en juſtice, intenter & pourſuivre toutes actions & procés pardevant tous Juges, comparoître en jugement pour la conſervation & défenſe de ſes droits, pour tranſiger & compromettre, prendre & apprehender ſucceſſions ou y renoncer, & generalement pour faire, agir & traiter par ladite future de ſon chef & librement, tout ainſi qu'elle pourroit faire ſi elle n'étoit pas mariée, ny ſous la puiſſance dudit Sieur futur époux, ſans aucune exception.

On demande ſi cette derniere clauſe dont Monſieur Claude Ferriere fait mention en ſon livre de la Science des Notaires, dans le modele qu'il donne en general d'une clauſe, portant qu'il n'y aura pas de communauté, ſans dire quand & comment elle peut valoir. On demande, dis-je, ſi cette autoriſation du mari ſuffira à la femme en toutes occaſions & en tous pays pour aliener & hypotequer librement ſes biens & de ſon chef ſans nouvelle autoriſation.

J'eſtime que cette clauſe ne doit

pas valoir indistinctement, & que cessant la disposition des Coûtumes, elle doit être interpretée suivant le Droit commun, qui veut que la femme étant en puissance de mari soit autorisée de luy à chaque acte qu'elle passe, emportant engagement ou alienation de son bien ; parce que l'autorité maritale ne peut être absolument aneantie tant que dure le Mariage ; l'une est inseparable de l'autre, en sorte que la separation de biens ou la clause qu'il n'y aura pas de communauté ne détruisant pas le Mariage, elle ne peut par consequent affranchir la femme de la puissance qu'a le mari sur elle par le Droit public, & par la loy de Dieu même, *sub viri potestate eris*, telle convention contraire qu'il y ait au Contrat de Mariage.

Presque toutes les Coûtumes conformément à ce Droit general & public, défendent à la femme de vendre & d'hypotequer ses heritages sans l'autorité & le consentement de son mari.

La Coûtume de Paris le porte expressément art. 223. Ainsi dans

ces Coûtumes, la femme quoyque
feparée de biens, & quoyqu'autorifée par fon Contrat de Mariage pour vendre, aliener, engager
ou autrement difpofer fans l'autorité de fon mari autre que l'autorifation generale ftipulée au Contrat, ne peut neanmoins valablement le faire ; parce que la Coûtume étant prohibitive, il n'eft pas
permis d'y contrevenir, ny même
d'y deroger en ftipulant le contraire par le Contrat de Mariage, cela
eft conftant.

S'il y a quelques exceptions, ce
ne peut être que dans les Coûtumes qui en decident autrement.
Par exemple, la Coûtume de Berry
chap. 1. art. 21. porte que la femme ne peut difpofer de fes heritages & biens fans l'autorité & confentement de fon mari, s'il n'y a
convention expreffe au contraire
dans leur Contrat de Mariage. Dans
cette Coûtume & les autres femblables, il eft fans difficulté qu'-
une claufe d'autorifation generale
comme celle qui eft redigée cy-devant, donne le droit à la femme
de pouvoir aliener & hypotequer
ſes

ſes biens ſans être de nouveau autoriſée de ſon mari de la même
maniere que ſi elle n'étoit pas mariée ; mais cette diſpoſition étant
contraire au droit commun, ne doit
avoir ſon execution que dans le
pays où elle eſt approuvée & reçûë par un conſentement general
ſervant de loy ſans pouvoir être é-
tenduë ailleurs.

Il en eſt de même dans la Coûtume de Montargis qui décide chap.
8. art. 6. que femme ſeparée quant
aux biens ſolemnellement , peut
contracter & diſpoſer de ſes biens,
meubles & immeubles , ainſi qu'-
elle pourroit faire ſi elle n'étoit
mariée. La femme dans cette Coûtume joüit du privilege de l'indépendance maritale quand il s'agit
de la diſpoſition de ſes biens, en
cas qu'il y ait clauſe de ſeparation
de biens dans le Contrat de Mariage, ou que depuis le Mariage elle
ſe ſoit fait ſeparer de biens par
juſtice.

Mais la difficulté eſt plus grande dans les Coûtumes leſquelles ,
comme celles de Clermont en Beauvaiſis art. 191. & de Valois art.

188. portent que la femme mariée
ne fe peut obliger fans le confentement de fon mari, fi elle n'eft
feparée ou marchande publique.

On pourra dire en interpretation
des termes de ces Coûtumes, que
qui s'oblige en general, engage &
hypoteque fes biens ; que cet engagement emporte alienation, puifque la vente de l'heritage hypote-
qué, eft l'effet & l'execution de
l'obligation quand la perfonne n'y
fatisfait pas volontairement, ou
qu'elle n'eft pas en pouvoir de le
faire. Par exemple, fi la femme contracte une dette hypotecquaire, &
qu'elle y oblige tous fes biens, le
creancier n'étant pas payé, il a
droit de faire faifir & vendre les
immeubles pour fon dû, en forte
que la Coûtume donnant la liberté
à la femme de s'obliger fans le
confentement de fon mari quand
elle eft feparée, confentement d'ailleurs qui équipole à une autorifation ; il eft vray de dire qu'elle luy
donne indirectement la faculté d'a-
liener, d'où l'on peut conclure qu'-
aux termes de ces articles, lors que
la femme n'eft pas commune en

biens par son Contrat de Mariage, & que le Contrat porte une clause d'autorisation generale pour vendre, aliener & disposer, &c. la femme n'a pas besoin d'autorisation nouvelle & speciale de son mari quand elle contracte pendant son Mariage.

Cependant il est plus raisonnable de conclure que nonobstant la separation de biens, soit qu'elle soit stipulée au Contrat de Mariage, soit qu'elle ait été ordonnée par justice sur la poursuite de la femme, & nonobstant l'autorisation generale resultante, ou du Contrat de Mariage, ou de la Sentence de separation, la femme separée a besoin d'être autorisée de son mari par une autorisation nouvelle & speciale pour chaque acte qu'elle passe, emportant alienation ou engagement de ses heritages, parce que les dispositions des Coûtumes étant de droit étroit, sur tout quand elles sont directement opposées au droit commun, elles ne se doivent pas interpreter largement & par des consequences indirectes. Ces Coûtumes se servent du terme de *s'obli-*

ger; elles ne difent pas *aliener &*
hypotequer. La faculté doit être pri-
fe de rigueur fans être étenduë d'un
cas à un autre. L'on ne doit pas
donner à ces termes de la Coûtume une explication plus ample &
plus favorable pour la femme, que
celle qu'ils renferment, ny fuppléer
le cas de l'alienation & de l'engagement par hypoteque qui n'eft pas
exprimé ; au contraire ils doivent
être reftraints par la raifon qu'ils
bleffent en quelque façon la dignité du Sacrement de Mariage, en
dérogeant à la loy qui affujettit la
femme à fon mari. L'homme eft
le chef de la femme, *eft in cap:-*
te voluntas. Ce pouvoir donné à la
femme feparée, de s'obliger fans le
confentement de fon mari, fe doit
entendre civilement & felon le droit
commun par rapport à la feparation de biens, qui à la verité donne à la femme un droit d'adminiftration & de joüiffance, fuivant
lequel elle peut valablement s'obliger pour les nourritures & entretiens d'elle & de fa famille, jufqu'à concurrence de fes revenus ;
mais qui ne donne pas un droit

de difpofition & d'alienation, lequel dépend abfolument de la puiffance maritale qui doit intervenir, & fe renouveller à chaque acte que la femme paffe, fans avoir égard à la claufe d'autorifation generale ftipulée aux Contrats de Mariage, dans lefquels les claufes repugnantes au droit public ne font pas reçûes, fi ce n'eft dans les Coûtumes qui en difpofent autrement, comme celles de Berry & de Montargis dont il a été parlé cy-devant. Cette opinion eft conforme aux principes établis par le Commentateur de Monfieur Loüet lett. F. n. 30. Peleus action forenfe 23. liv. 5. Soëfve tom. 1. Centurie 4. chap. 5. Le Maître fur la Coûtume de Paris tit. 10. de la communauté Sect. 3. & fur les Arrêts par eux citez ; ainfi je ne puis être du fentiment de Renuffon qui tient le contraire dans fon Traité de la Communauté partie 1. chap. 9. n. 40. nonobftant l'Arrêt qu'il cite du 7. Mars 1676. rendu au profit de la Dame d'Hilerin, parce que j'ay remarqué que cet Arrêt n'eft pas rendu précifément dans le cas de nôtre propofition generale.

Nous avons dit qu'il étoit befoin de faire un Inventaire pour faire valoir la claufe par laquelle il eft dit que les futurs payeront feparément leurs dettes.

Mais s'il eft feulement convenu par Contrat de Mariage qu'il n'y aura pas de communauté entre les futurs conjoints, & qu'ils joüiront feparément de leurs biens ; il faut être perfuadé que l'Inventaire n'eft pas moins neceffaire tant afin d'éviter la confufion des meubles & effets, & que chacun puiffe reconnoître les fiens, qu'afin que les creanciers ne puiffent faire faifir & vendre les effets de l'un pour les dettes de l'autre, parce que cette claufe de feparation de biens emporte tacitement celle de n'être tenu des dettes l'un de l'autre.

Avant de paffer plus loin, il eft bon de faire connoître quelle Coûtume il faut fuivre pour regler la communauté, parce que les opinions font fi partagées fur ce point, & la conduite que tiennent en fe mariant bien des perfonnes qui courent à cet engagement fans pré-

caution eſt ſi differente, qu'il ſe
preſente tres-ſouvent de la difficulté ſoit entre les conjoints, ſoit entre leurs heritiers ou creanciers ſur
la maniere de regler les droits appartenans aux gens mariez.

Pour bien entendre cette matiere, il faut conſiderer : 1°. S'il y a
un Contrat de Mariage. 2°. Si les
parties ayant un domicile certain
ſe ſont mariez ſans faire de Contrat. 3°. Si les mêmes parties n'ont
ny domicile, ny fait de Contrat.

Au premier cas, quand il y a un
Contrat de Mariage, il faut encore diſtinguer ; ou bien le Contrat
de Mariage regle expreſſement la
clauſe de communauté, en declarant que les futurs ſeront uns &
communs en tous biens, meubles
& conquêts immeubles ; ou quand
il eſt ſtipulé qu'il n'y aura pas de
communauté entre les futurs conjoints, ou bien le Contrat n'en fait
aucune mention. Si le Contrat de
Mariage regle la communauté par
convention expreſſe, il la faudra
ſuivre avec ſoumiſſion à la Coûtu-
tume qu'on aura choiſie quand il
y a derogation à toutes Coûtumes

contraires. S'il n'en est pas parlé, on suivra la Coûtume où les parties font leur domicile lors qu'ils contractent & se marient, ou bien la Coûtume du lieu où ils declarent qu'ils entendent aller demeurer aussi-tôt qu'ils seront mariez. Ce qui fait dire à Maître Charles du Moulin Conseil 53. n. 3. que les droits des conjoints font reglez suivant la Coûtume où le Contrat de Mariage a été passé, ou suivant celle à laquelle les parties se font soumises, quoyque les biens soient situez, & les domiciles établis en d'autres Coûtumes contraires.

Au second cas ; s'il n'y a pas de Contrat de Mariage, il faut suivre la Coûtume du domicile du mari lors de la celebration du Mariage. Auzanet sur l'art 220. de la Coutume de Paris.

Au troisiéme cas, si le mari n'avoit pas de domicile, ny fait de Contrat, on doit se regler suivant la Coutume du lieu où la celebration du Mariage a été faite.

Ces maximes font generales ; mais voicy plusieurs questions particulieres qui se font à ce sujet.

On

On demande fi les futurs conjoints peuvent ftipuler qu'il y aura communauté entre eux, quoyqu'ils fe marient & foient demeurans dans une Coutume où il n'y a pas de communauté, parce que *provifio hominis facit ceffare difpofitionem legis.* Cela eft fans difficulté, pourvû que la Coûtume ne foit pas prohibitive, & ne défende pas expreffement les communautez de biens. Par exemple, deux perfonnes demeurantes dans le pays de droit écrit, peuvent ftipuler qu'il y aura communauté entre elles, parce que le droit écrit ne prohibe pas cette convention; mais fi deux perfonnes domiciliées dans la Province de Normandie ftipulent entr'elles communauté de biens, cette ftipulation eft inutile, parce que la Coûtume de Normandie és art. 330. & 329. la défendent en termes négatifs.

Que dira-t-on quand un homme demeurant à Paris va prendre femme en Normandie, ou qu'un homme de Normandie va fe marier à une fille de Paris? On demande s'ils peuvent fe choifir l'une des deux Coutumes que bon leur fem-

G

ble pour regler leur communauté, & leurs autres conventions matrimoniales.

L'opinion la plus commune eſt, que les futurs en ce cas ont la liberté de regler leurs conventions ſuivant la Coûtume du domicile de l'un ou de l'autre; qu'ils peuvent par exemple ſtipuler qu'il n'y aura pas entre eux de communauté en derogeant à la Coûtume de Paris, & déclarant qu'ils ſe ſoumettent à celle de Normandie, & au contraire convenir qu'ils ſeront communs en biens ſuivant la Coutume de Paris à laquelle ils ſe ſoumettent, dérogeant à celle de Normandie que cette faculté doit être introduite pour favoriſer & faciliter le commerce du Mariage entre les perſonnes de deux Provinces qui ont des loix differentes, parce qu'autrement ces perſonnes ſeroient en quelque façon dans l'interdiction de ſe rechercher; car celui qui ſeroit domicilié à Paris voulant regler ſes conventions, & notamment la communauté ſuivant ſa Coûtume, ne pourroit à cette condition parvenir au Mariage à cauſe de la prohibition de celle de

Normandie ; il en seroit de même de
celuy domicilié en Normandie qui
voudroit se marier sans avoir de
communauté, à une fille de Paris,
laquelle ne voudroit pas consentir
à cette condition qui repugne aux
personnes domiciliées à Paris qui
ont l'habitude des communautez,
& qui y sont attachées. Ce tem-
perament de laisser la faculté aux
futurs conjoints de regler leurs conventions suivant l'une des deux Coûtumes où les parties ont leur domicile, est trouvé le plus raisonnable,
comme plus conforme au droit public & à la liberté generale qui doit
être principalement favorisée dans
les Contrats de Mariage. C'est la
raison qu'en donne de Renusson
Traité de la Communauté partie 1.
chap. 4. n. 29.

Cet auteur ajoûte neanmoins u-
ne chose qui est vray-semblable ;
que si la question étoit portée dans
les Tribunaux de Normandie, les
Juges de la Province pourroient
bien la décider autrement, parce
qu'ils sont jaloux de leur Coûtume,
& fort attachez à faire observer à
la rigueur toutes ses dispositions.

C'eſt pourquoy l'on doit faire en ſorte d'attirer de pareilles conteſtations à Paris, & pour cet effet on a coûtume de paſſer le Contrat de Mariage à Paris ſous le ſcel du Châtelet qui eſt attributif de Juriſdiction.

On demande encore ſi les conjoints qui ſont mariez & domiciliez en pays de communauté où ils ont contracté, faiſant dans la ſuite des acquiſitions en Normandie ou en pays de droit écrit ſans y demeurer, ces acquiſitions leur ſeront communes.

Cette queſtion a été diverſement agitée; mais la reſolution la plus generale eſt, que les acquiſitions doivent faire partie de la communauté, ſoit pour empêcher la fraude du mary, qui pour avoir la libre diſpoſition de toutes les acquiſitions, ne manqueroit pas de les faire dans des pays où la communauté n'eſt pas reçûë; ſoit pour interdire aux conjoints les voyes indirectes de s'avantager pendant le Mariage, ſur tout de la part de la femme, qui pour favoriſer ſon mary conſentiroit qu'il ne ſe fiſt des acquisitions que dans des Coûtumes où les mariez ne sont pas communs en biens.

Il en est de même si le mary depuis son Mariage transferoit son domicile dans un pays où la communauté n'a pas lieu, & qu'il y fist des acquisitions ; ces acquisitions seront considerées comme des biens de communauté dans lesquels la femme prendra part, sans quoy il seroit vray de dire par le même raisonnement, qu'il dépendroit du mary par une translation affectée de faire fraude à sa femme, & de la priver des biens, qui suivant la clause de son Coutrat de Mariage luy seront acquis en cas de survie ou autrement, à titre de communauté, & que d'ailleurs par cette voye les conjoints pourroient s'avantager indirectement.

Enfin, si des personnes de Normandie ou du pays de droit écrit contractant Mariage à Paris ou dans un autre pays coûtumier, stipulent qu'il y aura communauté entre elles avec derogation expresse à la Coûtume de leur pays, on pretend que la communauté subsistera en

vertu de la convention, encore bien
que les parties retournent faire leur
domicile en Normandie & ailleurs
où la communauté n'est pas reçuë,
& qu'ils y fassent des acquisitions,
lesquelles seront reputées communes entre les conjoints. C'est un
point jugé par Arrêt du Parlement
de Paris du 19. Août 1655. rapporté au Journal des Audiances liv. 1.
chap. 23. derniere Edition.

Mais pour cet effet il faudra
declarer au Contrat: *Que les futurs*
entendent être uns & communs en
tous biens, meubles & conquêts im-
meubles en quelques pays qu'ils soient
situez & acquis à l'avenir, même
dans la Province de Normandie ou
autres semblables, ou dans le pays de
droit écrit, où ils entendent retourner
faire leur domicile, derogeant à tou-
tes Coûtumes contraires.

Clause de communauté stipulée entre personnes domiciliées en Normandie ou dans le païs de droit écrit.

Il y en a qui tiennent que cette clause peut recevoir beaucoup
de difficulté, & M. Josias Berault
en son Commentaire sur l'article
389. de la Coûtume de Normandie, est d'avis que malgré cette stipulation, la femme ne peut prendre communauté dans les conquêts

immeubles situez en Normandie à
cause de l'article 330. de la Coûtume à laquelle les parties ne peuvent déroger. C'est pourquoy pour
donner à cette clause un effet plus
certain, il sera bon d'ajoûter : *Etant*
expressément convenu pour plus gran-
de sûreté de l'execution de laquelle
clause, qu'en cas que ledit futur é-
poux fist des acquisitions pendant le
Mariage dans les pays & Coûtumes
qui ne reçoivent pas la communauté,
à l'effet d'empêcher ladite future é-
pouse d'y prendre part ; en ce cas le-
dit futur epoux ou ses heritiers seront
tenus de fournir & payer à ladite
future épouse ou ses heritiers la va-
leur de la moitié desdites acquisitions,
eu égard au tems du decés du pre-
mier mourant, dérogeant à toutes
Coûtumes qui pourroient en cela être
contraires à celle de. . . . à laquelle ils
se soumettent, tel autre domicile qu'ils
puissent se choisir pendant leur Ma-
riage.

Le même Berault en cet endroit
de son Commentaire suppose qu'-
un Contrat de Mariage soit passé
en Normandie où la communauté est défenduë entre mary & fem-

suite.

me, & qu'enfuite ils aillent demeurer en pays où la communauté eft reçûë, & dit que s'ils y ont arrêté leur domicile, & que le mary vienne à y mourir, la femme joüira de l'effet de la communauté pour les meubles ; parce que le mobilier fuit le domicile & non pas le lieu du Contrat ; qu'elle aura encore moitié des conquêts immeubles fi la Coûtume de leur fituation le permet. Comme au contraire, fi le Contrat eft fait à Paris ou en autres Coûtumes de communauté, les conjoints allant demeurer en Normandie où le mary decede, la femme par la même raifon fera excluſe du partage des meubles & des conquêts, fi ce n'eft de ceux faits en bourgages, c'eft-à-dire, affis és villes & bourgs fermez dans lefquels elle prend moitié en proprieté, & la moitié ou le tiers en ufufruit de ceux faits hors bourgages en qualité d'heritiere de fon mary, & non pas par droit de communauté, fuivant l'article 329. de la Coûtume.

Quand la communauté eft permiſe entre les conjoints, ou par la

loy, ou par la convention, il leur est
aussi permis de stipuler que *la femme*
n'aura & prendra pour sa part dans
les biens de ladite communauté qu'un
tiers ou un quart, & que le sur-
plus appartiendra au mary ou ses he-
ritiers.

Clause pour reduire la part de la femme dans la communauté, à un tiers ou un quart.

Ou bien on luy fera declarer
qu'arrivant la dissolution de la com-
munauté, elle se contente dés à pre-
sent comme pour lors pour tout droit
de communauté, & pour la part qu'-
elle pourroit pretendre dans les meu-
bles & conquêts d'icelle, de la som-
me de... sans charge de dettes. Cette derniere convention non-seulement est valable ; mais la femme
a le privilege encore de pouvoir
prendre la somme sur les propres
du mary, si les meubles & conquêts
de la communauté ne suffisent pas.
Joannes Faber ad legem si fideicom-
misso, Cod. de Transact. On en fera
mention, si l'on veut, dans la clause pour n'avoir rien à se reprocher.

Autre pour la reduire à une certaine somme.

Comme aussi la convention est
valable, s'il est dit *qu'en cas de pre-*
decés de la femme ses heritiers n'au-
ront & ne prendront rien dans la

Clause pour exclure les heritiers de la femme de la communauté en *cas qu'elle predecede.* *communauté.* Cette clause exclut tant les enfans que les heritiers collateraux, les uns ny les autres ne peuvent objecter qu'elle est contraire au droit commun. Journal des Audiances tome 1. liv. 1. chap. 45.

Autre pour exclure les heritiers collateraux de la femme, du partage de la communauté. Il arrive quelquefois qu'on declare *que la communauté ainsi stipulée n'aura lieu qu'au profit de la femme & de ses enfans, & non pas de ses heritiers collateraux, dont ils seront & sont dés à present exclus expressement, en sorte qu'en cas de predecés de la femme sans enfans, la totalité des meubles & conquêts appartiendra au mari survivant.*

On peut encore convenir *que la femme n'aura & ne prendra part dans la communauté, qu'en cas qu'il y ait des enfans.*

Toutes ces clauses font licites ; mais comme elles font avantageuses au mary, les unes plus, les autres moins, & que c'est ordinairement de sa part qu'elles font pratiquées, ceux aussi qui seront préposez pour maintenir les droits de la femme & de ses heritiers, ne doivent pas les accorder aveuglément & fans de fortes considera-

tions qui puiſſent la dédommager
d'ailleurs du préjudice qu'elle en reçoit.

Voicy une autre obſervation qui
n'eſt pas à negliger. On convient
que les meubles & effets mobiliers
appartenans à l'un & à l'autre des
conjoints avant le Mariage, entrent en la communauté quand on
contracte dans une Coûtume où la
communauté eſt reçûë, cela eſt de
droit commun & general, *confun-*
duntur quidem jura perſonalia quæ
poſſidebant ante matrimonium, ainſi
que nous l'avons déja dit. Mais il
en eſt autrement quand les parties
contractent dans une Coûtume où
la communauté n'a pas lieu, & que
pour être uns & communs en biens,
meubles & conquêts immeubles,
elles ſont obligées d'en faire une
ſtipulation expreſſe dans le Contrat
de Mariage, & de déroger aux Coûtumes contraires. Car en ce cas il
n'y a que les meubles acquis pendant le Mariage qui entrent en la
communauté ; ceux que poſſedoient
les mariez avant leur Mariage n'y
entrent pas, s'il n'eſt dit *pour être* Clauſe pour
uns & communs en biens, meubles faire que
les meubles

qui appartiennent aux futurs avant le Mariage, entrent dans la communauté, qui est stipulée nonobstant la Coûtume.

& effets mobiliers fans aucune exception, même de ceux appartenans aux futurs avant leur Mariage. La raifon eft que les ftipulations doivent être prifes & fuivies à la lettre fans extenfion ny reftriction, étant à préfumer que les parties n'ont eu intention de faire entrer en leur communauté, que les biens qu'ils acquereroient enfemble, & non pas ceux déja acquis quand il n'en eft pas parlé, & que les futurs ne fe font pas plus amplement expliquez. Les claufes d'un Contrat de Mariage qui n'ont rien de commun avec les difpofitions de la Coûtume du lieu où il eft paffé, & qui ne valent que par elles-mêmes, ne doivent pas être prifes au de là de leurs termes, *tantùm valent, quantùm fonant.* En un mot, il faut fuivre le fens litteral de la convention, *fic lex dicta,* & l'on peut dire en ce cas, *non aliàs contracturus.*

Quand les conjoints ont une fois ftipulé dans le Contrat de Mariage qu'il n'y aura pas de communauté entre eux, ou que la femme fe contentera d'une certaine fomme pour tout droit de communauté, ou d'une quotité, comme un tiers ou un quart dans la communauté ; ils ne peuvent plus *ex post facto* convenir du contraire. Le mary ne pourroit voulant remettre les choses sur le pied du droit commun, rappeller la femme à la communauté même par l'avis de ses parens, parce que cette reformation de clause passeroit pour un moyen recherché de s'avantager indirectement *tempore prohibito.* Le Contrat de Mariage étant une fois parfait & couvert par la celebration du Mariage, c'est une loy souveraine à laquelle il n'est plus permis de déroger ; il n'y a plus lieu au repentir, *ab initio voluntatis, postea necessitatis.* M. Loüet lett. M. Som. 4. Chopin sur la Coûtume d'Anjou liv. 3. chap. 2. tit. 2. n. 12. Arrêt du 4. May 1675. qui l'a ainsi jugé, rapporté au Journal du Palais. L'avis contraire de Charondas en ses réponses liv. 5. rép. 61. en cela n'est pas suivie ; aussi le même Auteur paroît se retracter dans un autre endroit de ses Réponses, par la décision contraire qu'il donne, & l'Arrêt qu'il cite liv. 9. rép. 149.

Par la même raison les Arrêts ont declaré nulles les contre-lettres en Contrats de Mariage faites hors la presence des parens, ce qui s'entend de celles qui se font clandestinement avant le Mariage ; car quand le Mariage est celebré, elles sont toûjours nulles quand bien même les parens consentiroient, pour ne pas donner ouverture aux avantages indirects défendus entre conjoints. M. Loüet lett. c. n. 28. Dufresne Journal des Audiances liv. 2. chap. 138. Voyez *infrà* chap. 11. sur la fin.

Pareillement une faculté reservée par le mary au Contrat de Mariage de rappeller sa femme à la communauté dont elle est déja excluse, est nulle & sans effet, nonobstant l'Arrêt de 1634. rapporté par M. Loüet lett. M. n. 1.

Comme aussi une stipulation qui seroit faite au Contrat, par laquelle il est dit que la femme aura la faculté pendant un an plus ou moins d'entrer en communauté ou de n'y pas entrer, a été jugée non valable, parce que toutes ces clauses peuvent dégenerer en avantages indirects, étant dépendantes de la volonté des conjoints, qui par cette voye peuvent contrevenir à la loy de la prohibition, & faire violence à la nature des Contrats de Mariage, dont le propre est de rendre les conventions entre conjoints non sujetes à changement.

En pays coûtumier où la communauté de biens est reçuë, l'on demande quels biens doivent y entrer. Il s'est fait sur cela plusieurs questions, dont les principales décisions se reduisent en general à dire,

Que les meubles & effets mobiliers, comme meubles meublans, argent comptant, droits & actions mobilieres, promesses, obligations & sommes düës par Sentence & Arrêt, appartenans à l'un ou à l'autre des conjoints au jour de leur Mariage, ou qui leur sont échus pendant le Mariage par Succession directe & collaterale, ascendante ou descendante, doivent entrer dans la communauté des conjoints.

Les soultes mobilieres de partage, de Successions directes échûës & divisées avant le Mariage, entrent de même en communauté,

Les foultes de partage de biens, immeubles divifez pendant que le Mariage & la communauté durent, n'y entrent pas.

Pareillement les chofes mobilieres données ou leguées & venuës aux conjoints à quelque titre que ce foit, font partie de la communauté, fi ce n'eft que la donation du mobilier foit faite à condition qu'il fortira nature de propre au donataire, auquel cas ce mobilier donné n'entrera pas en communauté, & fera confervé au donataire & à fes heritiers, parce qu'il eft libre à un chacun d'appofer à fa liberalité telle condition qu'il luy plaît.

Les acquifitions d'immeubles faites durant & conftant le Mariage, même les biens acquis & rentes conftituées pendant la communauté des deniers ftipulez propres ou deftinez à être employez en fond d'heritage au profit de l'un des conjoints, font auffi reputez conquêts & communs entre les conjoints, quand il n'eft pas ftipulé dans le Contrat de Mariage que les heritages acquis appartiendront à celuy des deniers duquel l'acquifition

tion sera faite , ou si le Contrat de
Mariage le porte ; mais que le mary en faisant l'acquisition n'ait pas
fait declaration que c'est pour satisfaire à l'employ stipulé au profit de la femme , ainsi qu'il a été
jugé par Arrêt du 27. Decembre
1627. rapporté par M. Loüet lett.
a. n. 3. Voyez *infrà* chap. de la dot.

Les immeubles donnez à l'un des
conjoints pendant le Mariage , entrent aussi en la communauté, à l'exception de ceux donnez par un as-
cendant à son fils ou petit fils , parce
que tout ce qui est donné aux descendans est presumé donné en avancement d'hoirie, suivant l'article 246.
de la Coûtume de Paris.

Il en est de même des donations
faites en collaterale, aux présomptifs
heritiers , soit entre-vifs ou par Testament, qui entrent en communauté , les derniers Arrêts l'ont ainsi
decidé ; c'est pourquoy quelquefois
dans les Contrats de Mariage on
met cette clause : *Que les immeu-* Clause pour
bles donnez ou leguez par étrangers empêcher
ou autres pendant le Mariage , sorti- certains
ront nature de propre aux donatai- immeubles
res ou legataires , sans pouvoir entrer d'entrer en
en communauté. commu-
nauté.

H

A l'égard des Offices de la Maison du Roy, des Gouvernemens & autres employs de guerre qui sont plûtôt des Commissions à vie, que des titres d'Offices ; on demande s'ils seront propres de communauté, & venant à être vendus par les pourvûs avec l'agrément du Roy pendant la communauté, si le mary aprés la mort de la femme reprendra sur la masse de la communauté la somme provenante de la vente de l'Office comme d'un heritage qui luy seroit propre ou d'un Office venal & hereditaire qui auroit été aliené pendant la communauté, & si le remploy ne luy en sera pas dû ou à ses heritiers, ou bien si ces Offices seront considerez comme un effet de communauté dont la femme prendra sa part.

Cette question a été diversement agitée ; mais sans rapporter icy les raisons de part & d'autre, il nous suffira de dire qu'elle a été decidée par Arrêt du Parlement de Paris du 24. Septembre 1679. rendu au rapport de Monsieur Quelain en la premiere Chambre des En-

quêtes, confirmatif de la Sentence
du Prevôt de Paris du 17. Septembre 1676. au profit du Sieur Lu-
cas Secretaire du Cabinet, qui luy
adjuge le remploy de son Office
qui avoit été vendu pendant sa communauté, en deboutant les heritiers
de la Dame sa femme qui con-
testoient ce remploy, sous pretexte
que les Offices de la Maison du
Roy ne sont pas en titre ; que ce
ne sont que de simples Commissions non venales ny hereditaires,
se perdant par la mort de l'Officier. Cet Arrêt juge donc une grande question sur laquelle tous les
Auteurs avoient été partagez en opinions ; la Jurisprudence avoit même
long-tems varié sur ce point, comme
il se voit par les differens Arrêts intervenus avant celuy-cy, qui deci-
de enfin qu'un mary étant revêtu
d'un Office chez le Roy en se mariant, le prix de la vente qui en
a été faite pendant la communauté, est sujet à remploy aprés qu'-
elle est dissoluë, quoyqu'il n'y ait
aucune stipulation de propre par
Contrat de Mariage. Cet Arrêt est
rapporté avec les raisons pour &

contre au Journal du Palais tom. 8. pag. 375.

Cependant on conseille à telle fin que de raison au futur époux qui est revêtu d'une Charge de cette qualité, qui croit pouvoir obtenir l'agrément du Roy pour en disposer par une démission, & qui ne veut pas que le prix qu'il espere en tirer, entre dans la communauté, de stipuler dans son Contrat de Mariage : *Qu'en cas qu'il vienne à se démettre de son employ moyennant récompense, les deniers qui en proviendront, n'entreront pas en communauté & luy tiendront nature de propre, & aux siens côte & ligne.* Pour sçavoir quels Offices entrent en communauté, voyez Loyseau Traité des Offices liv. 4. chap. 6. n. 11. & suivans.

En Normandie le mary prend ordinairement un don mobil sur les choses promises en Mariage à sa femme ; il est plus ou moins fort, selon qu'il est stipulé au Contrat.

Mais si les choses promises par pere & mere consistent en mobilier, comme il n'y a pas de communauté entre conjoints par Mariage,

Suite.

l'on demande fi le tout paffera pour don mobil au profit du mary, pour en difpofer par luy à fa volonté, fans être obligé à reftitution.

Il faut diftinguer, ou le mobilier a été promis pour tenir lieu de dot & de patrimoine à la fille côte & ligne, ou non. Au premier cas la dot doit être reftituée par le mary en entier fuivant la claufe du Contrat de Mariage, fans en diftraire par le mary aucune part pour fon don mobil dont il a été tacitement exclu. Au fecond cas le tiers fera deferé au mary pour fon don mobil, & les deux autres tiers feront confervez à la femme.

Mais dans le premier cas qui ôte au mary le don mobil, fuppofons qu'il échet à la femme pendant le Mariage quelque Succeffion de meubles en directe ou en collaterale, on demande comme il en fera ufé en vertu de l'article 390. de la Coûtume, qui charge le mary d'en employer la moitié en heritages ou rentes pour tenir nature de propre à la femme côte & ligne.

La difficulté eft que cet article

ajoûte (si tant est qu'ils excedent
la moitié du don mobil qui a été
fait au mary en faveur du Mariage) lesquels termes donnent lieu
de croire que l'intention de la Coûtume est que le mary prenne un
don mobil. Mais s'il n'en est rien
dit dans le Contrat de Mariage ,
sera-t-il chargé d'employer la moitié des effets mobiliers échus par
Succession pendant le Mariage aux
termes de la premiere partie de cet
article ? C'a été une question diversement agitée ; mais enfin elle a
été decidée par le Reglement fait
en Parlement en l'année 1666. qui
ordonne art. 79. que le mary qui
n'a pas eu de don mobil , doit
employer la moitié des meubles
échus à sa femme pendant le Mariage, & retenir l'autre.

CHAPITRE IV.

De la Dot.

ANciennement ce n'étoit pas la coûtume de doter les filles, elles étoient excluſes des biens de peres & de meres en faveur des mâles, la Loy de Dieu vouloit de plus, que les filles manquant de freres fuſſent obligées d'épouſer les plus proches de la famille, afin que les heritages paternels & maternels ne ſortiſſent pas de la ligne : cette Loy étoit auſſi gardée en Grece, où le prochain lignager épouſoit l'heritiere, ſans que la fille pût en épouſer un autre.

En Perſe & en Armenie la fille n'emportoit rien de la maiſon en ſe mariant que des meubles, ce qui eſt encore obſervé en tout l'Orient, & preſqu'en toute l'Affrique, quoi-que Theodora femme de l'Empereur Juſtinien, voulant favoriſer ſon ſexe, ait tâché de faire refformer cette coûtume en Armenie, qu'elle apelloit ba bare à cet égard.

Strabon liv. 4. raporte que par l'ancienne Coûtume de Marseille, il n'étoit permis de donner aux filles plus de cent écus en Mariage, & plus de cinq écus en vêtemens ; & par les Ordonnances de Venise, il est deffendu de donner plus de seize cent ducats à la fille noble, & si le Gentilhomme Venitien épouse une roturiere, il ne peut prendre que deux mille ducats, ny les filles succeder tant qu'il y a des mâles dans la famille.

Dans les premiers tems de la Monarchie Françoise cette exclusion des filles du partage des biens de pere & mere, avoit non seulement lieu, mais elles étoient encore mariées gratuitement, pour ne pas diminuer par leur dot la substance des familles destinée aux mâles seuls, en état d'en soûtenir & perpetuer le nom & l'éclat, à quoi ne peuvent servir les filles qui s'éclipsent des maisons, perdant leurs noms & devenant comme étrangeres par le Mariage, _transmutantque domum & transeunt in altera jura_. Il ne faut pas douter que delà soit venu l'établissement de la Loy Salique, concernant l'exclusion

des

des filles de France de la succession de
la couronne.

Ce n'a donc été que depuis la troisiéme race de nos Roys qu'on s'est
relâché de cette rigueur à leur égard,
& qu'on a commencé en France à
doter les filles, comme le rapporte
du Tillet en ses Memoires. Encore
depuis s'est-on attaché à les reduire
à des dots mediocres, comme nous
lisons que l'entreprit Charles V. surnommé le Sage, qui pour en faire
un exemple d'autorité & d'éclat,
ordonna que les filles de France
n'auroient que dix mille livres en
dot ; auparavant & du temps de
Philippes le Bel, Elisabeth de France
sa fille, mariée au Roy d'Angleterre
n'eut que douze mille livres en Mariage ; il est vray que l'argent étoit
rare, & que douze mille livres de
ce temps-là valoient plus que cent
mille livres d'aujourd'huy ; mais
aussi il y a bien de la difference de
cette somme à celle de cinq cens
mille écus plus ou moins, dont les
Filles de France sont aujourd'huy
dotées.

François I. fut obligé de faire un
Edit au mois de Juin 1532. par lequel

I

art. 3. il deffend aux Financiers de donner une dot à leurs filles, excedante la dixiéme partie de leurs biens eu égard au nombre de leurs autres enfans.

Charles IX. a voulu par le même principe de politique, faire une loy generale dans le Royaume, pour reprimer l'excés de la liberalité des pere & mere dans la constitution des dots de leurs filles, en deffendant par son Ordonnance du mois de Janvier 1563. art. 17. à tous pere, mere, ayeul ou ayeule, en mariant leurs filles dans les Villes du Royaume, de leur donner plus de dix mille livres; il est vray que cette Ordonnance n'a pas eu lieu, ny même été verifiée au Parlement, comme le remarque Guenois en sa conference des Ordonnances.

Cela nous fait voir néantmoins que dés ce temps-là l'ancienne coûtume étoit bien tombée; les pere & mere pour lors ne gardant plus de mesures, & ne feignant pas de s'incommoder eux mêmes, dés qu'il s'agissoit de procurer à leurs filles des établissemens considerables: ce qui est aujourd'huy plus commun que jamais, tant par cette premiere raison qui flate la vanité des parens, qu'à cause que le luxe des femmes est monté à un si haut degré, & que les dépenses qu'elles font à leurs maris, sont devenuës si excessives, qu'elles trouveroient rarement à se marier, si elles n'aportoient en mariage dequoi y satisfaire. Ce siecle fournissant peu d'hommes assés mal-avisez que d'épouser des femmes sans biens, tandis que pour suivre l'usage du monde d'apresent, il faut souvent, comme parle Seneque, leur pendre aux deux oreilles la valeur de deux riches successions.

La dot des femmes est donc une chose parmy nous devenuë si necessaire & dont l'objet est si important dans les familles, qu'elle fait un des principaux points de nôtre droit François, meritant un traité particulier, pour bien entendre sa destination, ses privileges, & tout ce qui en dépend ; mais il me suffira pour remplir mon dessein, de remarquer icy les choses les plus essentielles, qui ne doivent pas être ignorées de ceux qui la constituent en mariage, ou qui ont interêt d'en sçavoir les consé-quences.

La dot se dit des biens tant meubles qu'immeubles , que la future épouse de son autorité , quand elle est joüissante de ses droits, aporte en Mariage : ou ce qui luy est donné & promis par ses pere & mere en faveur de mariage : ou ce qui luy est donné par autruy , pour en joüir par le mary maître de la communauté , pour soûtenir les charges du Mariage , suivant la Loy 7. *ff. de jure dot.* & la Loy *pro oneribus cod. eod. tit.* lesquels biens aprés le deceds du mary doivent être restituez à la femme comme son vray patrimoine, *lege in rebus cod. de rei vindic.*

* C'est pourquoy dans les Contrats de Mariage l'on fait ordinairement mention de la dot aprés qu'il a été parlé des biens & facultés du futur époux.

Quand donc la future épouse est maîtresse d'elle & de ses actions, comme si elle est majeure de 25. ans & sans pere ny mere , on luy fait déclarer en quoy ses biens consistent, & promettre de les aporter , sur tout les deniers comptans, meubles & papiers, la veille des épousailles.

Quand par des raisons particulie-

res l'on ne veut pas entrer dans le
détail des biens, l'on met simplement,
que les futurs conjoints se sont pris re-
ciproquement avec tous leurs droits,
noms, raisons & actions. Cela se met
ou des deux conjoints, ou de l'un
d'eux seulement.

Clause
quand fille
est mariée
sans dot, &
seulement
avec ses
droits.

Si la future étoit sous la puissance
de pere , mere ou tuteur, ne voulant déclarer ses biens acquis, l'on
dit *que le futur époux la prend avec*
ses biens & droits qui lui sont échûs
par le deceds de son pere ou de sa mere,
ou de l'un & l'autre, desquels à cet effet
lui sera rendu compte, quand requis en
sera.

Autre
clause.

Les pere & mere mariant conjointement leurs enfans, peuvent déclarer que ce qu'ils donnent en dot à
leur fille, *est en avancement d'hoirie*
de leurs successions, auquel cas les pere & mere sont presumez y contribuër chacun de moitié ; ensorte que
leur fille n'est obligée de raporter que
la moitié de la dot à la succession du
pere ou de la mere predecedé, parce
que, dit la Loy, *Officium patris &*
matris est dotare filiam ; & cùm apud
nos liberos dotare sit onus utriusque
parentis. Voyez Ricard & Tronçou

Dot accor-
dée par pe-
re & mere,
en avance-
ment d'hoi-
rie de leurs
successions

fur l'art. 304. de la Coûtume de Paris ; Bouchel fur les articles 148. &
149. de la Coûtume de Clermont en
Beauvaifis. De cette verité il y a deux
Arrefts, l'un du 20 Janvier 1622. l'autre du 19 Mars 1625. raporté par M.
le Prêtre en fa premiere centurie
chap. 26.

Et c'eft par cette raifon du devoir
commun aux pere & mere de doter
leurs enfans, que fi la femme s'oblige & emprunte avec fon mary pour
marier un de leurs enfans, encore
qu'elle renonce à la communauté,
pour n'être pas tenuë des dettes, elle
eft neanmoins tenuë de celle-cy pour
moitié, fans aucun recours contre
les heritiers de fon deffunt mary,
parce qu'encore un coup *onus commune eft filias matrimonio collocare.*
M. Louet lett. R. nomb. 54. ce qui
eft une exception à l'art. 237. de la
Coûtume de Paris.

Mais le pere ne fçauroit marier
la fille de fon premier lit du fond de
la feconde communauté, au préjudice de fa feconde femme ; quand
cela arrive, foit que la feconde femme ait parlé ou non à la donation, il
luy eft dû recompenfe de moitié ou à

ſes heritiers. Chopin ſur la Coûtume de Paris liv. 2. tit. 1. n. 11. dont la raiſon eſt qu'un pere eſt tenu de doter ſa fille de ſon premier lit *de ſuo* ; étant une dette qui le regarde ſeul, il ne la doit pas acquiter du fond de la communauté , autrement ce ſeroit tromper ſa femme , & cela deviendroit un avantage indirect , que la femme luy feroit contre la prohibition de l'Ordonnance ; en ce cas par conſequent il n'y a pas de précaution à prendre dans le Contrat de Mariage en faveur de la belle-mere, la Loy y pourvoit.

Il n'eſt pas extraordinaire de voir une fille dotée entierement du bien du pere ou de la mere ; mais il faut qu'il en ſoit parlé , afin que le raport ſe faſſe à la ſucceſſion de celuy ou celle dont la dot eſt procedée.

L'on peut auſſi ſtipuler , *que toute la ſomme promiſe s'imputera ſur la premiere ſucceſſion à écheoir, à la charge que les autres enfans prendront autant dans cette ſucceſſion, ſi les fonds ſont ſuffiſans, ſinon que ladite ſomme ſera reduite à proportion de ce que chacun pourra amander, afin qu'il y ait egalité.*

Clauſe d'imputation de dot ſur la premiere ſucceſſion à écheoir.

I iiij

Ou bien pere & mere feront la donation precisément, *à la charge de la
raporter à leurs successions.*

Mais si la dot étoit promise & donnée à prendre en entier sur la premiere succession à écheoir, sans pourvoir à l'égalité des autres enfans par
les clauses cy-dessus, les autres enfans ne pourroient s'en plaindre, attendu que par l'article 307. de la
Coûtume de Paris, & dans les autres
qui n'ont pas de dispositions contraires, il est permis aux pere & mere
d'avantager l'un de leurs enfans, la
legitime réservée neanmoins aux autres ; c'est-à-dire qu'on ne peut ôter
aux autres enfans la moitié de ce
qu'ils auroient eû cessant les avantages ; laquelle legitime doit être parfaite & supléée par celuy qui a été
avantagé, aprés que sur tous les biens
les dettes auront été deduites, pourvû toutefois que l'enfant donataire
renonce à la succession & se tienne à
son avantage, car autrement & venant à la succession, il sera tenu de
raporter, article 304. de ladite Coûtume.

Comme il est d'usage que l'Office
qui seroit donné en Mariage au fils

par le pere, purement & fimplement
en avancement d'hoirie , feroit ra-
portable par le fils à la fucceffion du
pere , non pas à la verité en nature ,
car cela ne fe pratique pas, mais feulement le prix & valeur de l'Office,
fur le pied qu'il auroit été eftimé au
temps de la donation , bien qu'il fût
diminué de prix , ou qu'il vinft a être
fuprimé , ainfi que cela peut arriver ,
quia res perit Domino. le fils doit prendre dans fon Contrat de Mariage
l'une des deux précautions fuivantes.
Ou de faire déclarer par le pere *qu'il*
donne l'Office à fondit fils pour un cer-
tain prix . auquel cas il ne fera tenu
de raporter à fes coheritiers que l'e-
ftimation que fon pere en a faite ,
parce que *dos eftimata, dos vendita, &*
hujufmodi aftimatio eft fpecies vendi-
tionis : ou fera mieux encore le fils de
declarer *qu'il n'accepte l'Office à luy* Claufe de
donné , qu'à la charge de ne courir au- précaution
à prendre
cun rifque , & d'en raporter feulement par le fils
le titre à la maffe de la fucceffion. fans donataire
être garant d'aucun evenement de di- d'un Office.
minution, de fupreffion , ou autre tel
qu'il puiffe être.

Il arrive fouvent , fur tout quand
c'eft un pere ou une mere furvivant

qui marie fa fille à un homme qui defire fçavoir fur quels biens il pourra compter du chef de fa femme, que le furvivant promet *une fom-me, tant pour le droit fucceffif mobilier & immobilier, fruits, profits & revenus échûs à la future par le deceds de fon pere ou mere, qu'en avancement d'hoirie fur la fucceffion à écheoir.*

En ce cas, la fomme eft premierement imputée fur la fucceffion du pere ou mere predecedé, & le furplus, s'il y en a, fur la fucceffion du furvivant ; ainfi jugé au raport de M. Meliand par Arreft du 23 Fevrier 1646. cité par M. le Prêtre chap. fufdit. Autre Arreft du 21. Avril 1682. confirmatif de la Sentence du Bailly du Comté de Beauvais, au profit de M. Claude de Regnonvel, & Marie du Bos fa femme, contre Marguerite Foy veuve de Claude du Bos.

Le furvivant des pere & mere n'entre gueres dans cette promeffe & engagement qu'il n'ait en vûë de fe difpenfer de rendre compte à fa fille des biens du predecedé : c'eft pourquoy l'on peut ajoûter, *fans que les futurs époux puiffent demander aucun compte ny partage de la fucceffion*

échûë à la future épouse, qu'en rendant re furvi-
tont ce qui leur a été donné en mariage vant, em-
par le préfent Contrat. Tronçon fur nonciation
l'art. 281. de la Coûtume de Paris. le auxbiens
à elle échûs
Quand le bien que le furvivant par le de-
donne à la future excede celuy qu'el- ceds de fon
le peut efperer de fon pere ou mere pere ou de
predecedé, il n'eft pas à craindre que fa mere.
la claufe étant conçûë en la maniere
que deffus, elle ou fon mary vienne
à reclamer contre.

Mais fi les chofes données étoient
moindres que les biens de la fucceffion échûë, y compris les revenus,
dont le compte étoit dû, les futurs
pourroient revenir contre cette claufe de renonciation, en dedans les dix
ans de majorité ; les Arrefts ayant
declaré nulles ces renonciations faites *fucceffioni jam quæfita*, telles renonciations ne pouvant avoir lieu
qu'entre majeurs, *vifis tabulis &*
certo & deliberato confilio difpunctis
rationibus, ff. toto titulo de adit. tut.

Car il y auroit grande difficulté fi
le pere n'avoit pas rendu compte ny
inftruit l'oyant, par la communication de toutes les pieces juftificatives
du compte & rendu les pieces.

Il n'en eft pas de même des fucceffions futures, aufquelles les renonciations font valables, en confideration du douteux evenement, de la bonne ou mauvaife fortune des pere & mere au temps de leurs deceds, *propter dubium bonorum eventum,* pourvû que la fille qui renonce reçoive quelque chofe qui luy tienne lieu de legitime & de dot, & que les pere & mere luy ayent procuré un établiffement convenable. C'eft une condition neceffaire pour faire valoir ces fortes de renonciations, Papon fol. 326. & 375. M. Loüet lett. R. n. 17... M. le Prêtre centurie premiere chap. 23. & Renuffon traité des propres chap. 2. fect. 6. ou font traitées plufieurs queftions à ce fujet.

C'eft pourquoy, quand le furvivant mariant fa fille la fait renoncer au compte & au partage de la fucceffion échûë, il eft bon d'y ajoûter du moins, *qu'elle ne pourra demander l'un & l'autre, qu'en raportant ce qu'on luy a donné,* comme a été dit cy-devant.

Mais quand c'eft une renonciation que le furvivant fait faire à fa fucceffion à écheoir, moyennant les biens qu'il donne, il n'y a pas tant

Suite, & precaution à prendre par le furvivant, au cas de la precedente claufe.

de précautions à prendre, attendu que telles renonciations font licites & valables, foit qu'elles foient faites par filles majeures ou mineures en faveur des mâles ou des autres enfans. Il eft vray que fi la renonciation étoit faite perfonnellement en faveur des mâles, ne s'en trouvant aucuns au jour de l'ouverture de la Succeffion, la renonciation deviendroit caduque *pro non fcripto,* & la fille mariée feroit admife au partage de la Succeffion avec les autres filles.

Ces renonciations fe font fouvent non-feulement aux Succeffions futures directes ; mais même aux collaterales.

Et ces dernieres font valables fans le confentement de ceux de la Succeffion defquels il s'agit, quoyqu'ils n'ayent pas été prefens au Contrat de Mariage portant la renonciation, pourvû qu'elles foient faites *aliquo dato,* & non gratuitement.

Renonciation aux Succeffions futures valable.

On peut neanmoins pour plus grande fûreté d'une pareille renonciation qu'une fille feroit par Contrat de Mariage à une Succeffion à échoir, en faveur par exemple de son frere aîné pour maintenir l'éclat de la famille, ajoûter ces termes, *laquelle renonciation le futur époux s'oblige en son nom de garantir, faire valoir & effectuer au cas que ladite future ou les enfans issus du futur Mariage voulussent après son deceds se pourvoir contre ladite renonciation.*

Clause de précaution & d'assûrance de la part des peres ou meres au cas d'une renonciation à Succession future.

Si la fille qui renonce est mineure, il sera ajoûté : *Que les futurs époux promettent & s'obligent solidairement de ratiffier ladite renonciation dés que ladite future sera parvenüe en majorité.*

Suite.

Il est vray que les pere & mere faisant ainsi renoncer leur fille à leurs Successions futures, ont deux voyes pour temperer la rigueur de ces renonciations, qui dans la suite pourroient n'avoir pas tout le succés qu'ils s'en seroient promis.

L'une est de mettre au Contrat de Mariage une reserve de pouvoir rappeller leur fille à leurs Successions ; ce qui peut être conçu en ces termes : *Et nonobstant laquelle renonciation faite par ladite future aux*

Moyen au pere de rappeller sa

Successions à écheoir de sesdits pere & mere, lesdits tels pere & mere se reservent expressément la faculté de rappeller leurdite fille toutefois & quantes, & par toutes sortes d'actes autentiques ou privez à leurs Successions, en rapportant par elle ausdites Successions ce qui luy est donné en faveur de Mariage.

fille qui a renoncé à sa Succession future.

Moyennant cette clause de re-serve, dans la suite les pere & me-re venant à rappeller leur fille, elle devient en vertu de ce rappel habile à leur succeder en qualité d'heritiere, concurremment avec ses autres freres & sœurs.

L'autre remede dont peuvent u-ser les pere & mere, est de faire *ex post facto*, & quand bon leur semble, pareil rappel à leurs Suc-cessions, de leur fille qui a renon-cé.

Autre moyen.

Cette derniere qualité de rappel est differente de la premiere, en ce que le premier rappel étant fait en consequence d'une faculté de repeter reservée par le Contrat de Mariage, il équipole à une institu-tion d'heritier, & attribuë à la fil-le rappellée le même droit dans les

Observa-tion impor-tante sur ces deux moyens.

Successions, que si elle n'y avoit pas renoncé. Au lieu que l'effet de ce dernier rappel quand il n'y a pas eu de reserve, est plus borné, & ne peut plus valoir que par forme de legs, & jusqu'à concurrence de ce qu'il est permis de disposer par la Coûtume au profit d'étrangers, par la raison qu'une fille ayant une fois renoncé valablement, c'est-à-dire, *aliquo dato* à une Succession future, ne peut jamais être heritiere, attendu que ces renonciations sont autorisées en France par un droit general & public en faveur des mâles. M. Loüet lett. R. n. 9. Arrêts de Papon liv. 7. tit. 4.

Mais il faut, comme nous avons déja dit, pour la validité d'une pareille renonciation, que la fille necessairement soit dotée par ceux qui stipulent la renonciation, & qu'elle le soit de leurs biens ; la raison est que la legitime étant dûë aux enfans par le droit de nature dans la Succession de leurs parens, un pere qui feroit renoncer sa fille sans la doter de quelque somme qui luy tinst lieu de legitime, pecheroit

cheroit contre l'amour & la charité du fang, qui eſt la plus ſainte
de toutes les obligations , & le
plus indiſpenſable de tous les devoirs.

C'eſt pourquoy, ce qui eſt à exa-
miner dans une queſtion de renonciation, c'eſt de voir s'il y a une
dot ou non ; de quels biens elle
eſt conpoſée, c'eſt-à dire , ſi c'eſt
du bien de celuy qui ſtipule la renonciation , & quelle en eſt la proportion avec les facultez, la fortune & la qualité des perſonnes.

Parce que ſi la renonciation eſt
gratuite, que le prix en ſoit diſ-
proportionné, c'eſt-à-dire, de beaucoup inferieur à la legitime, ou
que ce qui eſt donné fût à imputer ſur des droits déja acquis à la
fille ; en tous ces cas la loy s'éle-
ve contre la renonciation, la declare nulle comme une injuſtice que
le pere commet contre les vœux de
la nature, & qui choque les mœurs
d'une politique bien reglée.

C'eſt de quoy conviennent tous
les Auteurs qui ont traité de cette
matiere ; & c'eſt auſſi une des raiſons pour leſquelles en France l'on

regarde comme nulle la renonciation qu'a faite Marie-Therese Reine de France par son Contrat de Mariage avec le Roy Tres-Chrétien à present regnant, aux Successions échûës & à écheoir de Philippe IV. & d'Elizabeth de France ses pere & mere, & à tous les Estats de la Monarchie d'Espagne, moyennant cinq cens mil écus d'or, parce que, dit-on, cette somme n'égale pas à beaucoup prés les droits qui étoient échus à la Reine par le deceds d'Elizabeth de France sa mere, & de Dom Balthasar son frere, en sorte qu'il est vray de dire que le Roy Catholique son pere l'a fait renoncer à sa Succession à écheoir sans luy rien donner du sien, qui est le cas qui emporte de plein droit la nullité de la renonciation.

Personne n'ignore le bruit qu'a fait & fait encore à present dans le monde cette fameuse & extraordinaire renonciation ; mais comme quelques-uns peuvent ne pas sçavoir dans quels termes le Roy d'Espagne donna ordre à Dom Loüis de Haro son Plenipotentiaire d'in-

serer la clause au Contrat de Mariage, les voicy.

Que Sa Majesté Catholique pro-
met & demeure obligée de donner, &
donnera à la Sereniſſime Infante Da-
me Marie-Thereſe en dot & en fa-
veur de Mariage à Sa Majeſté Tres-
Chrétienne, ou à celuy qui aura pou-
voir ou commiſſion d'Elle, la ſomme
de cinq cens mil écus d'or, ou leur
juſte valeur en la ville de Paris, le
tiers au tems de la conſommation du
Mariage, l'autre tiers à la fin de
l'année depuis la conſommation, &
la derniere troiſiéme partie ſix mois
aprés; en ſorte que l'entier payement
des cinq cens mil écus d'or ou leur
juſte valeur ſera fait en dix-huit mois
de tems, & que moyennant le paye-
ment effectif fait à Sa Majeſté Tres-
Chrétienne de cette ſomme aux ter-
mes qu'il a été dit, la Sereniſſime
Infante ſe tiendra pour contente &
ſe contentera de cette dot, ſans que
par cy-aprés elle puiſſe alleguer aucun
ſien autre droit, ny intenter aucune
autre action ou demande, prétendant
qu'il luy appartienne ou puiſſe ap-
partenir autres plus grands biens,
droits, raiſons & actions pour cau-

*se d'heritages & plus grandes Suc-
cessions de leurs Majestez Catholi-
ques ses pere & mere, ny pour contemplation de leurs personnes, ou en
quelqu'autre maniere, ou pour quelque cause & titre que ce puisse être,
soit qu'elle le sçût ou qu'elle l'ignorât,
attendu que de quelque qualité &
condition que soient les choses cy dessus,
elle en doit demeurer excluse à jamais
avec toute sa posterité masculine &
feminine ; ensemble de tous les Estats
& Dominations d'Espagne, à la
charge neanmoins que si elle demeure
veuve sans enfans du Roy Tres-Chrétien, elle rentrera dans tous ses droits,
& sera libre & franche de ces clauses, comme si elles n'avoient pas été
stipulées.*

Je rapporte en entier & mot
pour mot cette clause de renonciation inserée au Traité de Mariage de leurs Majestez Tres-Chré-
tiennes, qui fut signé le 7. Novembre 1659. non-seulement comme un
exemple des plus illustres qui se
puisse presenter d'une renonciation
de la qualité de celle dont nous
voulons parler ; mais encore parce
que cette renonciation de la feuë

Reine & sa nullité est la cause originaire & le premier motif qu'a eu Charles II. deffunt Roy d'Espagne, d'appeller par son Testament fait à Madrid le 5. Octobre 1700. à la Succession de tous ses Royaumes, le Duc d'Anjou second petit-fils de France, & l'un de ses arrieres-neveux, en la personne duquel il a regardé Monseigneur le Dauphin pere du Duc d'Anjou, representant Marie-Therese Infante d'Espagne sa mere, comme le presomptif heritier de ses Couronnes, à l'exclusion des enfans de l'Empereur qui ne sont que les enfans de son cousin germain. Et c'est ce grand évenement qui partage toute l'Europe, & qui est digne d'être remarqué comme le sujet qui a fait naître la guerre qui est aujourd'huy entre la Maison de Bourbon & celle d'Autriche ; celle-cy s'étant tellement prevaluë de la renonciation que fit Loüis XIII. en épousant Anne d'Autriche, & de celle de Loüis XIV. en épousant la feuë Reine, qu'elle n'a pas voulu accepter le Traité de partage qui avoit été fait entre les principales

Puiſſances de l'Europe des Eſtats
d'Eſpagne du vivant du feu Roy ,
ſur l'aſſûrance chymerique que tout
luy reviendroit ſans démembrement
aprés des prétenduës renonciations
ſi ſolemnelles , que l'Empereur s'eſt
imaginé devoir rendre inhabiles à
la Succeſſion future de Sa Majeſté
Catholique tous les Princes ſortis
des deux Infantes. Toute l'Europe
eſt attentive à ce grand évenement.
Faſſe le Ciel qu'il ait des ſuites
heureuſes & conformes aux droits
legitimes de la France.

Reſerve à faire par la fille qui renonce aux Succeſſions futures.

 Les renonciations des filles aux
Succeſſions à écheoir ſe font quelquefois *ſans préjudice aux Succeſ-*
ſions des ayeuls , & aux Succeſſions
collaterales.

Autre reſerve,

 Je voudrois auſſi que l'on ajoû-
tât au Contrat de Mariage, *qu'a-*
venant le decds du frere aîné ſans
enfans, nonobſtant la renonciation, la
future épouſe pourra revenir aux Suc-
ceſſions en rapportant, &c.

 Ce qui paroît juſte quand la conſideration d'un aîné ou de ſes enfans deſtinez à maintenir l'éclat
d'une illuſtre famille, ne ſubſiſte
plus , qui eſt une troiſiéme voye de

reſtriction aux clauſes de renonciations cy-deſſus expliquées.

La Coûtume de Paris art. 281.
permet aux pere & mere mariant
leurs enfans de ſtipuler par Contrat
de Mariage,

Que le ſurvivant pourra joüir des
meubles & conquêts du predecedé,
la vie durant du ſurvivant, & pour-
vû qu'il ne ſe remarie pas, ſans que
leſdits futurs en puiſſent demander
aucun compte ny partage, derogeant
à toutes Coûtumes contraires.

Cette ſtipulation peut être faite
par Contrat de Mariage dans les
autres Coûtumes qui n'ont pas de
ſemblables diſpoſitions, parce qu'-
elle n'a rien que de licite. Donc la
raiſon eſt que le ſurvivant aprés
avoir fait un gros Mariage à ſon
fils ou à ſa fille, & s'être dépoüillé
du meilleur de ſon bien, ne doit
pas équitablement être pourſuivi par
ſes enfans en partage des biens de
la communauté ; d'où l'on peut auſſi
conclure que cette ſtipulation rece-
vroit de la difficulté, ſi le ſurvivant
ne donnoit rien à ſa fille ou tres-
peu de choſe, à quoy ſemble ſervir la loy *Cùm pater ff. de pact.*
dotal.

Clauſe pour laiſſer joüir le ſurvivant des pere & mere, des biens du predecedé. ſuivant l'art. 281. de la Coûtume de Paris, c'eſt à dire, des biens de la communauté.

Un premier gendre bien conseillé ne doit pas negliger de faire ajoûter : *A la charge toutefois que cette clause sera repetée & inserée aux Contrats de Mariage des autres freres & sœurs de la future épouse.*

Il y a des peres ou meres survivans qui vont plus loin & qui stipulent *à leur profit & leur vie durant la joüissance des propres de leurs* *enfans ;* cette stipulation a toûjours neanmoins reçu beaucoup de difficulté.

Mais pour luy donner effet, le survivant peut ajoûter : *Qu'où les futurs époux voudroient y contrevenir, ils seront tenus de rendre au survivant la part de ce qui leur aura été baillé en avancement d'hoirie.*

Par ce moyen les enfans se trouveront obligez d'entretenir la convention ; c'est le conseil que donne Tronçon sur l'art. 281. de ladite Coûtume de Paris, où il traite la difficulté.

Et par le moyen aussi de cette clause repetée dans le Contrat de Mariage de chaque enfant, auquel le survivant ne donnera pas d'argent, mais seulement du fond, il se se trouvera qu'insensiblement il aura introduit une espece de don mutuel à son profit contre les termes de l'art. 280. de ladite Coûtume ; c'est à quoy il faut penser tant pour que contre.

Les pere & mere qui cherchent en tout leurs précautions quand ils établissent leurs enfans., quoyque par l'art. 313. de la Coûtume de Paris, il soit porté que les biens par eux donnez en Mariage ou autrement à leurs enfans leur retourneront quand les enfans decedent sans hoirs ny descendans d'eux, ce qui est conforme au droit commun & a lieu sans stipulation même dans les Coûtumes qui n'en disposent pas ; ils doivent neanmoins stipuler par le Contrat de Mariage ou acte de donation ; *qu'au cas de predeceds de leurs enfans sans hoirs, les biens ainsi baillez leur retourneront.* C'est qu'au moins par le moyen de cette stipulation de reversion les pere & mere ne seront tenus des dettes du fils decedé sans hoirs ny des hypoteques qu'il auroit créées sur lesdits biens depuis la donation ; au lieu que succedant simplement en vertu

Stipulation que les biens donnez par peres & meres leur retourneront.

L

de la Coûtume, les biens font fujets aux detes & hypoteques créées
par le fils. Ainfi jugé par Arrêt
dont M. Gille Fortin fait mention
en fes Notes fur Ricard au 313.
art. de la Coûtume de Paris. Renuffon chap. 1. Sect. 19. de fon
Traité des propres.

L'on pourroit encore ajoûter à
la claufe de reverfion : *Que les biens*

retournerent francs & quites de tou-
tes detes & hypoteques du fils do-
nataire ; d'Olive en fes Arrêts liv.
4. chap. 7.

Quand la fille eft mariée en deniers comptans, l'on declare quelle fomme entrera en Communauté. C'eft ordinairement le tiers ou
au plus la moitié, & l'on ftipule

que le furplus fera reputé propre à
la future époufe, aux fiens côté &
ligne, ou bien, *que le furplus fera*
employé en fond d'heritage ; pour te-
nir nature de propre à la future é-
poufe & aux fiens de fon côté & li-
gne.

L'on ne doit pas manquer auffi
de ftipuler *que ce qui échera en meu-*
bles & immeubles à la future par
Succeffion directe ou collaterale, do-

nation, legs ou autrement, à quelque titre que ce soit pendant le Mariage, luy tiendra nature de propre côté
& ligne, autrement & sans cette
stipulation la femme n'auroit rien
à prétendre aux effets qui luy seront échus pendant la Communauté ; parce qu'ils entrent dans cette
communauté dont le mary est le
maître, & dont elle sera entierement privée si elle vient à renoncer à la communauté, & dont elle
ne pourra avoir que moitié si elle
l'accepte, encore faut-il que les biens
soient existans. Ainsi jugé par Arrêt du Parlement de Dijon du 7.
May 1675. qui se trouve au 7.
Tome du Journal du Palais, page
400.

Ces mots de *côté & ligne* ont la
vertu d'empêcher le pere ou la mere survivant de succeder à cette
somme stipulée propre, laquelle
passe aux heritiers maternels en consequence de la clause.

Mais pour bien entendre de quelle maniere les deniers comptans
qu'apporte la femme en dot se peuvent realiser & changer de nature,
il est necessaire d'expliquer les dif-

ferentes stipulations qui se peuvent faire à cet égard pour sçavoir en même temps les differents effets qu'elles produisent.

Les Auteurs qui ont traité cette matiere, & entre autres Renusson Traité des propres chap. 6. Sect. 7. & M. Gille Fortin en ses Notes sur l'art. 53. de la Coûtume de Paris, remarquent trois manieres de faire la destination ou stipulation d'employ des deniers dotaux de la femme, comme trois degrez par lesquels la femme peut donner plus ou moins d'étenduë à la destination de son mobilier.

La premiere, quand il est stipulé *que le tout ou partie de la dot sera reputée propre ou employée en fond d'heritage ou rente pour tenir nature de propre à la femme.*

La seconde, quant à la clause cy-dessus il est ajoûté : *Pour tenir nature de propre à la femme & aux enfans qui naîtront du Mariage ou aux siens.*

La troisiéme, quant aux deux précedentes clauses, & tout de suite parlant des enfans ou des siens, l'on ajoûte, *de son côté & ligne.*

Voicy ce que chacune de ces trois clauses opere dans les familles, & à quoy elles se bornent.

La premiere qui n'est qu'une simple destination de propre ou stipulation d'employ au profit de la femme, sans parler *d'enfans, ny des siens, ny d'estoc*, n'a autre effet que d'empêcher que les deniers destinez n'entrent dans la communauté, en sorte que le mary survivant n'y peut rien prétendre, & appartiennent aux enfans nez du Mariage heritiers de leur mere, aprés la mort de chacun desquels enfans sans hoirs le pere y succede neanmoins comme heritier mobilier, nonobstant la negligence qu'on luy peut reprocher de n'avoir pas employé les deniers dotaux de sa femme en heritage, conformément à la clause du Contrat de Mariage, parce que la destination d'employ étant consommée, les deniers ou l'action reprennent leur premiere nature de meuble : *Fictio non extenditur de persona ad personam, nec de casu ad casum, nec extra casu ficta*, & d'ailleurs parce que la stipulation n'est renduë simple que *ad commodum ipsius mulieris, utque mulier possit liberiùs disponere & testari, & sic non potest trahi in ejus odium, & contra eum retorqueri,* dit M. Charles Dumoulin ; ainsi jugé par Arrêt du 28. Fevrier 1664. confirmatif d'une Sentence du Presidial d'Angers.

La seconde opere davantage en ce que la destination de propre étant non-seulement au profit de la femme, mais encore au profit de ses enfans ou des siens, lesdits enfans & leurs hoirs y succedent les uns aux autres, à l'exclusion du pere qui ne peut jamais y rien esperer qu'après le deceds du dernier mourant de ses enfans, à l'exclusion seulement des heritiers collateraux, parce que la stipulation est bornée & consommée en la personne du dernier de ses enfans.

La troisiéme stipulation est celle dont l'effet est plus ample ; elle va à exclure absolument les conjoints de pouvoir rien prétendre par droit de communauté ou à titre de succession des enfans, à l'employ stipulé, soit qu'il ait été fait ou non,

& à l'aſſûrer au contraire aux heritiers collateraux, aprés toutefois
le deceds du dernier vivant des enfans.

Ces trois degrez de ſtipulation
regardent le cas de communauté &
celuy de ſucceſſion.

Mais il y a une quatriéme forme de ſtipulation qui eſt pour le
cas de diſpoſition ; c'eſt quand aux
clauſes cy-deſſus il eſt ajoûté : *Que
l'on ne pourra diſpoſer de la choſe
que comme d'un véritable propre, &
qu'elle ſera reputée propre tant pour
diſpoſition que pour ſucceſſion & pour
toute ſorte d'effets.*

Car ſi les deniers ou la choſe
mobiliere eſt ſeulement ſtipulée propre à la perſonne qui contracte ,
ſans faire mention expreſſe du cas
de diſpoſition, la choſe ne ſera pas
reputée propre quant à la diſpoſition , c'eſt-à-dire, que celuy des
contractans qui fait la ſtipulation
ſimple, en pourra diſpoſer comme
d'un meuble , au lieu que ſi le cas
de diſpoſition eſt prévû & faſſe partie de la clauſe, il n'en pourra diſpoſer par Teſtament ou autrement ,
que conformement & juſqu'à con-

Stipulation de propre pour les cas de diſpoſition.

L iiij

currence de ce qu'il eſt permis par la Coûtume de diſpoſer des propres réels ; mais auſſi dés que la choſe ſera parvenuë aux collateraux, elle reprendra ſa qualité mobiliere, & le collateral pourra en diſpoſer comme d'un meuble. Toutes ces ſtipulations ſe ſont introduites dans les Contrats de Mariage par un droit public & favorable en France pour conſerver du bien aux familles, & aider à les maintenir.

Il eſt à obſerver en cet endroit que les heritiers collateraux paternels & maternels de la femme decedée, ſuccedent entre eux aux deniers à elle donnez en Mariage & deſtinez comme eſt dit cy-deſſus, ſelon que la donation a été faite à la femme.

Je m'explique. Si les pere & mere ont donné conjointement une ſomme en dot à leur fille, & que la ſtipulation de propre ſoit faite juſqu'au profit des collateraux, leſdits collateraux y ſuccederont également, attendu que la ſomme eſt preſumée donnée moitié par le pere, moitié par la mere.

Mais fi c'eft le pere ou la mere qui a donné, les deniers appartiendront aux collateraux du côté & ligne de celuy ou celle qui aura donné ; pourvû que fi la femme a eu des enfans, l'ayeul ou l'ayeule donateur foit decedé ; car s'il vivoit, nonobftant la ftipulation il y fuccederoit par droit de reverfion fuivant l'art. 313. de la Coûtume de Paris étenduë à celles qui n'ont pas de difpofitions contraires. Les Notes de M. Gille Fortin fur l'art. prealleguë explique curieufement les maximes du Palais fur cette matiere. Voyez les Notes de le Caron fur l'art. 130. de la Coûtume de Mondidier ; les maximes de Delhomeau pag. 468. Dupleffis en fon livre fur la Coûtume de Paris Traité 7. des droits incorporels tit. 2.

Les ftipulations de propres peuvent auffi être faites au profit du mary & des fiens côté & ligne.

Mais elles ont bien moins de fuite & d'étenduë que celles faites au profit des femmes, parce que le mary étant le maître de la communauté, il eft luy-même faifi de tous les biens fur lefquels fon propre eft à prendre, de forte que la confufion & l'extinction de fon action peut arriver plus facilement que celle de la femme.

Pour fûreté de l'employ des deniers dotaux jufqu'à ce qu'il foit fait, & pour empêcher le pere d'y fucceder comme heritier mobilier de fes enfans, l'on ftipule *affignat de rente au denier 20. au profit de la future fur les heritages du mary, jufqu'à ce qu'il ait employé les deniers en acquifition de fond, laquelle rente tiendra lieu à la femme d'heritages, à l'acquifition defquels fes deniers font deftinez.* C'eft l'avis de M. Charles Dumoulin. Et cette claufe équipole à une deftination d'employ conçûë dans les trois degrez de ftipulation, c'eft-à-dire, vaut autant que fi l'on avoit ftipulé les deniers de la femme propres à elle, aux fiens, cotte & ligne.

Il eft à propos auffi de ftipuler *que les premiers heritages qui feront acquis par le mary aprés la celebration du Mariage, tiendront à la future nature de propre cotte & ligne, comme prefumez acquis des deniers dotaux & ftipulez en employ, fans*

Autre claufe de ftipulation de propre des deniers dotaux, par affignat de rente au profit de la future fur les biens du futur.

Claufe que les premiers heritages acquis ferviront d'employ, & tiendront nature de

qu'il foit befoin d'en faire déclaration propre à la
dans le Contract d'acquifition ny d'ac- future.
ceptation de la femme. Sans quoy les
premieres acquifitions ne pafferoient
pas pour employ, à moins que le
mary ne declarât dans le Contrat
qu'il fait ladite acquifition des deniers du Mariage de fa femme, &
qu'elle ne l'acceptât.

Quelquefois l'on ftipule l'employ
non-feulement en heritage ; mais
même en rentes. En ce cas faut mettre *en rentes fur particuliers*, afin que
le mary ne puiffe pas abufer de ce
mot de rente, & feindre avoir employé les deniers en rente fur le
Roy, laquelle pourtant luy coûte-
roit beaucoup moins, ce qui feroit
préjudiciable à la femme & à fes
heritiers, qui feroient obligez de
prendre la rente pour ce qui paroî-
troit en avoir été payé.

Souvent encore l'on ftipule que   Suite.
l'employ des deniers dotaux fe fera
d'heritages ou biens fituez dans une
telle Province ou Bailliage : en de-
dans tel temps, & par l'avis des pe-
re & mere de la future.

Quand c'eft un homme de qualité qui fe marie ayant plufieurs ter-

res & plusieurs detes, ou qui étant pourvû de Charges, en doit le prix en tout ou partie, & que la Demoiselle qu'il épouse luy apporte des deniers comptans, l'on ne doit pas manquer de mettre au Contrat : *Que ces deniers seront employez à l'acquit des detes du futur, & que la future demeurera subrogée jusqu'à concurrence d'iceux aux hypoteques des creanciers pour la sûreté de la reprise de ses deniers dotaux.*

Stipulation d'employ des deniers dotaux au payement des detes du futur époux avec subrogation.

Et pour la sûreté de toutes ces clauses & autres conventions matrimoniales, l'on peut encore faire donner caution au futur époux, sur tout quand les parens de la femme sont en défiance de sa conduite.

Tout ce que dessus fait assez connoître combien les deniers dotaux sont privilegiez par le droit general & coûtumier ; mais plus encore en la Coûtume de Normandie où la femme ne les peut vendre, ny autrement s'engager de l'autorité de son mary, joüissant pleinement du benefice du Senatusconsulte Velleien qui est en usage en Normandie où l'Edit de 1606. d'Henry IV. qui abroge le benefice du Velleien, n'a

pas été verifié comme au Parlement
de Paris; c'est pourquoy l'on donne a-
vis à ceux qui prêteront leur argent,
ou autrement contracteront avec
gens mariez, de prendre garde si la
femme n'est pas mariée dans la Coûtume de Normandie, ou dans celles
d'Auvergne & de la Marche, à cause de leurs dispositions prohibitives,
conformes à la Loy *Julia de fundo
dotali*, laquelle pareillement a eu
lieu en païs de droit écrit, jusqu'à la
Declaration du Roy du mois d'Avril
1664. qui declare bonnes & valables
les obligations passées par les femmes autorisées de leurs maris : dans
les païs de Lyonnois, Beaujollois,
Forests & Mâconnois, nonobstant
ladite Loy *Julia*. Journal des Audiences tom. second liv. 8. chap. 24.
où cette Declaration & les Arrests
rendus en consequence sont raportés
tout au long.

Entre gens de qualité, quand un
pere marie son fils aîné, & qu'il veut
l'assûrer par Contrat de Mariage
qu'il luy conservera les droits d'aînesse qu'il peut esperer dans la succession, il a coûtume de declarer
dans le Contrat, *qu'il le marie com-*

me son fils aîné, le declarant tel, & le reconnoissant pour son heritier, luy assurant son droit d'aînesse dans tous ses biens feodaux, sans pouvoir en disposer ny l'alterer en façon quelconque.

Moyenant cette clause les pere & mere ne peuvent plus rien faire à son préjudice ny avantager ses autres enfans ; & c'est dans cet esprit que souvent le pere ou la mere noble, ou tous les deux ensemble, voulant empêcher la dissipation des biens qu'ils donnent en Mariage à leurs fils, pour les conserver plus sûrement aux enfans qui naîtront dudit Mariage : ou parce qu'il y aura dans la famille une seule terre considerable, qu'on souhaite faire passer à l'aîné des enfans mâles qui naîtront du futur mariage, les pere & mere declarent,

Clause pour empêcher que les futurs ne puissent disposer des biens à eux donnés, & pour les conserver aux enfans.

qu'ils donnent en contemplation dudit mariage aux enfans qui en naîtront une telle terre, ou un tel bien, sans pouvoir par les conjoints l'aliener ny l'hypotequer en façon quelconque.

Autre clause au même effet.

Ou bien diront, *qu'ils donnent à leur fils aîné une telle terre, à la charge de la restituer à l'aîné qui naîtra, ou celuy des enfans qui restera aîné de la famille.*

Voicy encore une autre maniere de faire avantage, sçavoir par institution du fils pour heritier, avec substitution de partie des biens, au profit des enfans procréés du mariage : en ce cas l'on conçoit la clause en ces termes. *Et ont lesdits Sieur & Dame* *pere & mere substitué en faveur des en-* *fans qui naîtront dudit Mariage, les* *immeubles qui écheront audit sieur fu-* *tur époux leur fils, par le moyen de la* *presente institution, sans que ledit sieur* *futur en puisse disposer à leur préjudice* *par vente, donation ou autrement, &* *sans qu'il les puisse affecter ny hypote-* *quer, pour quelque cause que ce puisse* *être.*

Substitu-
tion par
Contrat de
Mariage en
faveur des
enfans.

Mais quand il s'agit de terres ti-trées entre personnes illustres, le pe-re prévoyant le cas de la mort de son fils aîné institué avant luy sans hoirs mâles, ne laissant que des filles, & voulant conserver à ses autres enfans mâles puisnés la dignité de la famille, à l'exclusion des filles de son aîné, doit aposer à l'institution ou declaration d'heritier principal, une condition & limitation en ces termes. *Que ledit sieur futur venant à deceder* *avant ledit sieur son pere, sans hoirs*

Condition
& limita-
tion à la

mâles, ne laissant que des filles, les terres retourneront à sondit pere ou à ses autres enfans mâles, selon l'ordre de leur naissance, à la reserve d'une somme de deniers, ou d'une rente, dont les filles seront tenuës se contenter. C'est le conseil de Brodeau sur M. Louet lett. S. n. 9. nom. 11.

L'institution d'heritier & substitution jointe opere deux effets semblables, en ce que l'institution empêche les pere & mere de pouvoir disposer, pas même en faveur de ses autres enfans, des biens de leurs successions qui sont destinez à leur fils institué.

Et pareillement la substitution ôte à l'institué la liberté de pouvoir disposer des biens substituez.

Mais l'un & l'autre a cependant son exception, car à l'égard du pere, quoi-que par l'institution faite en faveur de son fils, il se soit lié les mains ; neantmoins il pourroit vendre les biens en tout ou partie, dans une occasion pressante, *& ex causa necessaria :* par exemple pour payer sa rançon, s'il étoit pris prisonnier par les ennemis de l'Estat.

A l'égard des biens substituez, le fils

fils institué ne peut souffrir l'interdiction que de ce que le pere luy a
pû valablement ôter par la Coûtume.
Or comme par l'art. 307. de la Coûtume de Paris étenduë aux autres,
qui n'ont pas de dispositions contraires, les pere & mere ne peuvent par
les avantages qu'ils font à aucuns
de leurs enfans ou petits enfans,
blesser la legitime reservée aux autres ; il s'ensuit que jusqu'à concurrence de cette legitime deferée par
la Loy à l'heritier institué, il peut
valablement disposer des biens substituez.

Et puisque nous sommes sur la
matiere des institutions d'heritiers,
aujourd'huy si frequentes parmy
nous ; le lecteur ne désagréera peut-
être pas que je dise icy un mot de leur
origine, & du progrés qu'elles ont eu
en France.

On ne doit pas revoquer en doute
que les institutions d'heritier univer-
sel, qui par le droit R. n'étoient
permises que par testament, ont été
reçûës *moribus nostris*, par les Contrats de Mariage : c'est une jurisprudence Françoise qui a été enseignée
par la tradition, & qui s'est conser-
vée par l'usage.   M

Son origine procede de la faveur des Contrats de Mariage, que l'on a estimés être susceptibles de toute sorte de conventions, & particulierement de celles par le moyen desquelles l'on peut disposer des successions futures, en faveur même des étrangers, par l'ambition naturelle qu'ont les hommes de vouloir se faire revivre, pour ainsi dire, aprés leur mort, par l'effet des dispositions qu'ils font de leurs biens, *solatium mortis voluntas ultra mortem*, dit Quintilien.

C'est delà que sont venuës toutes les pactions que l'on peut inserer dans les Contrats de Mariage, concernant les successions futures ; comme les déclarations de fils aîné & principal heritier : les assûrances de succeder, les promesses de garder l'égalité entre ses heritiers : les renonciations des filles aux successions directes & collaterales à écheoir : les substitutions & toutes autres conventions qui regardent les successions à venir, & qui tombent dans la provision de l'homme pour l'établissement & la conservation des familles, *his tabulis sciendum est conti-*

neri civitatem, his liberos, gradu he-
reditatum, succeffionem patrimonio-
rum.

C'est auffi de là que l'on a établi pour maxime que les donations, qui d'ailleurs font nulles faute d'accep-tation & de tradition, n'ont befoin ny de l'une ny de l'autre, quand elles font faites par Contrat de Mariage.

Cette Jurifprudence a eu une telle autorité en France, qu'encore que par le droit R. l'on ne pût fe faire un heritier par aucun Contrat, pas même par celuy de Mariage ; néant-moins elle a paffé du païs Coûtu-mier à celuy qui fe regit par le droit écrit ; enforte qu'à-prefent il ne s'y paffe gueres de Contrats de Mariage entre perfonnes de qualité, qu'il n'y ait quelque inftitution d'heritier, un pere étant libre de choifir pour cela celuy de fes enfans qu'il luy plaît.

L'effet que l'on donne à ces infti-tutions contractuelles, c'eft que ce font des difpofitions mixtes, qui par-ticipent & aux donations entre-vifs, & aux donations à caufe de mort.

Comme elles font portées par un Contrat entre-vifs & en faveur de Mariage, & qu'elles font univerfel-

les, elles ont les deux effets principaux des actes entre-vifs, qui font
d'être irrevocables, & de comprendre toute forte de biens, meubles,
acquefts & propres.

Et comme elles ne font que des
biens que l'inftituant aura au jour de
fon deceds, elles reffemblent en cela
aux donations à caufe de mort, &
n'empêchent pas que l'inftituant ne
puiffe aliener & engager fes biens,
auquel cas l'inftitué eft obligé de tenir les alienations & d'acquiter les
dettes, fur tout quand les alienations
font faites *ex caufa neceffaria*, comme
a été dit cy-devant.

Mais il eft conftant que le pere qui
a promis par Contrat de Mariage
de les conferver en leurs droits hé-
reditaires, ne peut faire de teftament
au préjudice : cette précaution eft
bonne à prendre par les enfans qui
fe défient de la facilité de leur pere,
Peleus en fes queftions, *Queft.* 26.

Les reconnoiffances d'heritiers fe
conçoivent de differentes manieres
par les Contrats de Mariage.

Il y a des reconnoiffances pures
& fimples, comme quand un pere
reconn. it fon fils pour heritier, & rien

Recon.

plus ; cela eſt perſonnel & ne profite qu'à celuy qui eſt reconnu heritier, & le pere a la liberté de diſpoſer de ſon bien, pourvû que le fils reconnu heritier ait d'ailleurs ce qu'il pouvoit avoir *ab inteſtat*, ſur les autres biens de ſon pere, compris ceux à luy déjà donnez.

noiſſance d'heritier pure & ſimple.

Si la reconnoiſſance d'heritier eſt conçûë *pour ſucceder également avec les autres enfans.*

Ou s'il eſt dit que *le pere ne pourra avantager l'un de ſes enfans plus que l'autre.*

Recon noiſſance d'un heri tier pour ſucceder é galement avec les autres. Autre for me.

La clauſe profite à tous les enfans pour venir également à la ſucceſſion du pere ; ainſi qu'il a été jugé par l'Arreſt des Charlots du 2 Septembre 1681. prononcé à la Grand'Chambre par Monſieur le premier Preſident de Novion, raporté au Journal du Palais tom. 8. pag. 120.

Si par une autre forme de ſtipulation il eſt ſeulement dit, *que le pere ou la mere ne pourra faire aucune donation & diſpoſition au préjudice de celuy ou celle que l'on marie*, cela eſt encore perſonnel, & ne peut être étendu aux autres enfans. Plaidoyers de Robert liv. 1. chap. 15. Chenu en

Autre forme.

ſes queſtions n. 84. Charondas ſur l'art. 247. de la Coûtume de Paris.

Il arrive ſouvent que les pere & mere mariant leur fils, on éxige d'eux *qu'ils le déclarent & le mettent en me-nage franc & quitte de toutes dettes.*

Pere & me-re decla-rant leur fils franc & quite en mariage.

Quelquefois encore il eſt ſtipulé, *que toutes les dettes dont le futur époux ſe trouvera chargé perſonnellement au jour du mariage, ſeront acquitées par ſeſdits pere & mere, qui promettent de les payer en leurs propres & privez noms, & d'en indemniſer ledit ſieur futur époux leur fils.*

Pere & me-re promet-tant d'ac-quiter leur fils de tou-tes dettes.

Chacune de ces clauſes eſt une pré-caution que doit prendre la femme qui épouſe un fils de famille majeur ſoupçonné de s'être endetté, ſoit par le jeu, ſoit par les dépenſes qu'il a faites à l'armée, ou autre-ment.

Mais pour ſe ſervir de l'une ou de l'autre, ſelon l'occurrence, il faut ſçavoir ce que chacune opere en par-ticulier.

Quand il eſt dit ſimplement que le futur époux eſt mis en ménage, ou qu'il entre au Mariage franc & quit-te, cette convention ne regarde que la femme qui en tire de l'avantage en deux manieres. Premierement, en ce que la femme aprés la diſſolution de la communauté, venant à l'accepter, cette communauté n'eſt pas chargée de dettes de ſon mary, créées avant le mariage, ny des interêts échûs avant ou depuis, & que ſi ces dettes ont été payées pendant le Mariage, les heritiers du mary doivent en faire recompenſe à la femme. Secondement, en ce qu'aprés le deceds du mary, dont les biens ſont conſommez par ſes dettes, la femme ne trouvant plus de quoi reprendre ſa dot & ſes autres conventions matrimoniales, elle a droit d'agir contre les pere & mere de ſon mary, qui ſont obligez de les luy garantir, & de rendre les biens de leur fils francs & quites. Journal des Audiences tom. 3. liv. 3. chap. 25.

Quand il y a promeſſe par les pere & mere d'acquiter ces dettes, pour lors le fils étant pourſuivi par ſes créanciers, il a un recours à exercer contre ſes pere & mere, pour les faire condamner à l'en indemniſer.

En donnant cy-deſſus la définition de la dot, nous avons dit qu'elle s'entendoit autant de ce qui étoit donné par autruy, que par des proches.

En effet, les filles peuvent aussi bien être dotées par des étrangers meûs pour elles de bonne volonté & d'affection que par les pere & mere.

La précaution seulement qui est à prendre par les futurs, quand ce sont des parents collateraux ou étrangers qui promettent la dot, sur tout quand elle est en immeubles, c'est de faire insinuer le Contrat de Mariage en la la Justice Royale, de la situation des choses doüées, ou plûtôt au Greffe des insinuations creé & établi dans chaque Siege de Jurisdiction Royale, en vertu de l'Edit. nouveau des insinuations du mois de Decembre 1703. Ce qui ne se pratique pas quand ce sont les pere & mere qui marient & qui donnent en avancement d'hoirie, ny dans le cas des institutions d'heritiers, ny quand ce sont choses mobiliaires, données par telles personnes que ce puisse être.

Si c'est un oncle ou une tante qui contribuë au Mariage de l'un de ses neveux ou niéces, & qui ne veüille seulement qu'avancer à ce neveu ou niéce la part qu'il pourroit pretendre dans sa succession, sans faire

tort

tort aux autres , il eſt néceſſaire
qu'il déclare dans le Contrat, *qu'il*
ne donne qu'à condition de raporter par
les futurs leſdits biens , lorſque la ſuc-
ceſſion ſera ouverte, pour le tout être
partagé également entre ſes plus proches
heritiers.

Condition
de raporter
aux dona-
tions en
collateral ,
faites en fa-
veur de
Mariage.

Ou bien mettre, *que les biens don-*
nés ſont pour & au lieu de la part he-
reditaire que le futur ou la future pour-
ro t avoir & pretendre en ſa ſucceſſion,

Ou bien dire & ſtipuler , [s'il veut
l'avantager avec limitation ,] *que le*
futur ou la future n'en raportera que
juſqu'à concurrence d'une telle ſomme.

Sans leſquelles clauſes le neveu ou
niéce profiteroit de la liberalité qui
luy ſeroit faite , & partageroit encore la ſucceſſion également avec les
autres , parce qu'en ligne collaterale
l'on peut être heritier & donataire
entre-vifs ; ainſi en diſpoſe l'art. 301.
de la Coûtume de Paris : en ſorte que
l'oncle ou la tante ou autre collateral voulant avantager , n'a qu'à
donner purement & ſimplement &
ne rien dire davantage. Enfin il peut
ajoûter à ſa donation telle condition
qu'il luy plaît.

Il faut obſerver que ce qui eſt don-

N

né par un collateral eſt reputé ac-
quêt au donataire, & entre dans la
communauté, ſi le contraire n'eſt ſtipulé.

Il y a des Coûtumes, comme celles de Normandie, de Tours, d'Anjou, du Maine, & autres, où quand
une fille a été mariée par ſes pere &
mere, elle ne peut plus rien pretendre à leurs ſucceſſions, ſi elle n'a re-
ſervé expreſſement par le Contrat
de Mariage la liberté de revenir à
partage.

Et cette reſerve eſt un point de
conſequence pour ceux qui vont
prendre femme en Normandie, leſquels ne doivent pas manquer autant qu'il leur ſera poſſible de faire
appoſer au Contrat de Mariage la
clauſe ſuivante.

Clauſe
pour reſer
ver les fil-
les mariées
en Nor-
mandie,
aux ſucceſ-
ſions de
eurs pere
& mere.

Sans que les choſes cy-deſſus don-
nées à ladite future épouſe par ſeſdits
pere & mere puiſſent en aucune façon
l'exclure de ſa part hereditaire en leurs
ſucceſſions futures, laquelle eſt expreſſe-
ment reſervée à elle & ſes hoirs, pour
être reçûs à partage avec les freres, no-
nobſtant l'intention contraire de la Coû-
tume, à laquelle eſt dérogé à cet égard,
& nonobſtant l'empêchement deſdits

freres qui ne pourront s'en plaindre, en
raportant toutefois (ou) sans raporter
par ladite future & ses hoirs, les choses cy-dessus promises.

Cette stipulation cessante, les filles dans ces Provinces doivent se
contenter de ce qui leur a été donné
en Mariage par pere & mere, fussent-
elles mariées avec *un chapeau de rose,*
comme parlent ces Coûtumes, c'est-
à-dire que non seulement les pere &
mere peuvent les marier avec rien,
mais encore qu'étant une fois mariées, elles ne peuvent plus rien pretendre à leurs successions ; c'est une
disposition introduite en faveur des
mâles, pour leur conserver les biens
des familles, par les articles 250,
251, & 357. de la Coutume de Normandie. 184. de la Coûtume de Tou-
raine. 241. de la Coûtume d'Anjou.
258. du Maine. & 25. de celle d'Auvergne titre des Successions.

Cependant l'on tient que les filles
mariées ainsi excluses dans ces Coûtumes des succéssions de pere & mere, sont capables de legs qu'elles
peuvent recevoir aprés coup, de la
liberalité de leurs pere & mere, &
qu'un rapel fait aux succéssions po-

sterieurement au Contrat de Mariage vaudroit, sinon pour la faculté de
succeder, du moins par forme de
legs, jusqu'à concurrence de ce qu'il
est permis de donner par chaque
coûtume à un étranger. Renusson
Traité des propres chap. 2. sect. 8.

L'on porte même plus loin l'effet
de cette disposition, en ce qu'on pretend que des choses promises à la fille en dot par les pere & mere, ils
n'en sont pas garants suivant ce raisonnement : que n'étant obligez de
rien donner, ils sont presumez en
donnant ne s'être voulus obliger à la
garantie des choses promises ; en
sorte que cette présomption va à exclure la garantie de droit : ainsi qu'il
a été jugé par Arrest du Parlement
de Roüen, au Rapport de Terrien
sur ladite Coûtume. C'est un inconvenient, dans lequel ceux qui ne sont
pas du païs peuvent facilement tomber & être surpris : & pour auquel
obvier, on est averti de ne pas manquer de stipuler une garantie de la
dot, dansles termes les plus forts &
les plus obligatoires.

En Normandie, aprés le deceds
des pere & mere, la fille peut de-

mander à ſes freres *Mariage avenant,*
art. 249. de la Coûtume ; ce Mariage
avenant qui n'eſt autre choſe qu'une
dot raiſonnable, n'eſt pas limité, il
eſt à l'arbitrage des freres, quand ils
trouvent à marier leurs ſœurs, ſans
la déparager ny méſallier ; & dés
que le Mariage eſt fait dans une proportion de condition, la fille doit ſe
contenter de la dot qui luy a été
donnée par le frere, dont il eſt garant, parce qu'il ne luy eſt pas permis de la marier avec rien, & qu'il
n'en eſt pas de même des freres comme des pere & mere.

S'il y a conteſtation pour le plus
ou le moins du *Mariage avenant*, &
qu'à cette occaſion le Mariage ne
puiſſe ſe conclurre, ou ſi le frere re-
fuſoit abſolument de la marier, elle
peut ſe pourvoir par l'avis de ſes
proches, & demander mariage avenant, ſuivant l'eſtimation qu'ils en
feront.

Il faut obſerver que cette excluſion des filles mariées par pere &
mere du partage de leurs ſucceſſions a lieu en Normandie entre
toutes perſonnes nobles ou roturie-
res, & non pas en Anjou & en Tou-

raine, où il n'y a que les filles nobles qui foient affujetties à cette loy municipale, en faveur des mâles de la famille.

Voicy encore un autre ufage de Normandie, qui merite attention de la part de ceux qui vont prendre femme en cette Province ; c'eft que quand une fille eft mariée en argent comptant ou effets mobiliers, qui excedent les biens de la fucceffion, tant meubles qu'immeubles ; fi le mary n'en eft pas payé du vivant de pere & de mere, aprés leurs deceds la fille n'a pas la liberté de fe tenir à fon don, comme dans la plûpart des autres Coûtumes. Elle n'a pas non plus le droit de fe faire payer de fa dot en entiere par fes freres, qui ont la faculté au contraire par l'art. 255. de faire reduire la dot au tiers de tous les biens meubles & heritages, qui compofent la fucceffion ouverte. Ainfi un gendre bien avifé ne doit pas negliger de fe faire payer de la dot de fa femme, du vivant des pere & mere, & même le jour des nôces, tant pour ne pas tomber dans la fin de non recevoir de dix ans, introduite contre luy par la loy generale , que pour n'être pas obligé de souffrir la reduction de la dot aux termes de la Coûtume.

Dans le païs de droit écrit , la femme a deux sortes de biens. Sçavoir le fond dotal & ses paraphernaux.

La dot est ce qu'elle aporte en Mariage , c'est-à-dire, ce qui luy est donné par ses pere & mere ou autres, en faveur de Mariage.

Cette premiere espece est encore distinguée , selon le droit Romain , en dot profective & en dot adventive.

La premiere, selon la loy 5. ff. *de jure dot.* est celle qui procede de la donation des pere & mere , qui s'acquitent de l'office & de l'obligation où ils font de trouver condition à leur fille.

La seconde , selon la loy 41. du même titre , est ce que toute autre personne que pere & mere donne en faveur de Mariage , *Hotomanus capit. 6. de dotibus pag.* 89.

Les biens paraphernaux, selon le droit Romain , étoient ceux que la femme en se mariant retenoit, pour en disposer à sa volonté & indépen-

demment de son mary, ou ce qui luy
venoit pendant le Mariage, par succession, donation ou autrement : car
il luy étoit permis de porter en dot
une partie de ses biens, & d'en retenir l'autre ; le mary avoit l'administration de ce qui composoit la
dot, & la femme avoit de son côté
l'entiere disposition des autres ; &
les biens reservez ou à elle échûs &
donnez *extra dotem*, s'apelloient *pa-*
rapherna, Charondas liv. 2. de ses
Pendectes chap. 5.

Mais toutes ces differences n'ont
rien de conforme à l'usage de France, & le droit Coûtumier ne reçoit
qu'une sorte de biens, dont le mary
a l'administration pendant le Mariage, pour en soûtenir les charges.

Il y a quelques Coûtumes néantmoins qui disposent conformement
au droit R. comme celle d'Auvergne
és articles 1. & 9. du chap. 14.

La Coûtume de Normandie art.
395. parle aussi des biens paraphernaux de la femme, mais dans une
autre signification que chez les Romains.

Dans cette Province c'est une espece de préciput legal, que la Coû-

tume défere officieufement à la femme qui a renoncé à la fucceffion de fon mary, & qui n'a pas eu la précaution de ftipuler & referver par fon Contrat de Mariage une reprife de fa chambre meublée, fes habits, linges à fon ufage, bagues & joyaux, ou une certaine fomme d'argent à fon choix, ainfi qu'il fe pratique en tous Contrats de Mariage, comme je le diray cy-aprés au chapitre du Préciput.

Or ce préciput legal ou coûtumier de Normandie pour la femme, confifte en lits, robes, linges & autres meubles neceffaires à la perfonne, qui s'adjugent à la veuve, *ex beneficiis legis*, fans être ftipulez par fon Contrat de Mariage, & qu'on apelle en ce cas, mais improprement, *biens paraphernaux*, dont la demande par la veuve eft incompatible, avec ce que nous apellons préciput ; quand il y en a un de ftipulé au Contrat de Mariage, & dont la valeur, en cas qu'il en foit fait eftimation & délivrance en deniers, ne peut exceder le fixiéme du prix de tous les meubles trouvez aprés le deceds du mary.

Difons pour derniere obfervation

fur ce chapitre, que quand il y a faculté ftipulée au Contrat de Mariage, de renoncer par la femme à la
communauté, & de reprendre ce
qu'elle a aporté franc & quite, elle
a hypoteque, & eft colloquée fur les
biens du mary pour lefdites reprifes,
avant les enfans douairiers, ainfi
jugé par Arreft du 5. Avril 1677.
rendu entre les créanciers de la Dame Galard & la fille de ladite Dame.

Elle a la même hypoteque prefe-
rable à celle du douaire, pour tout
ce qui luy eft échû pendant le Mariage, par fucceffion directe & collaterale, donation, legs ou autrement, quand la claufe de reprife de
ces chofes, en cas de renonciation à
la communauté, fe trouve ftipulée au
Contrat de Mariage, ou que ces mêmes chofes ont été ftipulées propres
à la femme, ainfi jugé par Arreft du
Grand Confeil du 7. Septembre
1678.

Pareille préférence luy eft donnée, tant pour le remploy de fes
propres vendus par le mary, fans
fon confentement, & rentes rachetées, qui font à fon égard toutes

alienations forcées, que pour les préciput , dons & avantages que le mary luy à faits par Contrat de Mariage.

Mais pour les alienations volontaires de son bien, c'est-à-dire, celles ausquelles elle a parlé & consenti , ensemble pour l'indemnité des dettes qu'elle a contractées conjointement avec son mary , pendant la communauté , le douaire des enfans y est preferé.

Toutes ces maximes ont fait cydevant la matiere de grandes & importantes questions , dont les décisions se trouvent dans M. Louet lett. D. n. 40. & Renusson traité des propres ch. 4. sect. 10.

L'on demande si la femme pour la restitution de sa dot a hypoteque tacite du jour de son Mariage, quand il n'y a pas de Contrat.

Pour sçavoir la disposition du droit à cet égard, voyez *Maynerius de Regjuris* pag. 187. n. 133. & les suivans, où sont remarquées les distinctions qui sont à faire en cette matiere, & ce que j'en diray *infrà* sur le chap. 8.

CHAPITRE V.

De L'ameublissement.

L'On peut définir l'ameublisse-ment une convention, par la-quelle ceux qui contractent Mariage, stipulent qu'une partie de leurs immeubles sera ameublie, c'est-à-dire reputée meuble pour entrer en la communauté, ce qui se fait le plus souvent au profit du mary par compensation, ou de ce qu'il peut luy même avoir de mobilier en état d'entrer en cette communauté, ou de son travail & industrie, par laquelle une communauté peut devenir trés-opulante, d'où sensuit.

1°. Que l'ameublissement ne se peut faire que dans les Contrats de Mariage, qui seuls sont susceptibles de cette convention, par un privilege que donne la faveur du Mariage, & la consideration des conjoints & de leurs familles.

2°. Que quand il n'y a pas de communauté entre conjoints, l'on ne parle jamais d'ameublissement, parce qu'il ne se peut faire, *nisi respectu societatis.* C'est la raison pour laquelle en Normandie on ne stipule ny préciput, ny ameublissement, à cause que la Coutume n'admet pas de communauté,

3°. Qu'il ne se peut faire qu'entre conjoints & pour leur interêt personnel.

La voye d'ameublir un immeuble, est une invention purement du Droit François, & nous n'en trouvons aucun vestige dans le Droit Romain, si ce n'est en la loy 5. *cod. de jure dot.* où l'on voit que le fond dotal de la femme se convertissoit en deniers par l'estimation, *dos estimata, dos vendita,* comme lorsque les pere & mere donnoient à leur fille en dot 20000. livres en une maîterie estimée cette somme, cette estimation devenoit une espece d'ameublissement ; car le mary étoit rendu proprietaire du fond dotal comme s'il l'avoit acheté ; il en pouvoit disposer à sa volonté sans le consentement de sa femme, & n'étoit obligé *soluto Matrimonio,* qu'à restituer le prix de la dot.

Mais cette espece d'ameublissement qui étoit en usage chez les
Romains, n'a pas lieu parmi nous
dans les Constitutions des dots ; &
un pere qui donneroit à sa fille
10000. livres en dot & une maison en payement de cette somme,
pourvû que ce soit par le même
Contrat de Mariage, & non pas *ex
post facto* aprés le Mariage contracté, seroit censé avoir donné la maison, & n'avoir parlé de la somme
que pour en designer la valeur, qui
par cette raison ne pourroit entrer
en communauté, suivant le sentiment de M. Charles Dumoulin sur
l'art. 55. de l'ancienne Coûtume de
Paris n. 100. suivi par les Auteurs
plus modernes.

Cette forme d'ameublissement u-
sité chez les Romains dans les
Constitutions dotales, n'a pas toutefois grand rapport avec celuy dont
il s'agit en ce chapitre qui est bien
d'une autre espece, en ce qu'il se fait
par convention, dont l'effet est de
convertir le corporel en incorpo-
rel, d'un immeuble faire par fiction
un meuble qui puisse être mis en
communauté par une femme qui

n'a d'ailleurs ny deniers comptans, ny autres effets mobiliers, & qui toutefois eſt obligée de contribuer au fond de la communauté pour fournir aux dépens du ménage qui font plus forts & plus indiſpenſables dans les commencemens de Mariage où tout manque ordinairement aux nouveaux mariez qui n'ont pas encore eu le tems de faire valoir leur œconomie, & de tirer du benefice de leur induſtrie, & c'eſt auſſi ſans quoy il ſe trouveroit peu de maris qui vouluſſent admettre en communauté une femme qui n'y apporteroit rien.

Les Contrats de Mariage ont donc cet avantage par deſſus les autres, que les parties contractantes y peuvent changer leurs biens de nature, ameublir le fond, *& è converso* realiſer le mobilier.

Il eſt d'uſage que quand tout le bien de la fille conſiſte en fond d'heritage ou rente, l'on ſtipule qu'une partie entrera en communauté, & pour lors l'on met au Contrat, *que tel heritage* ou *portion de tel heritage,* ou *telle rente demeurera ameublie au profit de la com-*

Clauſe d'ameubliſſement de la premiere eſpece.

munauté jufqu'à concurrence de la
fomme de... qui doit entrer en communauté de la part de ladite future
épouse.

La fille étant majeure, l'ameubliffement fe gouverne fuivant la
convention ; c'eft plus ou moins.

Elle peut même confentir l'a-
meubliffement de tous fes heritages, *quia nullâ lege prohibitum eft
fœmineam univerfa bona marito in
dotem dare*, dit Alexandre en la
loy 4. cod. de jur. dot.

En effet, les conjoints majeurs
ayant la liberté de fe donner tous
leurs biens par Contrat de Mariage, *à fortiori* leur doit-il être permis d'ameublir tous leurs propres,
l'ameubliffement ayant moins d'é-
tenduë que la donation, en ce que
celuy qui donne perd à jamais la
propriété dont il fe defaifit, *hîc &
nunc*; mais celuy qui ameublit ne
perd pas tout ; car mettant les biens
ameublis en communauté, il a efperance aprés la diffolution d'en
prendre utilement fa part, & même de recouvrer le tout fi la communauté étoit devenuë opulente.

Quand la fille eft mineure il y a
plus

plus de ceremonie, parce que l'a-
meubliſſement des biens des mineurs étant une eſpece d'alienation
prohibée par les Ordonnances, il
ne ſe peut faire par Contrat de
Mariage, ſans cauſe, avis de parens, & ſans autorité du Juge. Du-
luc en rapporte un Arrêt liv. 7. tit.
2. Arrêt 2. & c'eſt la maxime du
Palais ; c'eſt pourquoy l'on ne doit
pas obmettre de declarer au Contrat, *que ledit ameubliſſement quoyque convenu & fait du conſentement
des parens, ſera homologué en Juſtice.*

Suite pour
la formali-
té de l'a-
meubliſſe-
ment.

Cette homologation ſe doit demander ; elle ne ſe refuſe pas quand
l'ameubliſſement eſt fait dans les
regles d'une moderation proportionnée aux facultez de la mineure.

M. Charles Dumoulin ſur l'ancienne Coûtume de Paris §. 105.
eſt d'opinion que ſans ces formalitez, l'ameubliſſement du bien de
la mineure ſeroit nul, & pourroit
être caſſé, de même Charondas,
Pandectes du Droit François liv.
2. chap. 5. Neanmoins la formalité de l'homologation n'eſt que de

O

conseil pour prévenir toute contestation ; car au fond elle n'est pas d'une necessité absoluë, ainsi qu'il a été jugé par les derniers Arrêts, parce que la mineure *quæ erat dives in prædiis & carebat pecuniis*, & qui par cette raison ameublit partie de son propre, use du droit commun, par consequent sa minorité n'est pas considerable suivant la regle de Droit, *qui utitur jure communi, nemini injuriam facit*, à moins que l'ameublissement ne soit excessif, qui est une exception à la regle, & en cas d'excés il ne seroit pourtant pas nul pour le tout, mais seulement reductible *ad legitimum modum*, eu égard aux biens & facultez de la femme mineure. M. Loüet lett. M. n. 9. M. le Prêtre Centurie 1. chap. 47.

Pour faire l'ameublissement *secundùm legitimum modum*, sans blesser la proportion établie par les Arrêts, il doit être reduit au tiers des biens en fonds ou rentes. Et quand la mineure a déja quelques deniers comptans, & qu'il ne s'agit que de suppléer sur les fonds

jusqu'à concurrence du tiers, l'on
déclare d'abord ce que la future
posséde de mobilier tant en argent
qu'autres effets, l'on dit qu'ils entreront en communauté, après quoy
l'on ajoûte : *Et attendu que lesdits*

Suite pour
suppléer à
l'ameublis-
sement sti-
pulé.

deniers & effets ne sont pas suffi-
sans pour remplir le tiers des biens
de la future destiné du consentement
de ses pere & mere, Tuteur ou pa-
rens pour entrer en ladite future com-
munauté, a été convenu de même a-
vis & consentement que le surplus
jusqu'audit tiers se prendra sur les
immeubles de la future par forme d'a-
meublissement, pour entrer pareille-
ment en communauté.

L'ameublissement des biens de la
mineure est tellement borné à ce
tiers sans pouvoir être surpassé, que
si n'ayant pour tout bien que du
mobilier, elle se marioit ou de son
chef, ou sans l'autorité de son Tuteur sans en reserver une partie
pour luy tenir lieu de propre, ou
sans faire aucune stipulation d'employ, son argent comptant & ses
autres effets mobiliers n'entretoient
pas pour le tout dans la communauté, & son mary n'en pourroit

diſpoſer à ſa volonté, il n'y auroit en ce cas que le tiers de cenſé ameubli, les autres deux tiers demeurans tacitement propres à la femme & aux ſiens, *ſecundùm communem uſum contrahendi*. Ce qui eſt conforme à l'article 59. de la Coûtume de Xaintonge.

Dans les Coûtumes qui ne permettent pas de diſpoſer entre-vifs de tous biens, l'ameubliſſement entre majeurs ne doit pas exceder ce dont il eſt permis de diſpoſer, & en cas d'excés ſera ſujet à reduction.

Comme pareillement ſi l'ameubliſſement fait entre perſonnes qui convolent en ſecondes nôces, ayant des enfans d'un premier lit, excede ce qu'il eſt permis de donner par l'Edit des ſecondes nôces, il ſera reduit à la part d'un enfant moins prenant.

L'ameubliſſement en general ſe fait dans les Contrats de Mariage de trois façons, & chacune opere differents effets.

Premierement l'on peut ſtipuler, *qu'un fond ſera ameubli juſqu'à concurrence d'une certaine ſomme qui en-*

trera en communauté. Dans ce cas ce n'est pas l'heritage qui entre en communauté, mais seulement la somme ; de sorte que la femme conserve toûjours la pleine & entiere proprieté de son heritage, & le mary n'en peut pas disposer comme maître de la communauté sans son consentement ; mais seulement peut l'engager & hypotequer jusqu'à concurrence de la somme pour laquelle la femme a consenti l'ameublissement.

Secondement l'on peut convenir *qu'un heritage sera vendu pour les deniers en provenans être mis dans la communauté.* Pour lors la proprieté de l'heritage demeure toûjours vers la femme jusqu'à ce qu'il soit vendu ; d'où s'ensuit que si la communauté se dissout avant la vente, l'heritage luy appartient & à ses hoirs, sauf à tenir compte à la communauté de l'estimation ; & si l'heritage est propre de ligne, il retournera à ceux de la ligne d'où il procede.

Seconde espece d'ameublissement.

En troisiéme lieu l'on peut encore stipuler,

Que l'immeuble de la future épouse sera & est ameubli ; qu'il entrera en

Troisiéme espece.

communauté, & sera reputé conquêt, comme s'il avoit été acquis pendant le Mariage, pour par le mary pouvoir en disposer en tout droit de propriété & sans fraude, sans le consentement de sa femme, & sans par elle ny ses heritiers pouvoir y contrevenir, à quoy la future a dés à present renoncé.

Cette troisiéme forme de clause est la plus efficace & la plus étenduë, en ce que le mary comme maître de la communauté a l'entiere & libre disposition de l'heritage ou rente ameubli, le peut vendre & autrement en disposer sans l'agrément de sa femme, ainsi que des autres effets de la communauté, & la femme _soluto Matrimonio_, renonçant à la communauté n'y peut rien prétendre. Bacquet des dr. de Justice chap. 21. 393. & 395. Chopin sur la Coûtume de Paris liv. 2. tit. 1. n. 23.

Mais si le mary _constante Matrimonio_, n'a pas vendu ny disposé de l'heritage ameubli qui se trouve encore en nature au tems de la dissolution, & que dans le Contrat de Mariage il y ait clause de faculté à la femme de renoncer à la communauté, & y renonçant de reprendre tout ce qu'elle a apporté en Mariage ; en ce cas la femme furvivante qui a toûjours confervé habituellement la proprieté de fon heritage ameubli tant qu'a duré la communauté, le trouvant encore en nature, elle le reprendra en l'état qu'il eft, & fans charge de récompenfe, en vertu de la claufe portée en fon Contrat de Mariage, comme fi l'ameubliffement n'avoit jamais été fait, ce qu'elle ne pourroit faire ceffant la ftipulation.

En effet, il a été jugé au Châtelet de Paris le 19. Decembre 1699. que celuy qui a époufé une fille mineure, ne peut difpofer de la partie du propre de fa femme ameublie par fon Contrat de Mariage, quand la faculté de reprife luy eft accordée dans le même Contrat. C'eft un point de grande importance qu'il faut prévoir ; car telle femme croiroit ameublir partie de fon propre au profit de la communauté par des raifons favorables au mary, & luy en laiffer la libre difpofition, laquelle cepen-

Avis Imé, portant.

dant par une faculté de reprise stipulée dans la suite du Contrat, ren-
droit l'ameublissement inutile contre l'intention du mary, contre la
sienne même, s'il n'y est pourvû
par une clause qui puisse procurer
& assûrer au mary ou du moins à
la communauté l'heritage ameubli,
soit qu'il ait été vendu pendant la
communauté, soit qu'il se trouve
encore en nature aprés la dissolution. Et le moyen de prévenir cet
inconvenient, sera d'excepter ou reserver l'heritage ameubli dans la
clause de reprise stipulée en faveur
de la femme.

Quand le Contrat de Mariage
ne porte pas une clause de reprise en cas de renonciation à la communauté, & que la femme renon-
ée en vertu de la disposition de la
Coûtume, elle perd la totalité de
l'heritage ameubli qui suit la communauté, & qui appartient aux
heritiers du mary : si elle accepte
la communauté, elle retient la moitié de l'heritage, ainsi que la moitié des autres effets & acquisitions,
en payant la moitié des dettes.

Il se fait à ce sujet plusieurs autres questions.   1°.

1°. L'on demande fi un ameublissement a été fait dans les regles quant à la forme, c'est-à-dire, de l'avis des parens, dûement homologué en Justice, le mineur lezé se peut faire restituer & demander la revocation de ce qui excede *terminos juris communis.*

Les Auteurs tiennent l'affirmative, & qu'il peut appeller de la Sentence d'homologation; ainsi jugé par Arrêt du 15. Juillet 1678. rapporté dans le Journal du Palais.

2°. L'on demande fi l'ameublissement est sujet à l'infinuation.

M. Loüet lett. D. n. 64. & Bacquet des dr. de Justice chap. 21. n. 385. citent des Arrêts pour l'affirmative & pour la negative. En forte que pour concilier la varieté de l'ancienne Jurisprudence à cet égard par un principe qui semble devoir servir de décision, il faut distinguer fi l'ameublissement n'excede pas le tiers, *& legitimum modum*, ou s'il l'excede.

Au premier cas, il n'a pas besoin d'être infinué, parce que les choses sont en regle.

Au second cas, attendu que ce

P

qui excede le tiers, *aut ufum com-munem contrahendi*, dégenere en a-vantage & en efpece de donation, l'infinuation eft neceffaire pour ce qui furpaffe la quotité ordinaire de l'ameubliffement.

3°. L'heritage ameubli fe trou-vant dans la Succeffion de la femme qui a fait l'ameubliffement, foit aprés le partage de la communauté qui luy en attribuë la moitié, foit aprés la reprife qu'elle a faite du total en vertu de la claufe portée en fon Conttat de Mariage, l'on demande fi cet heritage reprendra fa premiere nature de propre.

L'affirmative eft la plus approuvée de tous les Auteurs. Ils fondent leurs opinions fur ce que l'ameubliffement ne change la nature du bien propre de la femme qu'au profit du mary; parce que la fiction de l'ameubliffement ne doit operer qu'*inter contrahentes*, en forte que dés qu'il ne s'agit plus de l'interêt du mary, ny de fa communauté, & quand il eft une fois confommé, les biens ameublis font confiderez tels qu'ils étoient

avant l'ameublissement, *rediunt ad*
priflinum flatum.

D'où s'enfuit enfin que la fém-
me n'en peut leguer que le quint
fuivant la Coûtume ; qu'il eft fujet au retrait lignager en cas de
vente, & qu'il appartient à l'heritier des propres du côté & ligne
d'où il procede.

Il refte une derniere obfervation
à faire, que comme il eft permis
d'ameublir, c'eft-à-dire, convertir
par fiction une partie de l'immeuble de la femme en mobilier pour
entrer en communauté, il eft auffi
permis, comme a été dit ailleurs,
de convertir le mobilier en immobilier, & d'en ftipuler l'employ
d'une partie pour tenir nature de
propre à l'un ou à l'autre des conjoints.

Cela fuppofé, un mary ayant
beaucoup d'argent ou d'effets mobiliers, & la femme peu, pourra
ftipuler par le Contrat qu'une partie luy fortira nature de propre.

En vertu de cette claufe aprés la
diffolution de la communauté, le
mary ou fes heritiers reprendront
cette partie du mobilier ftipulée

propre hors part de la communauté fur les effets d'icelle, & jamais
fur les propres de la femme au cas
qu'elle ou fes heritiers l'acceptent ;
car quand elle y renonce, il n'y a
plus de reprife à faire par le mary,
qui la confond dans la totalité de
la communauté qui luy appartient.

Mais je veux principalement dire que cette ftipulation que fait le
mary, peut devenir d'une perilleu-
fe conféquence ; car un homme qui
n'aura pas de deniers feindra d'en
emprunter pour les montrer aux
parens de la fille, & dira qu'ils font
à luy ; afin de fe former un préciput fur la communauté au préjudice de la femme, par cette ftipulation de propre d'une chofe qu'il
n'avoit pas. C'eft pourquoy il faut
bien prendre garde avec qui l'on
contracte. Et le plus fûr pour éviter ce piege, eft de ne paffer cette
ftipulation que fur des dettes pour
une fois que le futur juftifiera luy
être dûës par Obligations, Tranf-
factions, Sentences ou Arrêts, ou
bien fur une fomme que fes pere
& mere promettront de luy donner
en faveur de Mariage avec toutes

les garanties qui en peuvent faire
la sûreté ; & jamais on ne doit consentir à pareille clause au profit du
mary sur des deniers comptans qu'il
témoignera avoir dans ses coffres.

Si l'on veut sçavoir tout ce qui
a rapport à la matiere de l'ameublissement, & toutes les questions
incidentes qui peuvent se faire à
ce sujet avec leurs resolutions, il
faut voir Bacquet des dr. de Justice,
chap. 21. n. 395. & les suivans. M.
Charles Dumoulin sur l'art. 55. de
l'ancienne Coûtume de Paris n. 104.
Duplessis sur la Coûtume de Paris
Traité de la Communauté liv. 1.
chap. 2. & Renusson Traité des
Propres liv. 6. Sect. 8.

CHAPITRE VI.

Du Douaire.

LE Douaire n'étoit pas connu
chez les Romains ; ce sont les
François qui en sont les Auteurs.
On l'accorde aux femmes soit en
consideration de la dot qu'elles ap-

portent à leurs maris , laquelle ils
pourroient confommer durant le
Mariage , & les laiſſer dans l'indigence tandis qu'elles en pourſui-
vroient la reſtitutton contre les heritiers ; ſoit au contraire parce qu'-
anciennement les filles étant excluſes de la Succeſſion de leurs peres
en faveur des enfans mâles , & n'ap-
portant rien en dot , l'on auroit introduit en les mariant l'uſage du
Doüaire en leur faveur , comme
une penſion alimentaire que le mary accordoit ſur ſon bien à ſa femme , afin que venant à le ſurvivre ,
elle eût au moins de quoy ſubſiſter.
Soit enfin que leur beauté qui exerce une eſpece d'empire ſur le cœur
des hommes, ait inſenſiblement trouvé le moyen de les réduire à cette foible complaiſance. Quoyqu'il
en ſoit, les femmes en France &
chez les autres peuples voiſins ,
ſont tellement en poſſeſſion de ce
droit, qu'il fait un des principaux
points & des mieux établis dans
nôtre Droit Coûtumier ; & comme
ce ſeroit en vain qu'on voudroit
chercher des raiſons pour le com-
battre , l'homme s'étant impoſé à

luy-même cette neceſſité, il ſera plus à propos & plus utile d'exa-miner cette matiere, qui eſt d'une tres-grande conſideration dans nos Contrats de Mariage.

Il y a deux eſpeces de Doüaire qui entrent preſque toûjours dans les Traitez de Mariage ; l'un s'ap-pelle *Coûtumier*, l'autre *prefix*.

Le Coûtumier conſiſte du moins dans la Coûtume de Paris & plu-ſieurs autres voiſines en la moitié des propres que poſſede le mary au jour des épouſailles & benediction nuptiale, & des heritages & biens qui depuis la conſommation du Mariage & pendant iceluy, luy échéent en ligne directe.

L'origine de ce Doüaire rendu ge-neral en France & liquidé à la moi-tié des biens propres du mary, eſt dûë à Philippe Auguſte qui en a fait une Ordonnance en l'an 1214. au rapport de Philippe de Beauma-noir Baillif du Comté de Clermont en Beauvaiſis dans le livre manuſ-crit qu'il a fait en l'an 1283. des Us & Coûtumes du Beauvaiſis tit. 13. des Doüaires.

Mais pour étendre la diſpoſition

de la Coûtume de Paris & des autres semblables, dont les termes semblent renfermer le Doüaire coûtumier dans la moitié des biens propres que possede le mary au jour des nôces, & de ceux qui luy viennent en ligne directe pendant le Mariage, il a été jugé que les biens échus au mary depuis la dissolution du Mariage par la mort de la femme, faisoient aussi partie du doüaire coûtumier, ce qui a été decidé au préjudice des creanciers du pere au profit des enfans par Arrêt du 12. Mars 1607. rapporté par M. le Prêtre Centurie 3. chap. 63. & par Fortin en ses Notes sur Ricard en l'art. 248. de la Coûtume de Paris.

En d'autres Coûtumes, comme celle de Normandie art. 371. il n'est que du tiers du revenu des heritages propres, difference qui peut venir d'une autre Ordonnance de *Jean sans terre Roy d'Angleterre*, qui regla le doüaire des femmes au tiers des biens du mary, ce qui paroît avoir été suivi autrefois dans ces pays de la France qui furent sous la domination des

Anglois, & conſervé depuis par les peuples de ces Provinces.

Quelques Coûtumes encore font différence entre les biens feodaux & roturiers. Dans celle de Clermont en Beauvaiſis art. 140. le doüaire ne paſſe & n'eſt propre aux enfans qu'en biens de roture, & ne ſe prend pas ſur les Fiefs, la femme y acquiert ſeulement doüaire ſa vie durant. Il y en a qui diſtinguent les conjoints Nobles & les non Nobles. Elles accordent le droit coûtumier aux uns, & en privent les autres. Xaintonge art. 75. Il y en a auſſi qui veulent que la femme n'ait pas de doüaire, s'il n'eſt convenu par Contrat de Mariage ; de ce nombre ſont les Coûtumes de la Marche art. 288. la Rochelle chap. des doüaires art. 45. La Coûtume locale du reſſort de la Prevôté d'Iſſoudun en Berry, la Coûtume d'Anjou art. 300. au cas que la femme noble au jour de ſon Mariage ait des biens acquis par les Succeſſions de ſes pere ou mere ; celle du Maine art. 314. dans le même cas. D'autres encore aſſujettiſſent au doüaire coûtumier tant les biens propres du mary, que ceux qui luy échéent en ligne collaterale. Enfin, il y a grande diverſité de Coûtumes en France ſur cette matiere. C'eſt pourquoy quand il s'agit du doüaire coûtumier, il faut ſuivre la Coûtume de la ſituation des biens, & non pas du domicile des parties ; il n'eſt pas permis d'y deroger en ſtipulant que le doüaire ſera de la moitié ou des deux tiers des propres dans les Coûtumes qui n'adjugent que le tiers ; c'eſt en partie pourquoy l'uſage eſt venu du doüaire prefix qui n'eſt pas limité en general, ſi ce n'eſt dans quelques Coûtumes particulieres qui veulent qu'il ne puiſſe exceder le coûtumier.

Par exemple , la Coûtume de Bourgogne parlant en l'art. 27. du doüaire diviſé, c'eſt-à-dire, prefix & convenu au Contrat de Mariage, diſpoſe qu'il ne peut exceder le coûtumier, telle derogation qu'il y ait à la Coûtume, & que s'il y excede, il doit être reduit *ad legitimum modum.*

La Coûtume de Normandie renferme pareille diſpoſition en l'art. 371. en diſant que le doüaire des

femmes ne peut exceder le tiers de
l'heritage du mary, telle convention qu'il y ait au Traité de Mariage ; ces termes interdisent absolument la liberté au mary d'accorder un douaire prefix à sa femme,
en argent, rente ou autrement au
de là de la valeur du tiers de ses
biens , & rendent caduc le surplus,
nonobstant toute convention contraire & derogation à la Coûtume.

C'est à quoy l'on doit faire attention quand un homme de ces
Provinces vient prendre femme à
Paris & ailleurs où le douaire prefix est *ad libitum* , pour n'être pas
surpris dans la constitution d'un
douaire avantageusement accordé à
sa future épouse, laquelle seroit obligée d'en souffrir la reduction contre l'intention de ses parens , sans
proportion à sa condition , à sa dot,
ny aux autres conventions de son
Mariage.

Le douaire coûtumier tel que le
définit la Coûtume des lieux , est
toûjours dû encore bien qu'il ne soit
stipulé par le Contrat de Mariage ,
la Coûtume y suppléant & servant
en ce cas de Contrat public : par

cette raifon fi le mary n'a pas de biens propres, la femme demeurera fans douaire, à moins qu'elle n'ait ftipulé un douaire prefix.

Le douaire coûtumier faifit la femme du jour du deceds du mary; & fi elle étoit troublée en la jouiffance, elle pourroit agir en complainte & nouvelleté.

A caufe du droit réel que la Coûtume donne à la femme fur les biens fujets au douaire, elle a celuy de revendiquer fur les tiers acquereurs les biens qui luy font affectez, à moins qu'elle n'ait parlé au Contrat de vente en renonçant à fon douaire, ou en s'obligeant à la garantie.

Mais après fon deceds, les enfans pourront toûjours revendiquer la proprieté, à moins que leur mere ne fe foit obligée à la garantie de la vente, & que les enfans n'en foient heritiers; car en ce cas ils feroient obligez en cette qualité d'entretenir la vente, comme tenus des faits & promeffes de leur mere; mais en renonçant à fa Succeffion, ils rentreront dans les biens fujets à leur douaire, fans être te-

nus d'aucunes dettes de leur pere , fi
ce n'eſt de celles precedentes le Contrat de Mariage.

L'on tient auſſi que la femme
ayant conſenti à l'alienation de ſon
douaire, elle & ſes heritiers peuvent
en demander recompenſe ſur les autres biens du mary , ſuivant les ſentimens de Chopin ſur les Coûtumes
d'Anjou liv. 3. chap. 3. tit. 1. n. 15. &
de Paris liv. 2. tit. 2. n. 12. & de Bou-
tilier en ſa Somme rurale tit. 97. pag.
551. Pourvû dit le même Chopin au
même endroit annotation 6. que la
veuve renonce à la communauté,
parce que ſans cela elle gagneroit
doublement , fi outre le gain de
communauté en laquelle eſt entré le
rachat des rentes ou le prix des autres
alienations , elle percevoit encore
ſon douaire ſur les autres biens ; à
quoy ſe raporte ce que dit Bacquet
en ſon Traité du dr. de Juſtice ch. 15.
n. 81. que la femme prenant la communauté eſt tenuë d'acquiter le plege
que ſon mary a donné du douaire
conſtitué par Contrat de Mariage ,
comme étant cet acquit une dette
créée par le mary, à laquelle tous les
biens de la communauté ſont obligez,

Sur ce principe que le douaire coûtumier par plusieurs Coûtumes de France est propre aux enfans issus du Mariage, le pere ne le peut vendre ny engager à leur préjudice, & les enfans renonçant à sa succession seront toûjours reçûs à rentrer comme douairiers dans la proprieté de la moitié de ces propres vendus.

C'est pourquoy il est rare de trouver des gens qui veüillent acheter les biens propres d'un pere de famille : quand cela arrive les acquereurs sont obligez de les abandonner aux enfans douairiers, qui agissent en désistement avec restitution de fruits du jour de l'action. Le Maître Coûtume de Paris, titre du douaire chapit. 1. pag. 283.

Les biens substituez sont sujets au douaire, mais ce n'est qu'en ligne directe & au défaut d'autres biens, & il n'y a que ceux qui sont substituez au profit des enfans du premier degré. M. Louet lett. D. n. 21. Memorables de Charondas, *in verbo substitution.*

Si les biens du mary ne luy appartiennent que par engagement ou sous faculté de remeré, encore que

la proprieté ne luy foit acquife incom-
mutablement , la femme ne laiffe pas
d'y prendre fon douaire par l'argument tiré des fiefs , dans lefquels l'aîné
prend fon préciput & droit d'aîneffe ,
quoi-qu'ils n'appartiennent que par
engagement aux fucceffions des pere
& mere. Robert *rer. judic. lib.* 2. *c.* 8.
Tiraqueau des Retraits lignagers §. 1.
glof. 7. n. 32.

Dans les Coûtumes où les rentes
conftituées font reputées immeubles,
celles appartenantes au mary avant le
mariage & qui luy font échûës depuis
en ligne directe , font auffi fujettes au
douaire coûtumier.

Enfin le doüaire coûtumier n'eft pas
purgé par le decret des biens qui luy
font affectez, s'il n'y a pas ouverture
au doüaire dans le tems que fe fait le
decret, c'eft-à-dire, fi le pere n'eft
decedé , & qu'au tems du decés les
enfans ne font majeurs. Bacquet des
dr. de juftice chap. 15. n. 72. M. Loüet
lett. D. n. 20.

Voilà quant au doüaire coûtumier
les obfervations les plus remarquables.

L'autre efpece de doüaire s'appelle
préfix, dépendant abfolument de la

ſtipulation & convention des parties, pourquoy on dit préfix ou convention-nel.

Nous voyons par ce que rapporte Philippes de Beaumanoir, au lieu pré-allegué de l'ancienne Coûtume de Clermont en Beauvaiſis, qu'avant que le doüaire que nous appellons aujourd'huy coûtumier fût reglé par Philip-pe Auguſte, à la moitié des propres du mary, les François avoient déjà introduit par leurs mœurs un doüaire préfix, & tel que les parties en con-venoient par Contrat de Mariage. Voici ſes termes, *devant cet établiſſe-ment du Roy Philippes nulle femme n'a-voit doüaire, fors cil qui li étoit conve-nancé au Mariage.*

Cette autorité & pluſieurs autres, qui ſe pourroient recüeillir, nous prouvent que le doüaire préfix, autre-ment dit *convenancé*, (pour ſe ſervir du vieil langage,) eſt le premier & plus ancien des deux eſpeces de doüai-re, & celuy qui d'abord paroît avoir été inventé pour la plus grande com-modité, dans la liberté que chacun a de l'augmenter ou diminuër, afin que les mariez, qui ſont inégaux en biens & en conditions, puiſſent établir dans

la

la conſtitution des doüaires , une proportion prudente & raiſonnable ; ce
qui pourroit ſouvent ne pas ſe ren-
contrer au doüaire coûtumier , parce
que chaque Coûtume le rendant ſixe
par un droit general , commun à toute
une Province , ſans conſiderer la fortune & les facultez plus ou moins
grandes des perſonnes qui s'épouſent ,
il y auroit toûjours un excés injuſte
dans l'établiſſement du doüaire coûtumier , quand un homme riche en fond
viendroit à épouſer une femme ſans
biens.

    C'eſt la raiſon pour laquelle le
doüaire préfix eſt reglé parmy nous ,
differemment ſelon la force & nature
des biens , commodité & bien-ſéance
des contractans. Tantôt il eſt de l'u-
ſufruit d'un certain bien apartenant
au mary ; quelque-fois il eſt limité à
une rente viagere , proportionnée aux
biens de la femme , & qui s'évaluë
ordinairement au revenu du tiers de
ſa dot , & ſouvent on l'aſſigne en deniers , pour une fois payer , en y gardant la même proportion. Cependant
il eſt à l'arbitrage des parties , & peut
même exceder le coûtumier , ſi la
Coûtume des lieux ne s'y oppoſe pas.

Q

Par exemple la Coûtume de Paris laiſſe cette liberté.

Quand il conſiſte en une ſomme pour une fois, ou rente, l'on conçoit l'article en ces termes. *Ledit futur à doüé & doüe la future épouſe de la ſomme de..... pour une fois payer, ou de telle rente par chacun an, à prendre ſur tous les biens meubles & immeubles, preſens & avenir dudit futur époux, qui les a dés à preſent chargez, obligez, affectez & hypotequez à garantir, fournir & faire valoir ledit doüaire.*

Stipulation d'un doüaire préfix à la future.

Comme il y a beaucoup de Coûtumes qui diſpoſent que le doüaire préfix ne ſaiſit pas la femme ny les enfans, s'il n'eſt demandé en juſtice, il eſt bon d'ajoûter à la clauſe, *lequel doüaire ſaiſira du jour du decceds du mary, ſans qu'il ſoit beſoin d'en faire demande en juſtice, dont la femme & les enfans ſeront diſpenſez.*

Suite.

Pareillement la ſtipulation d'un doüaire préfix, faiſant l'excluſion tacite du doüaire coûtumier, ſuivant la diſpoſition expreſſe de l'article 261. de la Coûtume de Paris, à laquelle ſe raporte la maxime de droit, *qui de uno dicit de altero negat,* la future doit ſe reſerver par ſon Contrat de Mariage, la liberté de choisir, soit le coûtumier, soit le préfix.

Mais l'experience nous aprend que les femmes ont plus d'inclination pour le doüaire préfix, que pour le coûtumier, par la raison que venant à se remarier, elles en accommodent leurs nouveaux marys, sans se soucier si ce choix sera avantageux ou non aux enfans; voilà pourquoy il est bon d'inserer tout de suite cette clause, en faveur des enfans, *bien entendu que le choix qu'auroit fait ladite future épouse pour son doüaire, ne pourra préjudicier aux enfans issus du Mariage, lesquels si dans la suite ils se vouloient dire doüairiers, pourront faire le choix le plus avantageux du coûtumier ou du préfix, sans être tenus de suivre celuy qui auroit été fait par leur mere, encore bien qu'ils en fussent heritiers.*

Cette précaution est necessaire à prendre malgré l'opinion de Charondas en ses memorables *verbo Doüaire pag. 98. verso*, qui tient que sans cette clause les enfans seroient reçûs à faire leur option, après le deceds de leur mere, d'autant qu'il n'est pas loisible à un usufruitier de rendre pire la condition du proprietaire, appuyant son

*Suite:
Pour le choix au profit des enfans.*

Q ij

sentiment sur la Loy 13. §. *fruituarius ff. de usufr.* laquelle opinion est combattuë par Duplessis sur la Coûtume de Paris, au Traité du doüaire chap. 2. sect. 2. pag. 11. qui l'accuse de se tromper en cela lourdement.

Outre le doüaire préfix, on a coûtume de stipuler, surtout entre personnes de qualité, *que la future épouse aura son habitation sa vie durant, dans l'un des Châteaux, ou maisons, cour, bassecour, jardins & enclos appartenans au futur.* Parce que s'il y a des Coûtumes, comme celle d'Amiens article 120. de Laon article 24. qui donnent l'habitation à la veuve, il y en a une infinité d'autres qui ne l'accordent pas.

Quelquefois il est dit que *ce ne sera que pendant la viduité de la femme.*

Quelquefois l'on stipule que *l'habitation ne durera que jusqu'au Mariage du fils aîné*, pour ne pas laisser le principal heritier d'une maison illustre, sans retraite convenable à sa condition. En ce cas, l'on pourvoit d'ailleurs à l'habitation de la mere, ou bien on l'indemnise d'une autre façon, en augmentant son doüaire à proportion du bien, en luy assignant une rente particuliere, pour tenir lieu d'habitation, payable par le fils à son choix, foit qu'il fe marie, ou qu'il ne fe marie pas, étant parvenu en majorité.

Quelquefois encore l'habitation eft accordée à la veuve, *même en cas qu'elle fe remarie, pour la facilité de faire valoir & percevoir fon doüaire coûtumier.* La prudence des parties & des parens doit agir pour arrêter la claufe, fuivant les circonftances. Suite.

Il eft bon de défigner la maifon, qui doit fervir d'habitation ; car s'il n'étoit fait mention qu'en general, *de fon habitation*, & que dans les biens du mary il s'en trouvât plufieurs, la veuve pourroit avoir difficulté pour le choix avec les heritiers de fon mary, comme il eft arrivé plufieurs fois. Il eft vray que quand pareilles conteftations fe font prefentées, la Cour par fes Arrefts les a reglées par ce temperamment, de ne donner à la veuve ny la plus belle ny la pire des maifons, ce qui s'arbitre au dire de gens. Suite.

Comme l'on pourroit d'ailleurs pretendre que le droit d'habitation ftipulé eft pur perfonel, non ceffible à la difference de l'ufufruit du doüaire accordé à la femme , lequel eſt ceſſible, *inſtitut. de uſu & habitat.* au lieu que l'habitation n'eſt que pour la femme , ſes enfans & domeſtiques , *leg. antepe-nult. cod. de uſu & habitat.* je voudrois qu'au profit de la femme , parlant de ſon habitation , il fût encore ajoûté , *pour en joüir par elle ou qui bon luy ſem-blera ſa vie durant.* Car on ne peut trop prévoir ny prevenir les matieres de conteſtations en choſes qui ſont à charge aux heritiers du mary.

Suite.

1. Cas de reduction du doüaire prefix con-tre la veu-ve.

On ne doit jamais oublier l'interêt des enfans qui ſont l'eſperance du Ma-riage , auſſi arrive-t-il ſouvent qu'en leur conſideration le doüaire préfix , qui eſt convenu d'une rente au profit de la femme à prendre ſur les biens du mary, eſt ſtipulé moindre en cas de ſurvenance d'enfans.

2. Cas de reduction.

Quelquefois encore l'on en ſtipule la reduction au cas que la future deve-nuë veuve ſe remarie , eu haine des ſecondes nôces , & du dereglement de ſon eſprit , qui luy fait oublier ſes pre-mieres affections ; ce qui peut être prévû quand c'eſt une jeune femme qui épouſe un mary déjà avancé en âge. Mais en l'un & l'autre cas il ne faut pas obmettre de faire mention dans la clauſe, *que la reduction ne pourra* ſuite. *nuire aux enfans, leſquels aprés le deceds de leur mere pourront prendre le premier & plus fort doüaire en entier & ſans aucune reduction, qui n'eſt ſtipulé contre ladite future qu'en faveur des enfans pour leur décharge, pendant la vie de leur mere, & ſans intention de leur faire aucun préjudice.*

Ce doüaire préfix n'eſt pas moins propre aux enfans que le doüaire coûtumier, quand ce dernier eſt declaré propre par la Coûtume ; il s'entend des deux, mais la difference qu'il y a. c'eſt que le préfix n'empêche pas que le pere ne puiſſe vendre & engager ſes biens.

L'on pretend ſeulement que les enfans ſont en droit en attendant que doüaire ait lieu & qu'ils puiſſent prendre qualité, d'obliger le pere de mettre en main tierce la valeur du doüaire, dont luy ſera payé le profit ou l'interêt. Mais il faudroit que les enfans doutaſſent abſolument de la ſolvabilité de leur pere, car ayant en meubles & ſur tout en immeubles de quoi aſſurer & garantir le doüaire, ils n'ont pas interêt de demander que le fond du doüaire ſoit dépoſé, parce qu'ils ont hypoteque fur tous les biens, du jour du Contrat de Mariage de leur mere.

Le doüaire coûtumier ou préfix, foit qu'il confifte en rente viagere, ou fomme pour une fois payer, eft paternel, procedant en effet des biens du pere & retournant aux heritiers du mary, aprés le deceds de la veuve & de fes enfans.

Il eft vray que le moyen de faire paffer la proprieté du doüaire préfix à la femme & à fes heritiers, c'eft de ftipuler par Contrat de Mariage le doüaire, *fans retour aux heritiers du mary, ains propre à la femme & aux fiens.* L'avidité des parens de la femme ayant imaginé ce doüaire fans retour pour fe l'approprier & en exclure les heritiers du mary.

Claufe de doüaire préfix fans retour.

La claufe du doüaire fans retour devient inutile fi la femme prédecede fon mary, & même fi elle furvit ayant des enfans qui renoncent à la fucceffion du pere & fe difent doüairiers ; en ce cas la veuve n'aura que l'ufufruit, la proprieté appartiendra aux enfans dans les Coûtumes où le doüaire leur eft propre.

Mais fi les enfans fe difent heritiers
de

de leur pere, il y en a qui pretendent que la femme en vertu de la clause, est proprietaire & maîtresse de disposer, vendre & engager le doüaire stipulé sans retour, même au préjudice des enfans ; ce qui est d'une assez grande consequence pour ne les pas exposer à être privez d'un bien paternel, sur lequel est à prendre un doüaire, qui n'est ordinairement stipulé sans retour & proprietaire à la femme, que pour exclure les heritiers collateraux du mary ou ses créanciers, ou les enfans qu'il auroit d'un premier mariage.

C'est pourquoy par raport à cette difficulté qui se peut faire, l'on ne doit pas négliger la précaution d'ajoûter à la clause du doüaire sans retour cette condition, *en cas qu'il n'y ait pas d'enfans issus du futur mariage, ausquels enfans ledit doüaire nonobstant qu'il est dit sans retour, appartiendra & sera reputé propre, soit qu'ils renoncent à la succession de leur pere, ou qu'ils s'en portent heritiers.*

Les Coûtumes reglent le doüaire coûtumier des secondes femmes, ainsi l'on peut y recourir dans l'occasion, & personne ne doit ignorer celle à laquelle il est assujetti. Mais à l'égard

Suite.

R

du préfix, il est à observer par ceux
qui convolent à de secondes nôces,
qu'ils ne peuvent dans la constitution
du douaire qu'ils feront à une seconde femme; exceder ce qu'il est permis
de leur donner par l'Edit des secondes
nôces, & que tel douaire préfix ou
sans retour se trouvant exceder le coutumier, sera reductible. Ricart Traité
des donations part. 3. chap. 9. Glos. 5.
n. 1343.

Ce n'est pas assez d'avoir dit cy-devant que le douaire préfix d'une somme de deniers est propre aux enfans du
Mariage; il est encore necessaire de
remarquer qu'étant une fois parvenu
aux enfans douairiers, il perd sa qualité de propre, & reprend sa premiere
nature de meuble; en sorte que c'est
le plus proche heritier mobilier des
enfans decedez qui y succede. Tronçon sur les articles 249. & 256. de la
Coûtume de Paris.

Il est certain que le rachat ou remboursement du douaire préfix apartient aux heritiers de la femme dece-
dant sans enfans, s'il est stipulé *sans*
retour hereditaire à la femme & aux
siens: s'il n'est pas stipulé *sans retour,*
& qu'il soit remboursé par l'heritier

du mary ; le capital de la rente sera
sujet à restitution aprés le trépas de la
veuve, & la veuve ne se remariant
pas en jouïra sa vie durant, à sa caution juratoire ; au lieu que si elle se remarie , elle sera obligée de donner
bonne & suffisante caution , de faire
rendre la somme par ses heritiers, si
mieux elle n'aime consentir que la
somme soit mise en mains tierces de
personne solvable , à la charge d'en
toucher l'interêt sa vie durant. Bacquet des droits-de justice chapitre 15.
num. 52.

L'on demande si l'on peut stipuler
dans un Contrat de Mariage, que la
femme n'aura pas de douaire. Coquille
question 130. & M. Philippe de Renusson Traité du douaire ch. 4. n. 12.
& ch. 5. n. 10. tiennent l'affirmative ;
mais Duplessis sur la Coûtume de Paris,
traité des douaires dit au contraire ,
que telle convention est contre les
bonnes mœurs, & c'est l'opinion la
plus commune & la mieux reçûë.

L'on demande quelle Coûtume on
doit suivre pour regler le douaire coûtumier ou préfix, constitué par le mary
à sa femme.

Si c'est un douaire coûtumier , il

faut fuivre la Coûtume du lieu où les heritages font fituez. M. Louet lett. R. n. 31. celà eft fans difficulté.

De même fi le douaire préfix confifte en la joüiffance de quelque herita- ge, ou en rente affignée fur un certain fond, il faudra fuivre la Coûtume du lieu où eft affis l'heritage.

Mais fi la rente eft affignée fur tous les biens du mary, lefquels font fituez en diverfes Coûtumes, ou que le douai- re préfix confifte en une fomme de deniers, l'on fuivra la Coûtume du lieu où le mary étoit demeurant, lors de la paffation du Contrat de Maria- ge, parce que tout douaire eft pater- nel, & fe prend toûjours fur les biens du mary. Joint que les parties font cenfées avoir contracté, fuivant la Coûtume du domicile du mary, quand le contraire n'eft pas déclaré au Con- trat.

Si un domicilié demeurant dans une Coûtume où le douaire n'eft que via- ger, époufe une femme domiciliée dans une autre Coûtume où il eft pro- pre aux enfans, & que par le Contrat de Mariage il foit ftipulé préfix, ce fera la Coûtume du domicile du mary, au tems du Contrat de Mariage qui fera

fuivie, & le doüaire ne fera que viager, à moins qu'il ne foit dérogé à la
Coûtume, en mettant au Contrat,
lequel doüaire fera propre aux enfans qui
naîtront dudit futur Mariage, nonob-
ftant toutes Coûtumes contraires, auf-
quelles il eft expreffément dérogé pour ce
regard. M. Gilles Fortin en fes notes
fur Ricart art. 247. de la Coûtume de
Paris.

Claufe
pour ren-
dre le
doüaire
propre aux
enfans.
1. Moyen.

L'on ne doit pas manquer de ftipuler au Contrat de Mariage, que le
doüaire coûtumier ou préfix fera propre aux enfans, par une autre confequence que voicy. C'eft que les biens
du mary étant fituez en differentes
Coûtumes, partie en Provinces où le
doüaire eft propre aux enfans, & partie en d'autres où il n'eft pas propre,
& fe trouvant tous hypotequez à des
dettes du pere, precedentes le Contrat
de Mariage, pour lefquelles il arrive
fouvent que les biens des Coûtumes
où le doüaire eft propre, font con-
fommez par les creanciers anterieurs,
& preferables aux enfans doüairiers,
& que le doüaire par confequent n'y
peut être pris. L'on demande en ce
cas fi la veuve ou les enfans peuvent
pretendre la récompenfe de leur doüai-

re perdu dans les biens d'une Coûtume, fur les biens fituez dans les autres Coûtumes où le doüaire n'eft que viager à la femme, fans être propre aux enfans.

Cette queftion fe refout par la diftinction fuivante ; ou bien il y a ftipulation par le Contrat que le doüaire fera propre aux enfans, ou bien il n'en eft rien dit.

Au premier cas cette ftipulation produifant une obligation perfonnelle contre le mary, à l'éxécution de laquelle il a affecté & hypoteque tacitement ou expreffement tous fes biens, en quelques lieux qu'ils foient fituez ; il eft fans doute que fi le doüaire ne peut être perçû fur les biens fituez dans la Coûtume où il eft propre, les biens des autres Coûtumes en font garants en vertu de la ftipulation.

Au fecond cas, quand la ftipulation a été obmife au Contrat, & que les enfans ne viennent qu'en vertû des Coûtumes, fi les biens défaillent dans les Coûtumes où le douaire eft propre, par les alienations volontaires ou forcées faites de fes biens, pour acquitter les dettes anterieures au doüaire, il ne doit pas être fuppléé fur les biens affis dans les autres Coûtumes où le doüaire n'eſt pas propre , parce que les Coûtumes étant réelles leurs diſpoſitions ne peuvent faire de loy au delà de leur étenduë , ny par conſequent faire naître une obligation perſonnelle contre le pere, qui puiſſe être exercée ſur des biens ſituez en d'autres Coûtumes dont les diſpoſitions ſont contraires ; cette maxime eſt fondée ſur un Arreſt ſans datte, rendu au raport de M. Dufos, qui ſe voit dans le dixiéme tome du Journal du Palais , imprimé en 1686.

Il eſt vray que ſi par le Contrat de Mariage il y avoit ſoumiſſion pour l'éxécution de ſes cl uſes & conditions , à une Coûtume comme celle de Paris , de Clermont en Beauvaiſis & autres ſemblables, où le doüaire coûtumier & préfix eſt propre aux enfans , avec dérogation à toutes Coûtumes contraires , encore que les biens y fuſſent ſituez , en ce cas & nonobſtant le défaut de ſtipulation du doüaire propre aux enfans , quoique les biens ſe trouvaſſent partie en Coûtumes où le doüaire eſt propre, partie en d'autres Coûtumes où il ne l'eſt pas ; les enfans renonçant

à la fucceffion du pere, ne laiffe-
roient pas que d'être en droit de
demander leur douïaire fur tous
les biens de leur pere indiftinctement. C'eft l'efpece d'un Arreft celebre de l'année 1675. rendu en la
cinquiéme Chambre des Enquêtes,
raporté au Journal du Palais tom. 5.
pag. 408. au profit des enfans douïai-
riers de M. François Defeffars fieur
de Lignieres, qui avoit laiffé quantité de biens en roture dans les terres de Fleury, du Chauffoy & de
Sempuis, fituez en la Coûtume de
Clermont en Beauvaifis, & d'autres
biens dans les Coûtumes d'Amiens
& Mondidier, où le douaire n'eft
qu'à vie de la femme. La Cour s'é-
tant fondée fur ce que le Contrat de
Mariage du fieur de Lignieres, avec
Dame Marie de Crequi de Bernicu-
les, avoit été paffé à Paris, avec
foumiffion à la Coûtume du lieu,
& dérogation à toutes Coûtumes
contraires.

C'eft pourquoy fuivant les maximes refultantes de ces deux Arrefts,
quand l'on voudra que le douïaire
ftipulé au Contrat de Mariage foit
propre aux enfans indépendamment

des Coûtumes où les biens du mary
sujets au doüaire se trouvent situez,
& dont les parties souvent ignorent
les dispositions , il faudra faire de
deux choses l'une, Ou stipuler le
doüaire propre de la maniere qu'il a
été dit : ou se choisir pour regler les
conventions du Contrat de Mariage, une Coûtume par la disposition
de laquelle le douaire Coutumier ou
préfix soit propre aux enfans , en
declarant *que les parties se sont sou-*
mises & se soûmettent , tant pour la
qualité du doüaire constitué à la fem-
me , qu'autres conventions & condi-
tions du present Contrat de Mariage,
à la Coûtume de..... par laquelle ils
pretendent regler lesdites conventions ,
nonobstant que les biens dudit sieur
époux soient situez & assis en differen-
tes Provinces , & Coûtumes contraires
à celle de.... ausquelles Coûtumes con-
traires ils ont derogé & derogent ex-
pressément.

2. Moyen pour ren-dre le doüaire propre aux enfans.

Aprés tout , il faut convenir que
la voye de stipuler tout d'un coup le
doüaire propre aux enfans est la plus
propre aux enfans, est la plus naturelle , sans équivoque, & la moins
exposée aux interpretations captieu-

ſes de ceux qui ont interêt de con-
teſter la qualité du doüaire, pour en
affranchir certains biens ; auſſi ne
voit-on pas d'Arreſt rendu dans le
cas de cette ſtipulation, qui puiſſe
faire croire qu'on ait jamais revoqué en doute ſon effet, au lieu qu'il
en a fallu, pour confirmer & aſſûrer
la vertu de la ſeconde clauſe.

Si les facultez de celuy qui ſe marie ne ſont pas ſuffiſamment connuës, qu'il ſoit ſoupçonné d'avoir
fait des dettes, & que l'on doute en
un mot de la ſolvabilité pour l'aſſûrance du doüaire qu'il veut conſti-
tuer à ſa femme, l'on peut & l'on
doit même exiger des pere & mere
du marié, de le certifier & rendre au
Mariage, franc & quitte de toutes
dettes, en ces termes, *Certifians de*

Clauſe pour la ſeureté du doüaire. *plus ledit ſieur futur époux leur fils, franc & quitte de toutes dettes & hy-poteques juſqu'audit Mariage, & en cas qu'il s'en trouve, promettant ſoli-dairement comme deſſus l'en acquiter, ſous l'obligation de tous leurs biens pre-ſens & avenir qu'ils ont affectez, obli-gez & hypotequez, &c.*

Il y en a qui pouſſent plus loin

leur précaution, en faifant ajoûter, qu'à la garantie du doüaire tel qu'il eſt convenu & autres conventions matrimoniales ſtipulées au profit de ladite future épouſe par le preſent Contrat de Mariage, leſdits Sieur & Dame pere & mere dudit ſieur futur, ladite Dame autoriſée de ſondit mary, s'obligent ſolidairement & tous leurs biens preſens & avenir.

Autre clauſe au même effet, mais plus étenduë.

Les pere & mere ne doivent pas néanmoins ſe rendre faciles à paſſer cette ſeconde clauſe, attendu que ſon effet eſt d'aquiter la femme de toutes les dettes qu'elle pourroit avoir contractées avec ſon mary, inconſiderément ou autrement, & d'aſſujetir les biens de pere & mere à des hypoteques infinies.

C'eſt pourquoy les pere & mere ſont conſeillez de n'obliger à cette garantie que la part & portion dont leur fils pourroit amander de leurs ſucceſſions, & quand cela eſt ainſi declaré, s'il arrive que le fils prédecede ſon pere & ſa mere, ſa veuve a droit d'hypoteque ſur leurs biens aprés leurs deceds, juſqu'à concurrence de la part qui ſeroit échuë à ſon mary, s'il avoit ſurvécu ſes pere &

Avis important ſur la precedente clauſe.

mere ; mais auffi cela ne les empê..
che pas de difpofer de leurs biens ,
(hormis par teftament,) comme
s'ils ne s'étoient pas obligez pour
leur fils.

L'on demande fi le doüaire fe
prend fur les Offices ; Dumoulin fur
l'art. 1. de l'ancienne Coûtume de
Paris *Glof.* 5. *in verbo*, le fief n. 49.
pretend que les Offices Domaniaux ,
comme les Greffes , Notariats &
Tabellionnages qui fe peuvent vendre au profit du Roy , avec faculté
de rachat perpetuel , font fujets au
doüaire indiftinctement , comme les
autres biens du mary ; mais l'on tient
communement que la femme ne peut
prendre fon doüaire fur les Offices
non Domaniaux , c'eft à-dire ceux
de finance & de judicature , hereditaires ou fujets au droit annuel, avec
cette circonftance qu'il faut, que
dans la fucceffion du mary il y ait
d'autres biens pour remplir le doüaire ; car s'il n'y a pas de biens fur
lefquels le doüaire fe puiffe prendre,
les Offices y feront fujets *in fubfi-*
dium , ne uxor indotata maneat , &
c'eft la Jurifprudence d'aprefent :
voyez Dufrene Commentateur de la

Coûtume d'Amiens fur l'art. 112.
de cette Coûtume, & le Recüeil
d'Arrêts qu'il a mis à la fin de fon
livre chap. 12. page 410. & fuivantes, où la queſtion eſt amplement expliquée ; le même Dufreſne Journal des Audiances tome 3.
liv. 3. chap. 5. M. Loüet lett. D.
n. 63. & M. Julien Brodeau en
fon Commentaire fur l'art. 95. de
la Coûtume de Paris fur la fin.

C'eſt pourquoy quand l'on voit
au futur mary des charges & peu
d'autres biens, il eſt loiſible à la
future épouſe pour aſſûrer fon doüaire fur les Offices, de ſtipuler & fai-
re ajoûter, *lequel doüaire ſe prendra* Clauſe pour
fur les Offices appartenans audit Sieur aſſigner le
futur époux, & fur ſes autres biens doüaire
concurremment, ou au choix de la- prefix fur
dite future épouſe & de ſes enfans, les Offices
auquel doüaire leſdits Offices font dés du mary.
à préſent affeétez & obligez.

Ou bien dire, *lequel doüaire eſt*
dés à préſent comme pour lors aſſigné
fur les Offices appartenans audit Sieur
futur époux preferablement à tous ſes
autres biens, au profit de ladite fu-
ture épouſe, & des enfans à naîſtre
dudit futur Mariage.

En matiere de doüaire il n'y a
pas d'accroiſſement, c'eſt-à-dire,
que s'il y a pluſieurs enfans dont
quelques-uns ſe tiennent au doüaire, & les autres ſe portent heritiers de leur pere, les doüairiers
ne prendront pas ſeuls pour leur
douaire la moitié ou le tiers des
biens propres; mais tous les enfans
ſeront comptez comme ſi chacun de-
voit prendre ſa part au doüaire, &
les doüairiers ne pourront avoir que
leurs parts viriles; le ſurplus demeurant dans la Succeſſion, accroî-
tra aux autres enfans qui ſe feront
dits heritiers; & c'eſt ſuivant ce principe que les Coûtumes de Paris art.
252. de Clermont en Beauvaiſis art.
168. Valois art. 3. Normandie art.
386. Calais art. 53. veulent que les
enfans venans au doüaire, ſoient
tenus de rapporter les dons & a-
vantages à eux faits par leur pere,
ou moins prendre ſur le doüaire.
Baequet chap. 15. des droits de Juſtice. M. Louet lett. D. n. 44. Mais
ſi quelques-uns des enfans decedent
du vivant du pere, ceux-là ne ſont
plus comptez, & les enfans ſurvivans le pere, prendront le doüaire

en entier, non par droit d'accroiſſe-ment, *ſed jure non decreſcendi.*

Il eſt bon de faire connoître la difference qui eſt entre le doüaire coûtumier & le préfix, afin qu'on ſçache à quoy s'en tenir, & que l'on puiſſe diſcerner plus aiſément les avantages que doit procurer la ſtipulation de l'un ou de l'autre.

1°. Le douaire coûtumier attri-buë un droit de proprieté ſur les heritages propres du mary, que la Coûtume transfere aux enfans dés le moment du Mariage, ſans que le mary les puiſſe vendre, engager, ny hypotequer.

Le préfix eſt une dette ſimple-ment hypotequaire, pour laquelle la veuve & les enfans ne ſont que creanciers ſur les biens du pere, & pour laquelle ils n'ont pas le droit de revendication, mais ſeulement une action pour ſe faire adjuger le doüaire, & l'exercer ſur tous les biens.

2°. L'un vient de la Loy & de la Coûtume ſans ſtipulation particu-liere.

L'autre dérive de la convention des Contractans.

3°. Le coûtumier est toûjours fixe, certain, & tel que la Coûtume le prescrit ; c'est la moitié dans les Coûtumes ; dans d'autres le tiers des propres du mary ; en proprieté dans les unes ; en usufruit dans les autres ; mais c'est toûjours la Coûtume des lieux qui le regle.

Le préfix est plus ou moins fort selon les facultez de la femme, qui servent ordinairement de proportion, & dépend d'ailleurs de la bonne volonté plus ou moins forte du mary envers la femme.

4°. Le doüaire préfix differe encore du coûtumier, en ce qu'il se prend sur tous les biens du mary meubles & immeubles, même sur les Offices quand il n'y a pas d'autres biens, avec cette restriction que la femme & les enfans n'ont pour le doüaire préfix aucun privilege sur les Offices du mary, quoyqu'il n'ait laissé autres biens, étant obligez de venir à contribution au sol la livre sur le prix de l'Office avec les autres creanciers quoyque posterieurs au Contrat de Mariage, dont il y a Arrêt celebre du 15. Mars 1655. entre la veuve de Monsieur Charpentier

Charpentier Maître des Comptes, & les creanciers dudit Sieur Charpentier, lequel Arrêt établit cette Jurisprudence aujourd'huy suivie au Palais. Dufresne sur l'art. 112. de la Coûtume d'Amiens.

Au lieu qu'au doüaire coûtumier il n'y a que les biens propres du mary qui en soient susceptibles, tant ceux qu'il possedoit au jour du Mariage, que ceux qui luy sont échus depuis, soit avant, soit aprés la dissolution du Mariage, pourvû que ce soit en ligne directe, comme il a été dit au commencement du chapitre, du moins en la Coûtume de Paris.

CHAPITRE VII.

Du Préciput.

L'Usage en quelque façon a rendu coutumier le préciput, n'y ayant presque pas aujourd'huy de Contrat de Mariage dans lequel il ne soit connu. L'on ne peut pas dire neanmoins qu'il soit dû de plein droit, puisqu'il dérive abso-

S

lument de la ſtipulation des parties, leſquelles ſont libres de regler comme bon leur ſemble, eu égard à leurs qualitez & à leurs facul. tez.

Le préciput n'eſt autre choſe qu'. un avantage en meubles ou en' argent que le ſurvivant des conjoints prend ſur toute la maſſe de la communauté & hors part, non pas par le benefice de la loy ; mais en vertu de leurs conventions.

Il eſt reciproque au profit du ſurvivant ou ſes heritiers, en ſorte que n'étant ſtipulé qu'au profit d'un des conjoints, il eſt cenſé ſtipulé pour l'autre en cas de ſervice ; c'eſt pourquoy pluſieurs l'appellent *gain de ſurvie*, ſur tout en pays de droit écrit.

Il peut être ſtipulé par l'un ou l'autre des futurs en cas de prédeceds, comme en cas de ſurvie , cela dépend de la convention des parties.

L'on peut en exclure le ſurvivant en cas qu'il y ait des enfans , ou bien au contraire , mettre qu'i ſe prendra par le ſurvivant des deux] ſoit qu'il y ait des enfans ou non.

Quoyqu'il soit censé reciproque suivant le droit commun, il peut toutefois n'être accordé qu'à l'un des conjoints, étant à la liberté des parties de se priver l'un ou l'autre de l'avantage du préciput ; mais il faut qu'il en soit fait mention en termes exclusifs.

On le peut stipuler en espece ou en argent, suivant la definition que nous en avons donnée.

Le préciput en espece, c'est pour le mary s'il est Gentilhomme ou homme de guerre. *Ses habits, linges à son usage, armes, chevaux & équipages.* S'il est homme de robe, l'on y ajoûte *ses livres.*

Préciput stipulé en especes.

Et à l'égard de la femme, c'est pareillement *ses habits, linges, bagues & joyaux, carosse & chevaux* ; quelquefois au par dessus, *une chambre meublée,* sur tout entre personnes de commune condition *le lit garni* ne s'oublie pas.

Suite.

Sur ces termes de *bagues & joyaux,* il peut se presenter un doute de sçavoir, quand la stipulation du préciput est faite purement & simplement au profit de la future *en bagues & joyaux,* sans faire mention de ſes autres équipages & hardes, ſi elle reprendra ſeulement ſes anneaux & pierreries, ou ſi elle fera en droit avec ſes pierreries de prendre encore ſes habits, linges & équipages de femme.

La difficulté peut naître de ce que ce mot *bagues*, reçoit dans nôtre langue pluſieurs ſignifications.

Quelques Auteurs étymologiſtes, entr'autres Ducange, le fait dériver du mot latin corrompu, *bagua*, qui ſignifioit un coffre d'où il prétend qu'eſt venu auſſi le mot *bagages*, & c'eſt dans ce ſens que l'on dit vulgairement en terme de guerre que la garniſon eſt ſortie de la ville vie & *bagues ſauves*, pour faire entendre qu'elle n'a pas été dépoüillée, & qu'on luy a laiſſé emporter les hardes & les équipages.

Dans une autre ſignification *bague* eſt pris pour une pierrerie & joyaux precieux ; c'eſt ainſi que l'expliquent Caſeneuve & Furetiere qui le font dériver du mot latin *bacca* qui ſignifie une perle, & dans ce ſens les bagues & joyaux doivent être pris pour toute forte de pierreries.

De là l'on peut conclure fuivant la plus naturelle & plus intelligible fignification, que la reprife ftipulée au Contrat de Mariage au profit de la future, *de fes bagues & joyaux*, ne doit s'entendre que des pierreries , par rapport d'ailleurs aux prefens que le fiancé a coûtume de faire à la fiancée, qui confiftent ordinairement en bagues , anneaux, coliers de perles, agrafes, boucles d'oreilles & autres pierreries deftinées à l'ornement des femmes & appellées *muliebris fuppellex*. Autrement comme la nature du préciput eft d'être reciproque aux deux conjoints, l'ufage devroit être de parler pareillement *des bagues* du mary dans la ftipulation de fon préciput : en tant que *bagues* fignifieroit *hardes & équipages* , ce devroit être un terme commun au mary & à la femme pour exprimer les meubles neceffaires à leurs perfonnes ; cependant on ne dit jamais les bagues du mary quand on parle de fon préciput ; mais bien fes armes, chevaux, équipages, livres, habits & linges à son usage, comme reciproquement pour la femme l'on dit ses bagues & joyaux, habits, carrosse & chevaux qui sont des meubles qui luy conviennent.

C'est ainsi qu'il faut entendre ces mots dans nos Contrats de Mariage, *secundùm communem usum loquendi* ; mais pour prévenir toute difficulté, il coûtera peu d'énoncer tous les meubles & effets dont l'on voudra composer le préciput du mary & de la femme.

Il n'est pas ordinaire de stipuler ce préciput en espece de meubles, comme il vient d'être dit, sans en limiter le prix ou sans en faire estimation ; car l'un des conjoints étant infirme, & ne donnant pas espe-rance de vivre long-tems, l'au-tre au contraire ayant lieu d'espe-rer de survivre, pourroit faire achat à credit ou autrement de meubles precieux pour faire monter son pré-ciput au préjudice des heritiers du prédecedé ; c'est pourquoy aprés a-voir assigné le préciput en espece au profit du survivant des deux, en la maniere qu'il vient d'être expli-qué, l'on ajoûte *reciproquement jus-*

qu'à la somme de... *suivant la pri-* *sée qui en sera faite par l'Inventaire;* cette clause sert de bride à l'ava- rice des conjoints, & prévient les occasions de fraude.

L'on conseille d'ajoûter encore ces autres termes, *sans aucune crüe,* en consideration du survivant & pour son avantage; car sans ces mots, il faudroit tout de nouveau estimer les meubles qui entrent au préciput, sinon payer la crüe de la prisée des meubles sur le pied de celle faite par l'Inventaire.

Il est dû en argent quand il est dit que *le survivant ou ses heritiers* *prendra par préciput hors part de la* *communauté la somme de...*

Quelquefois on donne le choix au survivant, de la somme, ou des meubles.

Enfin, on doit suivre exactement les termes de la convention, & ce sont toûjours les Contrats de Ma- riage qui servent de loy en cette matiere.

L'on tient communément entre personnes de qualité que la veuve doit obtenir ses habits & équipa- ges de deüil aux dépens des heri-

[marginalia:] necessaire au préciput en especes.

Suite.

Préciput en argent.

Choix du préciput en argent ou espece.

tiers de son deffunt mary qui sont obligez de les luy fournir proportionnez à sa condition ; parce que le deüil de la femme est reputé faire partie des obséques & funerailles du deffunt, joint que de disposition de droit la veuve est obligée par decence *lugere maritum & lugubria sumere*, *leg. 8. ff. de his qui not. infam.* Ce qui ne seroit pas juste qu'elle fist à ses dépens.

Cependant pour éviter aux contestations que l'on pourroit faire à cet égard aprés le deceds du mary., je conseillerois de mettre dans le Contrat de Mariage en faveur de la femme ; *& outre le préciput cy-dessus, ses habits & équipages de deüil proportionnez à la condition dudit futur époux, lesquels luy seront fournis par les heritiers dudit futur, soit qu'elle renonce ou non à la communauté, sans qu'aucunes des choses necessaires à sesdits habits & équipages de deüil puissent être imputées sur le fond du préciput cy dessus stipulé, qui n'en sera aucunement diminué.*

Clause pour assûrer à la veuve ses habits de deüil outre son préciput.

Le deüil qui est accordé & adjugé à la veuve par un droit de bienseance, se perd, & la veuve en est

privée

ptivée, quand elle commet l'indécence de se remarier dans l'an du deüil ; tel est l'usage du Châtelet de Paris, dont il y a deux Sentences qui établissent la maxime, l'une de l'année 1680. l'autre du 4 Fevrier 1698. par cette raison que la veuve devient indigne de la faveur de la Loy, quand elle contrevient à l'intention de cette même Loy, en blessant le respect qu'elle doit à la memoire de son premier Mariage, *non juvetur legis auxilio, qui contra legem commisit.*

Le préciput tel qu'il est expliqué, se prend sur les effets de la communauté par le survivant mary ou femme, avec cette difference néanmoins que les biens de la communauté ne suffisant pas, le mary survivant ne peut le prendre sur les autres biens de sa défunte femme, parce qu'étant le maître de la communauté, il pourroit en dissiper les effets en fraude des heritiers de sa femme ; mais au contraire la femme survivante, au défaut des biens de la communauté en y renonçant, a son recours subsidiaire sur les propres de son mary, tant pour ledit préci-

T

put, que pour toutes ſes autres repriſes, ſur tout quand il y a dans le
Contrat de Mariage faculté de renoncer par elle à la communauté ,
& de reprendre franc & quitte de
toutes dettes tout ce qu'elle aura
aporté, même ſon préciput, à quoi
il ne faut pas manquer ; en ce cas
la veuve renonçant aura ſans difficulté droit de demander ſon préciput ſur les propres du mary, & vien-
dra en ordre aprés l'indemnité des
dettes.

Il eſt vray que pluſieurs tiennent,
entr'autres Dufreſne en ſon Commentaire ſur les articles 101. & 102.
de la Coûtume d'Amiens, que la
femme ſurvivante ne peut prendre
par préciput ſes habits, linges, bagues & joyaux, &c. qu'en prenant
la communauté , & non pas lorſqu'elle y renonce ; par cette raiſon,
que qui prend un préciput ſupoſe
une maſſe commune de biens, dans
leſquels le ſurvivant à déja part &
un droit acquis ; ainſi pour prévenir
toute difficulté, je conſeillerois d'a-
joûter à la clauſe de préciput, une
faculté à la femme ſurvivante &
aux ſiens, de prendre ſon préciput,

foit qu'elle renonce à la communauté , foit qu'elle l'accepte ; ce qui n'eft dit que par précaution , & pour d'autant plus affûrer le préciput à la femme en tous evenemens, & malgré le changement qui peut arriver à une Jurifprudence, qui quoique déjà établie ne laiffe pas de pouvoir varier fur le fondement d'un raifonnement tel que celui que propofe l'auteur préalegué. Car à le bien prendre, il eft évident que la faculté accordée à la femme de prendre fon préciput, même au cas de renonciation à la communauté, eft très défavantageufe au mary & à fes heritiers, parce qu'en ce cas il n'y a plus de proportion ni d'égalité réciproque dans l'avantage du préciput. D'ailleurs cet avantage étant accordé au furvivant pour le prendre fur les biens communs , il devroit ceffer quand il y a renonciation à la communauté, qui fait que les biens ceffent d'être communs : ainfi la claufe que nous mettons en faveur de la femme pour affûrer fon préciput, malgré fa renonciation à la communauté, paroît même exorbitante du droit commun , & contre la nature du préciput, qui eft d'être reciproque ; mais au fond , il s'en faut tenir à l'ufage , il prévaut fouvent aux raifonnemens les plus juftes ; il eft vrai que ce qui autorife cette faculté de pouvoir prendre par la femme fon préciput, malgré fa renonciation à la communauté, c'eft la faveur des Contrats de Mariage , qui font fufceptibles parmi nous de toute forte de conventions non repugnantes aux bonnes mœurs.

Difons de plus , que le préciput eft mis au rang des avantages fujets au retranchement de l'Edit des fecondes nôces , dont il y a Arreft du 10. Juillet 1656. cité par Ricart Traité des Donations part. 3. chapitre 9. gloff. 5. n. 1344. celui ou celle qui époufe homme veuf ou femme veuve doit y penfer.

En Normandie, l'on ne ftipule pas de préciput reciproque ni d'ameubliffement d'une partie des biens de la femme , parce que la communauté de biens n'eft pas reçuë entre mary & femme dans cette coûtume ; & pour récompenfer le mary des avantages qu'il fait à fa femme , l'on ftipule *que s'il la furvit il prendra fur*

Von mo-

tous ses biens une certaine somme, qu'on apelle *don mobile*, qui est ordinairement le tiers du patrimoine de la fille. Berault en son Commentaire sur l'art. 250. de la même Coûtume. Voyez *suprà* chap. de la communauté sur la fin.

bile stipulé en Normandie, au profit du mary. au lieu de préciput.

Enfin, l'on divise tout préciput en conventionnel & en legal.

Le conventionnel est celui que l'on stipule dans les Contrats de Mariage, dont nous venons de parler, qui est une distraction qui se fait au profit du survivant des conjoints, sur toute la masse de la communauté, *& hors part.*

Il ne se prend jamais sur les biens substituez, quand même il n'y auroit pas d'autres biens, le privilege n'étant que pour la dot & le douaire. Brodeau sur M. Louet lett. D. n. 21.

Le préciput legal est de plusieurs sortes.

Il y a celuy qui consiste en lits, robes, coffres, linges, bagues & joyaux que prend le survivant des conjoints, sans stipulation dans les Coûtumes d'Auvergne art. 44. & 45. Bretagne art. 419. & quelques autres,

& dans celle de Normandie art. 395.
qui donne à la femme survivante pareils meubles necessaires à sa personne gratuitement, bien que son Contrat de Mariage ne le porte pas, ce qui s'apelle dans cette Coûtume *biens paraphernaux* de la femme, diferens des biens paraphernaux en païs de droit écrit, ainsi que je l'ay dit sur le chapitre de la dot.

Il y a celuy que le survivant noble prend par la disposition de plusieurs Coûtumes de France, notamment celle de Paris art. 238. de Clermont en Beauvaisis art. 189. de Senlis art. 146. de Meaux art. 49. Melun, Sens, Noyon, Châlons, Chaumont, & beaucoup d'autres remarquées par Ricart en sa Conference des Coûtumes sur ledit article de la Coûtume de Paris, qui donnent au survivant des deux conjoints nobles en proprieté, tous les meubles de la communauté, en payant toutes les dettes mobiliaires, & les obseques & funerailles du défunt. La veuve noble en ce cas, ne peut demander aux heritiers de son mary ses habits de deüil, parce que c'est une dette mobiliaire, qui fait même partie des

obseques & funerailles du défunt,
comme il a été dit sur le present chapitre, & que la veuve confond en
elle comme gardienne noble.

Il y a le préciput affecté aux aînez
des familles dans les biens feodaux
qui se trouvent dans les successions
de leurs peres & meres, lequel préciput est un droit introduit en France, en faveur des mâles & du fils aîné, pour la conservation des familles, & le mettre en état d'en soûtenir l'éclat avec plus de distinction &
de gloire.

CHAPITRE VIII.

Du remploy des Propres des con-joints alienez, & de l'in-demnité des dettes.

APrés avoir reglé le préciput,
l'on parle des fonds & des rentes aparternans aux conjoints, qui
peuvent être alienez ou rachetez
pendant la communauté, desquels
on a coûtume de stipuler le remploy
au profit de celuy à qui les Propres

vendus ou rentes remboursées apartenoient, pour luy sortir même nature de Propre cotte & ligne ; non pas que cette stipulation de remploy soit absolument necessaire, puisque le remploy est de droit commun, & qu'étant dû *aut à lege, aut à convention* ; quand il n'en seroit pas parlé dans le Contrat de Mariage, il n'en seroit pas moins dû, tant par la raison de la Loy *Imperator 70. ff. de leg. 2°.* que par la disposition de la Coûtume de Paris article 232. qui est à present la regle constante & generale, ayant lieu sans stipulation dans toutes les autres Coûtumes qui n'ont pas de disposition contraire, dont les Arrests sont raportez par M. le Prêtre Centurie 3. ch. 69. sur la fin en l'annotation.

Neanmoins parce qu'il se trouve des Coûtumes contraires à ce droit general, comme celle de Melun art. 225. celle de Bar tit. 7. art. 83. & autres, ausquelles les parties sont soumises, ou volontairement par leurs conventions, ou necessairement à cause de leur domicile ; il est necessaire d'y déroger par une clause expresse de remploy, au profit de celuy des conjoints, dont les biens non communs se trouvent vendus, & de rédiger la clause en ces termes.

S'il est aliené pendant le futur Mariage aucuns biens propres à l'un ou l'autre des conjoints, ou remboursé quelques rentes, le remploy en sera fait en autres heritages ou rentes, pour tenir même nature de Propre costé & ligne, au profit de celuy de qui ils seront procedez ; & ledit remploy ne se trouvant fait au jour de la dissolution dudit Mariage, la reprise en sera faite sur les biens de la communauté.

Clause de remploy des propres des conjoints alienez pendant le Mariage.

La raison generale de la necessité du remploy, ou reprise sur les biens de la communauté des Propres alienez ; & rentes rachetées pendant qu'elle a duré, est afin que les conjoints ne puissent s'avantager indirectement pendant le Mariage, contre la prohibition de la Loy & de la Coûtume. De la vient encore que les futurs ne peuvent pas même convenir par le Contrat de Mariage, qu'en cas qu'il soit aliené des Propres, la reprise ne s'en fera pas, attendu que ce seroit visiblement faire fraude à la Loy, qui deffend les avantages indirects entre conjoints.

L'on a coûtume auſſi d'ajoûter à la Suite, en faveur de la femme. clauſe de remploy, *que ſi les biens de la communauté ne ſuffiſent pas pour le remploy prétendu par la femme ou ſes heritiers ſeulement ; le ſurplus, c'eſt-à-dire, ce qui en défaudra ſe prendra par ſupplément ſur les biens propres du mary.*

Le remploy eſt réciproque aux conjoints, le mary le peut demander auſſi-bien que ſa femme, c'eſt un droit commun aux deux : mais celuy de la femme eſt préferable ſur les biens de la communauté, & le mary pour le ſien n'a pas de droit ni de recours ſur les Propres de ſa femme. La raiſon de difference eſt que le mary étant maître de la communauté, ſi les Propres n'étoient pas garants du remploy dû à ſa femme, il luy ſeroit aiſé en abuſant des effets de ladite communauté, de réduire ſa femme & ſes heritiers à ne pouvoir être récompenſez de ſes biens vendus, malgré l'interdiction prononcée par la Loy, qui ôte au mary la liberté de pouvoir diſpoſer des Propres de ſa femme, ni les diminuër en façon quelconque, *Maritus non poteſt onerare propria uxoris* ; joint que ce feroit encore un moyen pour donner lieu aux conjoints de s'avantager indirectement. Double raifon qui ne permet pas que le mary ait le même privilege que la femme dans la repetition de fes Propres alienez.

Le remploy conftamment eft une dette de la communauté, & fe prend fur les biens qui la compofent , par la raifon que le prix de la vente ou rachat de la vente eft préfumé y être ; en forte que la femme acceptant la communauté, confond en elle la moitié de fon remploy.

A ce propos , quelqu'uns ont crû qu'il étoit permis de convenir par Contrat de Mariage , qu'il fera permis à la femme ou fes heritiers de prendre le remploy fur la moitié de la communauté afferante au mary , fans que celle de la femme puiffe en être tenuë ni aucunement diminuée , fe fondant fur quelques anciens Arrefts qui l'avoient ainfi jugé ; à laquelle opinion Tronçon fur l'art. 232. de la Coûtume de Paris , femble adherer avec l'Auteur du Journal du Palais tom. 4. pag. 359. Le Caron en fes Notes fur l'art. 133.

la Coûtume de Mondidier nomb. 4.
& M. Louet lett. R. fom. 30. n. 15.
Cependant la Jurifprudence d'aprefent eft toute contraire, Ricart fur
ledit art. 232. l'attefte affez, ajoûtant
que cette convention de prendre le
remploy de la femme fur la part du
mary, doit être rejettée, à caufe
qu'elle ouvre la voye aux conjoints
de s'avantager en un tems prohibé
durant le Mariage, en faifant une
alienation ; dont la femme à caufe
de la communauté toucheroit le prix
pour moitié, & aprés prendroit encore le remploy en entier fur la part
du mary.

L'on a toûjours grandement agité
la queftion, de fçavoir de quel jour
doit fe prendre l'hypoteque au profit
de la femme fur les biens du mary,
pour le remploy ou récompenfe à
elle dû de l'alienation faite de fes
Propres pendant la communauté,
quand ni le remploy ni l'hypoteque n'a été ftipulé par le Contrat
de Mariage, fi ce fera du jour de la
celebration d'iceluy, ou feulement
du jour que les alienations ont été
faites.

Cette matiere faifant un des prin-

cipaux points de ce chapitre, merite
d'être éclaircie par une discussion
exacte, mais sommaire, des raisons
pour & contre.

Ceux qui soûtiennent que l'hypoteque est dûë à la femme, du jour
de la celebration du Mariage, sans
stipulation du remploi ni d'hypoteque, se fondent.

1°. Sur la disposition de la Coûtume de Paris, laquelle par l'art.232.
introduisant le remploi au profit de
la femme par un droit commun, dont
les femmes peuvent user dans toutes
les Coûtumes qui ne contiennent pas
de dispositions contraires, introduit
en même tems & de plein droit l'hypoteque, pour seureté du remploi
du jour du Mariage, afin que le remploi qui est accordé à la femme sans
stipulation ne luy devienne pas inutile, comme il seroit ou pourroit
être, si l'on donnoit aux dettes hypo-
tequaires que le mary a constituées
sur ses biens, entre le tems de son
Mariage & celui de l'alienation des
Propres de sa femme, la preferenco
sur les biens du mary à l'exclusion de
la femme. Par ce raisonnement l'on
fait dépendre l'hypoteque pour le

remploi de la simple & nuë stipulation, soit quelle soit introduite par
la Coûtume ou par la clause d'un
Contrat ; l'on rend l'une accessoire
de l'autre, & l'on fait passer l'hypoteque comme un des effets de la stipulation de remploi, qui en est la
cause.

2°. Sur l'exemple du mineur à
qui la Loy donne hypoteque tacite
sur les biens de son tuteur, du jour
de la tutelle, comparant la puissance
du mary sur sa femme & son administration sur ses biens, à celle que
la Loy donne au tuteur, & sur la
personne & sur les biens du mineur,
d'où s'ensuit que la femme qui doit
l'obeïssance à son mary, qui vit dans
sa dépendance, à la volonté duquel
ses actions sont soûmises, ne doit
pas, dit-on, être moins favorable
quand il s'agit de repeter son bien, à
l'alienation duquel elle a été obligée
de consentir par complaisance pour
son mary, qui en a dissipé le prix,
comme maître de la communauté ;
qu'un mineur qui demande un compte
& se fait faire raison de la mauvaise
administration de son tuteur, & qui
tient tous les biens de ce tuteur af-

fectez à fon reliquat, du jour de la
tutelle, ou du temsqu'a commencé
la geftion. Le mary, (dit-on encore) & le tuteur font également ad-
miniftrateurs ; l'adminiftration de
l'un commence par le Mariage, &
celle de l'autre, du jour de la nomi-
nation à la tutelle ; tous deux affec-
tent tacitement leurs biens dés ce
tems, en recours auquel ils donnent
lieu fur eux, par leur mauvaife adminiftration, fuivant l'argument de
la Loy, *cùm oportet, cod. de bonis quæ
liberis.*

3°. On met en confideration la trifte reduction où fe trouveroit la femme, fi elle n'avoit pas hypoteque du
jour de fon Mariage, de perdre fon
bien en confentant à l'alienation, ou
ne voulant pas y confentir, de fe re-
foudre à fe feparer de fon mary, pour
éviter les effets de fon reffentiment,
joint que les creanciers du mary fça-
chant que la femme de celuy avec
lequel ils contractent, peut & doit
avoir ce privilege fur eux, en cas
d'alienation de fes Propres, fe doivent imputer, fi nonobftant cette
confideration ils ont bien voulu prêter leur argent au mary, & courir le

risque d'être preferé par la femme,
pour le remploy de son bien vendu.

On cite enfin pour confirmation de
cette maxime les Arrests des 6. May
1609. 25. Decembre 1614. 18. Juin
1616. un autre de l'année 1634. tous
raportez avec les raisons cy-dessus,
par Renusson Traité des Propres, sec-
tion 8. chap. 4.

Plusieurs néanmoins tiennent l'o-
pinion contraire, & que cessant la
stipulation d'hypoteque, elle n'est
dûë à la femme que du jour des alienations : c'est le sentiment d'Argentré sur le 410. article de la Coûtume
de Bretagne glos. 2. de M. Jean Marie Ricard en ses notes sur les 273.
274. & 275. articles de la Coûtume
de Senlis. Et c'est en effet un des
points jugés par l'Arrest des Galo-
pins du 17. Fevrier 1654. raporté par
Dufresne , Journal des Audiances
liv. 7. ch. 30. de l'impression de 1665.
lequel Arrest peut être oposé à ceux
raportez par l'Auteur du Traité des
Propres, comme l'établissement d'u-
ne Jurisprudence plus nouvelle.
Voicy les raisons qui peuvent justifier la doctrine de cet Arrest.

Il faut d'abord convenir que la
plûpart

plûpart des Coûtumes, comme celles de Clermont, Senlis & autres, ne
font pas mention du remploi, & ne
difent pas fi la femme doit reprendre les alienations de fes Propres ou
non ; ainfi il y auroit lieu de conclure que dans les Coûtumes il n'y a
point d'hypoteque legale & tacite
qu'on puiffe faire remonter au jour
du Contrat de Mariage , la Loy du
païs n'en parlant pas.

Il eft vrai que plufieurs de ces
Coûtumes déclarent que le mary ne
peut vendre, aliener, ni hypotequer
l'heritage de fa femme ; mais tant
s'en faut que cela faffe prendre l'hypoteque du remploi & de l'indemnité qui peut-être demandée au mary,
du jour du Contrat de Mariage ;
qu'au contraire, il femble que puifque le mary auparavant que d'avoir
violé cette prohibition de la loy,
c'eft-à-dire, auparavant l'alienation,
n'eft en rien obligé envers fa femme,
pour ce regard, & qu'elle ne luy
peut rien demander ; l'on doit conclure que ce n'eft que par l'alienation qu'il eft fait debiteur pour le
remploi & hypoteque, n'étant qu'ac-
ceffoire de l'obligation qui le rend

V

débiteur ; il seroit contre toute apa-
rence de réputer sur luy une hypoteque acquise avant qu'il fût obligé.
Ce qui peut avoir lieu dans la Coûtume de Paris, quoi-qu'elle dispose
du remploi au profit de la femme ;
parce que cette introduction du
remploi peut bien donner une action
pour la demander, mais non pas une
hypoteque, qui ne vient qu'*à lege*
aut ex conventione, & qui ne doit pas
être supléée quand la loy, la Coûtume ni le Contrat de Mariage ne la
donnent pas. C'est la raison pourquoi M. Julien Brodeau sur M. Louet
lett. R. n. 30. aprés avoir raporté
tous les anciens Arrests qui favori-
sent la preference de la femme ; &
aprés avoir ouvert son opinion conforme à ces Arrests, a été enfin con-
taint par les lumieres qu'il avoit ac-
quises de plus en plus, de déclarer
dans les dernieres impressions, que
cessant les Arrests qui étoient intervenus, la question seroit grandement
douteuse.

D'ailleurs l'on doit considerer que
le Contrat de Mariage n'est ni un
achevement, ni un engagement
pour l'alienation des Propres de la

femme ; au contraire il eſt plus raiſonnable de dire que c'eſt plûtôt un
moyen de l'éviter par la protection
& la bonne conduite que l'on doit
attendre d'un mary , qui n'eſt pas
pour détruire ni diſſiper , mais pour
conſerver & défendre ; & par conſequent ſi l'alienation n'eſt point un
effet & une ſuite du Mariage , & ſi
le Contrat de Mariage ou ſa celebration n'eſt pas une cauſe d'alienation , pourquoi dire que le mary eſt
reputé engagé au remploi , du jour
du Contrat ou du Mariage ?

En effet pour montrer par une autre conſideration que ce n'eſt pas du
jour du Contrat ni du Mariage , que
l'hypoteque doit ſe tirer , il n'y a
qu'à faire voir que ce n'eſt du tems
ni de l'un ni de l'autre que l'obligation ſe doit concevoir , parce qu'il
dépendroit de la femme d'être ou
n'être pas créanciere de ſon mary ;
ainſi il ſeroit bien injuſte qu'il luy
plût *in necem* des créanciers de ſon
mary , de ſe faire elle-même créanciere , quand elle a pû ou peut encore ne l'être pas. Car n'eſt-il pas
vray que lorſqu'une femme uſe de
cette repetition des deniers de l'a-

lienation de ſes Propres , ou elle n'à
pas vendu ni agréé la vente , ou bien
elle y a comparu & l'a aprouvée. Au
premier cas , ſi elle n'a point vendu ,
elle eſt ſans interêt, parce qu'elle
peut reprendre ſes Propres , en quelques mains qu'ils ſoient paſſez , auquel cas il ne luy ſera rien dû par
la ſucceſſion de ſon mary , ſur laquelle il n'y aura que les acquereurs
évincés qui auront leur recours &
qui ſeront créanciers de la ſucceſſion. Au ſecond cas , ſi elle a vendu
conjointement avec ſon mary, qu'elle s'impute de l'avoir fait , il ne te-
noit qu'à elle de s'y opoſer, *volenti
non fit injuria* , & c'eſt toute la grace qu'elle doit eſperer dans les Coûtumes qui n'établiſſent pas le remploy, quand d'ailleurs elle n'a pas
ſtipulé l'hypoteque par ſon Contrat
de Mariage , que d'avoir droit de repetition du jour qu'elle a bien voulu
que ſon mary touchât les deniers de
la vente , à laquelle elle a conſenti.
Y ayant là-deſſus cette obſervation
importante à faire , que la femme
ne fait point ſa repetition en ce cas
comme femme , ni à cauſe qu'elle
eſt femme ; ce qui fait qu'il ne faut

confiderer ni fon Contrat de Mariage, ni le Mariage qui luy ont
donné l'être & le caractere de femme ; mais cette repetition eft purement fondée fur un principe d'équi-
té naturelle & univerfelle, contre
celuy qui a profité du bien d'autruy qui a été vendu, & dont il a
touché le prix.

A cette raifon fuccede un autre
principe, pas moins naturellement
équitable, qui veut le retranchement des voyes de fraude. Or eft-il
que fi cette préference de la femme
a lieu du jour de fon Contrat de Mariage, fans aucune ftipulation ; il
n'eft rien de plus facile que de frauder des créanciers de bonne foy, qui
contractent confidemment avec un
mary, dans un tems qu'ils fçavent
qu'il n'a fait aucune alienation du
bien de fa femme, & ne font point
difficulté de luy confier leur bien,
dans l'affûrance que celuy qu'il poffede leur fera affecté, préferable-
ment à tout ce qu'il pourroit faire,
contracter ou difpofer à l'avenir ;
car que la femme fouffre l'alienation de fon bien, dont fon mary &
elle toucheront le prix, lequel ils

mettront à couvert, ils se mocque-
ront de leurs créanciers, & cette
même femme à leur préjudice re-
prenant son hypoteque du jour de
son Contrat de Mariage, reprendra
en même tems une seconde fois le
prix de l'alienation sur les biens de
son mary qui seront ainsi absorbez :
ou bien cette femme s'obligera à
quelque créancier confidentiaire au
payement de quelque dette supo-
sée, pour l'indemnité de laquelle
sur les biens de son mary, elle vien-
dra pretendre l'hypoteque du jour
de son Contrat de Mariage, à l'exclusion des veritables & legitimes
créanciers. Enfin c'est une voye indirecte & une ouverture toute for-
melle, pour éluder la regle si vul-
gaire, *qui prior tempore potior jure.*

Et ce seroit en vain qu'on alle-
gueroit la faveur de la dot & le privilege que le droit luy attribuë ;
parce qu'à proprement parler, cette
objection ne peut être fondée que
sur un manque de reflexion, qui
consiste en ce que le privilege tire
son principe de cette circonstance ;
que la dot étant un bien de la femme, dont on fait la tradition au

mary, qui en eſt fait le dépoſitaire,
& qui eſt obligé de la rendre & reſtituer ; il eſt juſte que comme par la
tradition qui luy en eſt faite lors du
Mariage, il s'oblige luy & tous ſes
biens à la reſtitution ; il eſt vray de
dire auſſi qu'il y a hypoteque acquiſe
dés ce tems-là, laquelle hypoteque eſt
acceſſoire d'une obligation perſonnelle , qui a été formée lors de la
reception de la dot ; c'eſt pourquoi
la Loy qui connoît bien qu'il faut
que l'obligation perſonnelle ſe rencontre avant qu'on puiſſe s'imaginer
qu'il y en ait une hypotecaire, introduit une ſtipulation legale, ſupo-
ſé qu'il n'y en ait pas de convention-
nelle. *Sive ſcriptura fuerit ſtipulatio,*
ſive non intelligatur reipſa ſtipulatio
eſſe ſubſecuta , leg. 1. cod. de rei uxor.
act. Eſt enim , ajoûte l'Empereur Juſtinien , *conſentaneam nobis qui cen-*
ſemus ubi ſtipulatio ſuppoſita non eſt
intelligi eam fuiſſe adhibitam ; & aprés
avoir auſſi établi une ſtipulation tacite en faveur & pour la repetition
de la dot. C'eſt ſans doute la raiſon
pour laquelle enſuite dans la même
Loy il établit auſſi l'hypoteque tacite. *Ita in hujuſmodi actione damus*

in utroque latere hypotecam, la Glose ajoûte, *scilicet tacitam sive ex parte mariti pro restitutione dotis, sive ex parte mulieris pro ipsa dote prestanda vel rebus dotalibus evictis.* Or tout cela ainsi présuposé, il est clair qu'il faut comprendre que c'est dans le cas qu'il y ait une dot, dont la tradition ait été faite, pour la seureté de la restitution de laquelle la Loy accorde une hypoteque tacite, qui doit être exercée par la femme, sans jalousie de la part des créanciers posterieurs. Mais il n'en va pas de même quand il s'agit de la repetition ou reprise du prix des alienations des Propres d'une femme, lesquels encore bien qu'ils soient comme biens dotaux & paraphernaux, ne sont pas toutefois de la qualité de la dot à l'égard du mary, parce qu'il n'en a point la tradition par le moyen du Mariage, il n'en a que le simple usage & l'administration des fruits, & le dépôt qu'on luy fait de cette administration de revenus n'ayant point trait à l'alienation ou permission d'aliener ; il ne faut pas conjoindre ni faire une suite du mariage, qui met les revenus des biens

de

de la femme dans la communauté, dont le mary eſt le maître, avec l'a-lienation du fond qui eſt interdite au mary, lequel n'a droit que de ſimple adminiſtration.

On pretend que l'exemple que l'on donne d'un tuteur dont les biens ſont hypotequez à ſon pupille *à die tu-tela*, ne peut icy ſervir d'objection, & qu'au contraire à le bien prendre, c'eſt une confirmation de la propo-ſition ; parce que la raiſon pour la-quelle il y a hypoteque légale ſur les biens d'un tuteur, c'eſt parce qu'on dépoſe en ſes mains les biens & la fortune du mineur, dont il a l'entiere adminiſtration, & à la re-ſtitution deſquels biens & de ce qui en peut provenir, il eſt obligé par le même acte de la tutelle, qui luy imprime une qualité de comptable pour tous les effets, de laquelle il y a hypoteque tacite, du jour de ſon établiſſement ; & comme la geſtion qu'il exerce, le maniement qu'il a & les diſpoſitions qu'il fait ſont de la ſuite, & à cauſe de ſa qualité qui l'engage & le met dans l'adminiſtra-tion, il eſt juſte que ce qu'il a fait, ou plûtôt ce qu'il doit à cauſe de ce

X

qu'il a fait comme tuteur, emporte
son hypoteque du jour qu'il a été
créé, parce que cette création l'a
mis en caractere & dans le droit de
la gestion qui le rend redevable ; au
lieu que tout au contraire, comme
il a été dit cy-devant, le Contrat de
Mariage ni le Mariage ne met pas
en droit le mary d'aliener le bien
propre de la femme, soit parce qu'il
n'en est pas le maître, soit parce
qu'il n'est pas censé en avoir une veritable tradition, qui est toûjours la
circonstance essentielle, & ce n'est
que par l'alienation qu'il s'en attribuë une tradition entiere, puisque
c'est par là qu'il prend le fond & en
touche les deniers, à la difference de
la dot, dont on fait aport & tradition
au mary ; le cas de laquelle peut ve-
ritablement être comparé au cas de
la tutelle, à l'instar de laquelle la
tacite hypoteque y peut avoir lieu,
conformément à la susdite loi 1. *Cod.*
de rei uxor. act. §. & ut plenius, &c.
L'on met ces deux causes en para-
lelle pour avoir l'hypoteque legale,
parce qu'elles tirent toutes deux leur
origine d'un titre qui oblige *ab initio*
l'un & l'autre, le tuteur & le mary

à la restitution. Mais l'on peut dire
par les raisons cy-dessus, qu'il y a
une différence notable à faire entre
l'hypoteque resultante de ces deux
causes de dot & de tutelle, & l'hypoteque que peut donner à la femme
la cause de l'alienation de ses propres
sur les biens de son mary ; que l'hypoteque légale & tacite est dûë aux
unes du jour du Contrat de Mariage,
& de l'acte de tutelle ou des actes
de gestion tutelaire, & à l'autre seulement du jour des alienations ,
quand il n'y a pas d'hypoteque con-
ventionnelle au profit de la femme
par son Contrat de Mariage. Ce qui
s'obmet rarement, comme nous le
voyons par l'usage tout commun &
tout public , n'y ayant à present
presque point de Contrats de Mariage, même à Paris, dont la Coûtume
dispose en faveur du remploi , dans
lesquels l'on ne fasse entrer la clause
de l'hypoteque du jour du Contrat,
parce que sans doute l'on connoît
que la raison s'oppose à cette hypoteque légale , plûtôt qu'elle ne l'au-
torise.

Nous avons même un exemple
particulier de cette doctrine ge-

nerale dans la Coûtume de Normandie, qui dans le càs du Máriage
encombré, c'eſt-à-dire, d'alienation
de la dot, donne hypoteque par l'art.
539. à la femme, du jour de ſon
Contrat de Mariage, pour en faire
la repetition ; mais pour les autres
biens propres à elle venus & échus
depuis ſon Mariage, par ſucceſſion
directe ou autrement, s'ils viennent
à être alienez, l'art. 542. de la même
Coûtume ne lui donne hypoteque
que du jour des alienations ſur les
biens du mary, & en cas d'inſuffiſance
droit de révendication contre les tiers
détenteurs.

En effet, il paroît que le Parlement
de Paris à voulu embraſſer cet uſage
par l'Arreſt des Gallopins cy-deſſus
cité, nonobſtant les Arreſts anterieurs rendus dans un tems que cette
matiere aparemment n'avoit pas été
ſi bien défrichée qu'elle l'a été depuis, comme nous le remarque le
même Ricart ſur les articles préal-
leguez de la Coûtume de Senlis, où
il rapporte cet Arreſt de 1654. rendu
luì plaidant, & pluſieurs ſolides &
puiſſantes raiſons auſquelles l'on
peut avoir recours, & par leſquelles

il combat la Jurisprudence des anciens Arrêts intervenus en faveur de la femme, sous pretexte de la disposition des articles 232. & 237. de la Coûtume de Paris, parce que, dit-il, cette Coûtume ne se déclare pas nommément pour l'hypoteque du remploi, & ne décide pas de quel jour elle doit avoir lieu sur les biens du mary. De sorte, conclut-il, qu'il n'y a rien dans la Coûtume de Paris, aussi bien que dans les autres semblables, qui doive empêcher que cette question ne soit décidée par les principes generaux.

Nonobstant ces violentes raisons l'opinion la plus suivie aujourd'huy est celle qui introduit l'hypoteque du jour du Mariage, tacitement & sans stipulation, comme l'attestent l'Auteur du Traité des Propres, & autres plus modernes.

Cependant cette question étant exposée aux controverses par les differentes opinions dont elle est susceptible, & par consequent pouvant souffrir diverses décisions, comme il est déja arrivé au Palais, le plus sûr est non seulement de stipuler au Contrat de Mariage le remploi au profit de la femme, en cas d'alienation de ses biens, comme il a été dit au commencement de ce chapitre ; mais encore *l'hypoteque au profit de la future & des siens sur tous les biens du mary, du jour du Contrat de Mariage, tant pour ledit remploy de ses propres alienez, que pour l'indemnité des dettes que ladite future pourra contracter conjointement avec ledit futur.*

Suite pour plus grande asûrance du remploy par la stipulation d'hypoteque.

L'indemnité des dettes est ajoûtée à cette clause, parce que la question qui se pourroit faire à cet égard se resout par les mêmes principes. Il y a pareilles raisons de douter & de décider, & la maxime universellement reçûë aujourd'huy, est que la femme a hypoteque du jour du Contrat s'il y a stipulation, ou seulement du jour de la celebration du Mariage, si l'hypoteque n'a pas été stipulée, ou qu'il n'y ait pas de Contrat. Renusson ch. 4. sect. 7. de son Traité des Propres.

En Normandie, il est inutile de stipuler l'hypoteque au profit de la femme pour l'indemnité des dettes qu'elle a contractées avec son mary, parce que dans cette Province & par la disposition de la Coûtume art.

les femmes ne peuvent s'obliger
avec leurs marys, comme nous l'avons dit ailleurs; ainſi les obligations
& engagemens étant nuls , & les
créanciers n'ayant pas d'action contre elles, les femmes ne ſont pas
dans le cas de demander leur indemnité comme dans les autres Coûtumes, pourquoi la queſtion de l'hypoteque à leur égard dans ce cas particulier devient inutile.

Il ne ſera pas mal-à-propos de dire ici un mot des hypoteques , & de
la maniere qu'elles ſe contractent
dans la France coûtumiere.

Il eſt certain que l'hypoteque tirant ſon origine du droit des gens &
du droit civil , deux circonſtances en
font l'établiſſement. Par raport au
droit des gens , c'eſt la convention &
le conſentement des parties qui luy
donnent l'être, par raport au droit
civil c'eſt l'autorité & le miniſtere
publique qui l'aſſûre & la perfectionne ; & c'eſt en quoi l'hypoteque en
France eſt differente de celle des
Romains, qui ſe contractoit par le
ſeul conſentement redigé par écrit
ſous ſignature privée , & la plus
grande formalité qui fût requiſe

parmy eux, par la conſtitution de l'Empereur Leon, c'étoit la ſouſ-cription de trois temoins à l'obliga-tion, *leg. ſcripturas cod. qui pot. in pign.*

Parmi nous le conſentement des parties contractantes & l'autorité publique, c'eſt-à-dire le miniſtere du Juge ou celuy du Notaire, doivent concourir pour donner hypoteque à un Contrat, qui reçoit d'ailleurs l'é-xécution parée de la forme du ſceau établi dans le Royaume, & c'eſt la maniere en general d'acquerir l'hy-poteque ſur les biens de l'obligé.

Mais il y a des Coûtumes particu-lieres qui aſſujetiſſent à d'autres for-malitez qu'on ne doit pas ignorer, ſoit qu'on paſſe des Contrats de Ma-riage, ou tous autres actes obliga-toires.

En Normandie, l'Edit du controlle de l'année 1606. s'obſerve exacte-ment, quoi-qu'il ne ſoit pas en uſa-ge ailleurs ; cet Edit ordonne que tous Contrats paſſez pardevant No-taires, ſeront controllez & en-regiſtrez au Bureau du Greffe établi à cet effet, pour acquerir l'hypote-que. Il ne ſuffit donc pas qu'un

Contrat de Mariage ou autre ſoit paſſé pardevant perſonnes publiques & ſous ſcel Royal, il n'emportera pas hypoteque s'il n'eſt controllé & enregiſtré au deſir de l'Edit. En cette même Province, l'hypoteque tacite introduite par la diſpoſition du droit en faveur des femmes, du jour du Contrat de Mariage, n'y a pas lieu, ſi ce n'eſt pour les biens donnez en dot, & ceux qui échéent à la femme en ligne directe pendant le Mariage, qui tiennent lieu de dot, ſuivant les articles 539. & 542. ainſi interpretez par les Arreſts rapportez par Baſnage, Traitez des Hypoteques chap. 13. pages 218. & 219. à l'égard des autres biens à elle venus & échûs par ſucceſſion collaterale, donation ou autrement, la femme n'a hypoteque que du jour des alienations, pour en faire la repetition, ce qui eſt à obſerver.

Dans les Provinces de Picardie, païs de Vermandois & d'Artois, les Contrats quoi-que paſſez pardevant Notaires Royaux, ne portent hypoteque contre des tierces perſonnes, & ſont reputez purs perſonnels & mobiliers, s'ils ne ſont nantis &

réalifez par les Seigneurs de qui relevent les biens affectez & obligez ; c'eſt la diſpoſition de l'art. 137. de la Coûtume d'Amiens, de l'art. 119. de la Coûtume generale de Vermandois, & de l'art. 72. de la Coûtume reformée du païs d'Artois.

Quand il s'agit néanmoins de la dot d'une femme, du douaire, de toutes conventions matrimoniales & autres cas emportant hypoteque tacite par la diſpoſition du droit, la formalité du nantiſſement n'eſt pas requiſe ; ainſi en diſpoſent l'art. 115. de la Coûtume d'Amiens & l'art. 269. de la Coûtume de Peronne.

Mais pour les dons & avantages que les futurs ſe font par Contrat de Mariage, le nantiſſement eſt neceſſaire pour donner une miſe de fait, & former un acte de tranſlation de proprieté.

Il eſt vray qu'en païs d'Artois l'uſage eſt different des autres païs de nantiſſement, en ce qui regarde l'hypoteque tacite, notamment celle qui reſulte des Contrats de Mariages, par la diſpoſition du droit commun, laquelle ny a pas lieu par une Ordonnance de Philippe II. Roy d'Eſpagne & Comte d'Artois Succeſſeur de Charles Quint, faite en interprétation de l'art. 167. de la Coûtume du païs. Cette Ordonnance exclud les hypoteques tacites & légales, tant pour la dot, le douaire, que pour les autres conventions matrimoniales. C'eſt pourquoi ceux qui prendront femme en Artois doivent y faire attention, & ne pas negliger de prendre nantiſſement & miſe de fait ſur les biens, principalement de ceux qui ont conſtitué & promis la dot de leurs femmes.

Il y a d'autres Provinces dans le Royaume, qu'on appelle païs de Saiſine, comme ſont les Coûtumes de Clermont en Beauvaiſis, de Senlis & de Valois. La Saiſine en ces Coûtumes eſt une formalité ſemblable à celle du nantiſſement, en ce que l'acquereur d'un heritage, ou le créancier d'une rente prend par ce moyen une eſpece de poſſeſſion & miſe de fait du Seigneur de qui relevent & ſont tenus à cenſive les biens acquis, ou hypotequez ; mais elle differe du nantiſſement, en ce que l'effet de cette ſaiſine n'eſt pas de donner l'hypoteque aux Contrats.

Il est certain que l'hypoteque est acquise indépendamment de la saisine,
dez-lors que le Contrat est passé sous
scel Royal & autentique ; la saisine
ne sert que pour donner la preference entre créanciers , qui ont déja
l'hypoteque acquise, quand il s'agit
entre eux d'être colloquez utilement
sur le prix du bien decreté sur leur
debiteur commun, & c'est la difference qu'il y a de ces Coûtumes de
saisine à celle de Picardie , où l'hypoteque n'a lieu sans nantissement.

De là il s'ensuit que les Contrats
de Mariages non ensaisinez acquie-
rent hypoteque pour toutes les conventions y portées du jour de leurs
dates, & que ce n'est que par la rencontre d'autres créanciers hypote-
quaires ensaisinez , que l'on peut
faire naître la question de sçavoir si
le Contrat de Mariage a besoin de
saisine pour obtenir cette preference.

C'est pourquoi l'on demande dans
ces Coûtumes de saisine si le Contrat de Mariage non ensaisiné sera
exclu par les autres Contrats ensaisinez ; l'on repond que non , par la
raison que tout ce qui dépend d'un

Contrat de Mariage paſſe pour dettes privilegiées exemptes de la ceremonie de la ſaiſine, comme ſont
la dot promiſe à la femme, la reſtitution qui luy en eſt düë, le doüaire, le remploy de ſes propres alienez, l'indemnité des dettes & les
autres conventions matrimoniales
qui ſont dettes de faveur, dont ces
Coûtumes n'ont pas entendu parler
quand elles ont preſcrit la neceſſité de la ſaiſine. Voyez Ricard
en ſes Notes ſur l'art. 275. de la
Coûtume de Senlis, qui ſont curieu-
ſes pour l'intelligence de l'effet &
de l'uſage des ſaiſines.

Revenant au remploy dont je me
ſuis un peu écarté, je conſeillerois auſſi
de ſtipuler, *qu'en cas de predeceds*
du mary ſans avoir remployé les pro-
pres de ſa femme par luy alienez,
les fruits & intereſts courront du jour
de ſon deceds, non pas ſeulement du
jour de la demande.

Suite:
Pour aſſû-
rer à la
femme l'In-
tereſt du
temploy
du jour du
deceds de
ſon mary.

Et comme l'action du remploy
même au cas qu'elle s'exerce ſur
des immeubles & propres du mary, eſt reputée mobiliere, appartenante aux heritiers des meubles,
par conſequent aux pere & mere

survivans heritiers mobiliers de leurs enfans decedez sans hoirs avant le remploy fait, suivant la decision qui se trouve dans le Journal du Palais tom. 4. pag. 360. sur tout quand la femme est majeure au temps du deceds; (car-si elle étoit mineure, l'action seroit immobiliere, attendu que l'on ne peut changer la nature du bien d'un mineur, ainsi jugé par Arrêt du 30. Mars 1647. Surquoy il faut voir le Journal des Audiances tom. 1. liv. 5. chap. 13. & Renusson Traité des propres chap. 4. Sect. 6. n. 10.) Pour empêcher le pere survivant de succeder à cette action, & la conserver au contraire aux heritiers de la ligne, l'on a coûtume de mettre dans le Contrat de Mariage, *que*

Clause pour rendre immobiliere & propre aux heritiers de la femme, l'action du remploy de ses propres. V. Infra.

l'action dudit remploy en cas que la femme & les enfans mourussent sans qu'il eût été fait, sera immobiliere & sortira même nature de propre côté & ligne, que si ledit remploy avoit été fait. Brodeau sur M. Louet lett. R. n. 30. Som. 15.

Clause d'assignat sur les biens du mary, pour

Ou bien il faut stipuler *assignat special sur un certain corps d'heritage, ou sur une rente appartenante au* mary , lequel heritage ou laquelle rente tiendra lieu de remploy à la femme , qui aprés le deceds de son mary s'en pourra mettre en possession , comme s'il avoit effectivement été acquis de ses deniers dotaux. C'est le conseil de Coquille sur l'art. 17. de la Coûtume du Nivernois.

assûrer le remploy à la femme & aux siens.

On peut même faire donner caution au mary pour l'assûrance du remploy de la même maniere que l'on exige souvent de luy pareille caution pour la sûreté de l'employ des deniers dotaux , ainsi qu'il a été dit au chap. 4. Mais l'assignat dont vient d'être parlé , ou la rente que constituë sur luy le mary, assûre encore davantage le remploy à la femme, que ne feroit l'offre & la reception d'une caution si solvable qu'elle puisse être. *Plus cautionis est in re quàm in persona , leg. plus cautionis ff. de Reg. Juris. Et tutiùs est rei incumbere , quàm in personam agere.*

Autre moyen.

Il est donc certain par la nouvelle Jurisprudence que la femme dont les biens propres ont été vendus, ou les rentes remboursées durant le Mariage, n'a qu'une action en repetition sur les effets de la communauté, & subsidiairement sur les propres du mary ; action qui ne va qu'à être payée du prix des alienations, & pour lequel il est necessaire souvent de faire beaucoup de poursuites, d'entrer dans des discussions fâcheuses soit avec les heritiers du mary, soit avec ses creanciers, quoyque Chopin liv. 3. *de Privileg. rustic.* part. 3. n. 2. cite deux Arrêts par lesquels il dit avoir été jugé que les premieres acquisitions faites pendant le Mariage, sont censées faites des deniers de la femme, & luy appartiennent pour son remploy.

Pour obvier à cet embaras, & prevenir toute contestation à cet égard, il faut par le Contrat de Mariage stipuler : *Qu'en cas de vente & alienation des propres de la femme ou rentes remboursées, les premieres acquisitions qui seront faites pendant la communauté, luy tiendront lieu de remploy jusqu'à concurrence de ses propres alienez, sans qu'il soit besoin d'en faire declaration dans les Contrats d'acquisition, ny d'acceptation*

de

Stipulation, que les premieres acquisitions qui se feront après la vente des biens propres de la femme, tiendront lieu de remploy d'iceux.

de la part de la femme.

Si cette clause n'est pas inserée au Contrat de Mariage, ou si par les Contrats d'acquisition qu'a faite le mary pendant la communauté, il n'a pas fait declaration que ces acquisitions sont au profit de sa femme pour luy tenir lieu de remploy d'un tel bien cy-devant vendu, ou telle rente remboursée à elle appartenant de ses propres, pourquoy lesdits biens acquis demeureront subrogez ausdits propres, & que lesdites declaration & subrogation n'ayent été acceptées dans les mêmes actes par la femme dûëmens autorisée de sondit mary, la femme n'a qu'une simple action aprés le deceds de son mary pour être recompensée de l'alienation de son bien sur les effets de la communauté, & subsidiairement sur les propres de son mary; action, comme nous avons déja dit, qui est mobiliere, & dont le mary par l'évenement pourroit profiter au préjudice des heritiers de la ligne de sa femme, s'il n'y est remedié par l'une des clauses suivantes.

L'on compte quatre manieres de

V

rendre immobiliere contre le mary l'action pour le remploy des propres de la femme.

1°. Quand le Contrat de Mariage porte stipulation ou *promesse par le mary de faire le remploy des heritages ou rentes propres de sa femme en cas d'alienation d'iceux.*

2°. Quand on stipule *assignat special sur un heritage ou une rente du mary au profit de la femme pour sûreté du remploy de ses propres qui pourroient être alienez & luy tenir lieu dudit remploy.*

Ou que le mary declare par le Contrat de Mariage , *qu'en attendant qu'il soit en état ou trouve les moyens de faire le remploy, il assigne à sa femme & crée à son profit une rente annuelle sur tous ses biens jusqu'à concurrence de ce qui se trouvera de biens propres de sa femme alienez pendant la communauté.*

En effet, en vertu de cette clause que je voudrois toûjours inserer dans les Contrats, si-tôt aprés le deceds du mary qui a vendu, & qui n'a pas remployé, la rente ainsi créée prend son execution & son cours au profit de la femme sur

les biens du mary , & luy tient lieu
de remploy réel & effectif ; & c'est
à mon sens le plus sûr moyen de
mettre la femme ainsi que ses heritiers hors de tout danger. C'est
pourquoy l'on ne doit pas negliger
cette précaution toutes les fois qu'elle se pourra ménager avec le futur époux , sans toutefois risquer
par-là la conclusion d'un Mariage
avantageux.

3°. Quand il est dit : *Que s'il est* 3. Forme.
aliené pendant le futur Mariage au-
cuns biens propres à l'un ou à l'au-
tre des conjoints , ou remboursé quel-
ques rentes , le remploy en sera fait
en autres heritages ou rentes pour te-
nir même nature de propre cotte &
ligne au profit de celuy de qui ils
procedent , & ledit remploy ne se
trouvant fait au jour de la dissolution
dudit Mariage , que la reprise en se-
ra faite sur les biens de la commu-
nauté , & s'ils ne suffisent à l'égard
de la future seulement , sur tous les
autres biens du futur , pour tenir mê-
me nature de propre cotte & ligne
à elle & à ses heritiers.

4°. *En stipulant que l'action qu'-* 4. Forme.
aura la femme pour le remploy ou re-

Y ij

petition de ses propres vendus, en cas qu'elle decedât sans qu'il eût été fait, sera immobiliere à l'effet d'en exclure le mary survivant tant par droit de communauté, que comme heritier mobilier de ses enfans, & pour réaliser ladite action au profit des heritiers de ladite future qui y succederont comme à un propre. Ces deux dernieres clauses jointes ensemble, en forment une generale, dont l'on se sert le plus ordinairement comme la plus sûre.

Dumoulin en l'apostil qu'il a fait sur l'art. 164. de la Coûtume de Blois, dit que les marys qui ont obmis à stipuler le remploy au profit de leurs femmes lors des alienations qu'ils ont faites de leurs propres, le peuvent faire & consentir aprés coup dans les Coûtumes qui n'y pourvoyent pas, comme fait celle de Paris art. 232. *Et dico quòd consensus iste fieri potest ex intervallo, quia est recognitio bona fidei, & ita judicatum fuisse sub Consuetudine Parisiensi.* Le même Auteur sur l'art. 238. de la Coûtume de Bourbonois tient que le mary *ex intervallo potest bonam fidem agnoscendo, recompensare uxorem,* le tout pour empêcher les avantages indirects d'entre mary & femme, & conferver les biens dans chacune famille. Voyez Chopin fur la Coûtume de Paris liv. 2. tit. 1. n. 13.

Il n'y pas de remploy à prétendre par la femme de fon propre aliené par elle fous l'autorité de fon mary, quand il n'y a pas de communauté entre eux, & que le Contrat de Mariage porte que la future joüira de fon bien, & l'adminiftrera comme fi elle n'étoit pas fous puiffance du mary. Il y a un Arrêt de l'année 1675. rapporté dans le Journal du Palais qui l'a ainfi jugé, parce qu'en ce cas l'alienation n'eft pas du fait du mary, mais feulement de la femme qui eft prefumée en avoir touché le prix, ce qui n'auroit pas lieu fi le mary avoit profité des deniers procedans de la vente, ce que la femme feroit obligée de juftifier.

De ce principe il s'enfuit qu'envain dans le Contrat de Mariage la femme auroit ftipulé la reprife fur les biens de fon mary, de fes propres vendus ou de fes rentes rachetées, quand il y a claufe de fe.

paration de biens dans les termes
& les circonstances expliquées au
chap. 3. de ce Traité, parce qu'autrement ce seroit donner ouverture
à la fraude, & moyen aux conjoints de s'avantager indirectement
tempore prohibito.

CHAPITRE IX.

De la reprise de la femme en conséquence de sa renonciation à la communauté.

APrés avoir parlé du remploy
des propres des conjoints, il
est de l'ordre du Contrat de Mariage de faire mention de la reprise que la femme a droit d'exercer en conséquence de la renonciation qu'elle a faite à la communauté. Cette clause ordinairement a
deux parties. Par la premiere il est
permis à la femme de renoncer à
la communauté. Par la seconde l'on
donne la faculté à la femme en renonçant de reprendre, &c.

Il est necessaire d'expliquer som-

mairement la qualité de cette claufe, à quelle condition & de quels
biens la femme peut faire la reprife qu'elle a ftipulée.

Il y a deux fortes de renonciations ; celle qui eft permife par la
Coûtume, & celle qui eft permife
& ftipulée par le Contrat de Mariage. Parlons de la premiere.

Les marys font abfolument exclus de cette faculté de renoncer à
la communauté ; parce que cette renonciation ne fe faifant que pour
joüir de l'exemption des dettes de
la communauté, il ne feroit pas
jufte que le mary qui eft luy-même l'auteur de ces dettes, qui les a
faites & contractées fouvent à l'in-
fçû & contre la volonté de fa femme, profitât de cette faculté contre
la loy des focietez. *Non juvetur le-*
gis auxilio, qui contra legem com-
mifit.

Il n'y a donc que la femme qui
peut renoncer à la communauté.
C'eft un droit general & commun
dans tout le pays coûtumier. Il n'y
a pas de Coûtumes en France qui
permettent la communauté de biens
entre conjoints, qui ne permettent

en même tems à la femme survivante d'y renoncer pour s'exempter
des dettes. Ce privilege originaire-
ment n'étoit accordé qu'aux veuves des Gentilhommes qui avoient
suivi saint Loüis aux guerres de la
Terre sainte où la plûpart de la
Noblesse s'étoit ruinée ; mais il fut
étendu depuis à toutes les femmes
nobles ou non nobles. Ainsi s'en explique l'art. 237. de la Coûtume de
Paris qui est étenduë aux autres par
un droit favorable, afin qu'il ne soit
pas permis au mary qui est le maître de la communauté de ruiner sa
femme en dissipant les effets de la
communauté, ou bien en contractant
des dettes au delà des forces de
cette même communauté.

Il est vray que la Coûtume de
Paris a pourvû à cet inconvenient
en deux manieres.

Elle veut en l'art. 228. que la femme ne puisse être tenuë des dettes
de la communauté au delà de ce
qu'elle en amande & profite, ce
qui est aisé à verifier quand la veuve a fait faire inventaire aprés le
deceds de son mary, comme elle y
est obligée pour joüir de ce privilege.
Elle

Elle veut encore en l'art. 226. que le mary conſtant ce Mariage ne puiſſe vendre, engager, charger ny hypotéquer le propre heritage de ſa femme ſans ſon conſentement ; ce ſeroit neanmoins charger les biens de la femme indirectement, que de la rendre garante indefiniment de la moitié de toutes les dettes de la communauté.

Ainſi ces trois articles concourent à la décharge de la femme qui ne doit pas ſouffrir du mauvais ménage de ſon mary, & à laquelle il eſt juſte de laiſſer la liberté d'accepter ou de ne pas accepter une communauté qui peut quelquefois être opulente, mais qui ſouvent auſſi eſt oberrée & chargée de mauvaiſes affaires dont la veuve n'a pas connoiſſance.

La forme de cette renonciation eſt differente ſelon les Coûtumes ; dans les unes la femme doit renoncer dans les trois mois du jour de la mort du mary ; les autres ne donnent que ſix ſemaines ; aucunes diſent dans 24. heures. Il y a des Coûtumes qui donnent un plus long terme pour déliberer, à la femme

Z

noble qu'à la femme roturiere. Il
y en a qui veulent pour toute ceremonie que la veuve étant aux funerailles de son mary, jette en presence de témoins les clefs sur la
fosse en signe de renonciation ; dans
quelques autres c'est la ceinture
que la veuve est obligée de noüer
en presence des assistans, & de mettre sur le lieu de la sepulture de
son époux. La plûpart exigent que
la femme fasse sa declaration en
Justice. Enfin, ces differents usages
dépendent des Coûtumes des lieux ;
mais ils tendent aux mêmes fins,
& conviennent tous en ce qu'ils
sont introduits pour la décharge
des femmes qui ont la faculté par
le droit commun de renoncer à la
communauté, faculté d'ailleurs qui
est transmissible à leurs heritiers directs ou collateraux en cas qu'elles
prédecedent, à cause de la faveur du
droit qui par un benefice de la loy
souffre extension aux successeurs ou
ayans cause de la femme prédece-
dée.

Voila la premiere espece de renonciation que la femme & ses heritiers peuvent faire à la commu-

nauté. C'est la plus commune, c'est la plus ordinaire, parce qu'elle tire son principe de la Coûtume dont le privilege est ouvert à un chacun. Tout l'avantage que la femme reçoit de cette renonciation, consiste à prendre ses biens propres avec son doüaire, & d'être exempte des dettes de la communauté, & d'être indemnisée par les heritiers de son mary de celles ausquelles elle s'est obligée, auquel cas elle est aussi privée des meubles & effets qu'elle auroit apportez, de ceux qui luy sont venus & échus pendant le Mariage par succession, donation, legs ou autrement, & des heritages par elle ameublis & faits conquêts.

La seconde espece de renonciation à la communauté, est celle qui est stipulée par la femme dans son Contrat de Mariage. Il est vray de dire neanmoins que celle icy seroit fort inutile, si elle n'étoit pas suivie d'une faculté de reprendre, parce que la renonciation à la communauté n'étant que pour parvenir à la reprise qui ne peut se faire sans cette condition de renoncer, il est évident que dés que la Coûtume permet la renonciation, envain la femme stipule-t-elle la même faculté par son Contrat de Mariage. Quand elle le fait, ce n'est pas pour joüir simplement de l'effet de la Coûtume qui pourvoit à la femme à cet égard indépendamment de son Contrat de Mariage. Il faut donc que cette renonciation stipulée ait un autre objet. Cet objet n'est autre que la faculté de reprendre franchement & quitement tout ce qu'elle a apporté en Mariage, tout ce qui luy est venu & échu pendant la communauté tant en meubles qu'immeubles, sans être tenuë d'aucunes dettes mobilieres , comme sommes de deniers dûës par promesses, obligations, Sentences ou Arrêts, soit immobilieres comme rentes constituées encore qu'elle y fût obligée, dont le mary ou ses heritiers sont tenus de l'acquitter & indemniser. En un mot, a droit de reprendre tout ce que la clause qui doit s'expliquer au Contrat, luy donne la faculté de reprendre.

Mais cette clause de reprise ne se supplée pas ; elle n'est jamais sousentenduë ; l'on ne peut pas dire qu'elle soit acceſſoire à la clauſe de renonciation ; il faut neceſſairement qu'elle ſoit écrite , parce que c'eſt une clauſe extraordinaire inventée en faveur des femmes, qui eſt de droit étroit ; elle deroge même à la regle des ſocietez ordinaires, qui non-ſeulement oblige l'aſſocié en renonçant à la ſocieté , de payer ſa part des charges juſqu'au jour de la renonciation , mais encore qui ne luy permet pas de prendre ſur le fond de la ſocieté des effets actifs, que juſqu'à concurrence de ſa part perſonnelle , eu égard à l'état auquel ſe trouve la ſocieté au tems de la renonciation.

Il eſt plus raiſonnable de dire au contraire que la clauſe de renonciation en ce cas eſt acceſſoire à la clauſe de repriſe ; car s'il arrive que le Contrat ne faſſe pas mention qu'il ſera permis à la femme de renoncer ; mais qu'il porte ſimplement faculté de reprendre par la femme franc & quitte de toutes dettes ce qu'elle a apporté , &c. Pour faire valoir la clauſe de repriſe & luy donner effet, on ſupplée la clauſe de renonciation non exprimée ; on la regarde comme une condition tacite & sous-entenduë dans le Contrat, ou quoyque ce soit, la femme emprunte de la disposition de la Coûtume cette faculté de renoncer, pour en consequence pouvoir joüir de la faculté de reprendre stipulée au Contrat. C'est donc la reprise qui doit faire l'essentiel de cette clause qui peut valoir sans qu'il soit parlé de renonciation, & au contraire une clause de renonciation toute nuë ne peut profiter à la femme au delà des termes de la Coûtume, c'est-à dire, qu'à la verité la femme sera bien exempte des dettes de la communauté, & qu'elle reprendra sa dot en general avec son doüaire ; mais que si une partie de ses heritages a été ameublie pour entrer en communauté, elle sera privée de cet ameublissement aussi-bien que des autres biens & effets qui luy sont venus par succession collaterale, donation, legs ou autrement ; c'est ainsi que doit s'entendre la Remarque que fait Bacquet en son Traité des Droits de Justice chap. 21. n. 94. où il parle d'une maniele à faire croire qu'il fuffit à une femme de ftipuler par fon Contrat de Mariage la faculté de renoncer à la communauté pour avoir le droit de reprendre generalement tout ce qu'elle a apporté & ce qui luy eft échu, encore bien qu'il n'en foit point parlé au Contrat. Il faut entrer dans cette difference de renonciation, & la bien comprendre, pour ne pas abufer les parties par une omiffion qui feroit tres-préjudiciable à la femme.

Quelquefois la claufe de reprife eft conditionnelle, & ne 's'accorde à la femme qu'en cas qu'elle furvive fon mary.

Pour lors fi elle prédecede, la faculté de reprife qui eft perfonnelle devient caduque, *extinguitur cum perfona*, & la condition de furvie n'arrivant pas, la faculté ftipulée eft évanoüie, *cùm enim deficit conditio extinguitur conventio.*

Quelquefois il eft dit qu'arrivant la diffolution de la communauté, & la femme y renonçant, elle reprendra, &c.

En ce cas fans attendre le cas de furvie, dés lors que la communau-

Z iiij

té eſt rompuë ; ce qui arrive ou
quand la femme a demandé la ſeparation en Juſtice, & l'a fait juger & ordonner dans les regles ;
ou quand tous les biens generalement du mary tant meubles qu'-
immeubles ſont ſaiſis & vendus à
la requête de ſes creanciers, ou lors
qu'il les a abandonnez volontairement en payement de ſes dettes ,
& que la diſcuſſion en a été faite,
ou qu'il a fait faillite & ceſſion de
biens publiquement : en tous ces
cas la communauté étant reputée
diſſoluë , parce qu'aux termes du
Droit , *Is cui bona publicata ſunt
pro mortuo habetur, leg. actione diſtra-
hitu 65. §. 12. ff. pro ſocio ,* la faculté de repriſe eſt ouverte à la
femme qui la peut exercer , ce qu'-
elle ne pourroit faire ſi la condition de ſurvie étoit exprimée , encore qu'elle ſe fît ſeparer de biens
pour diſſoudre la communauté.

On doit comprendre dans la ſtipulation nommément les heritiers
de la femme, autrement le droit
de repriſe ne leur paſſeroit pas, &
la difference de la renonciation &
repriſe franche des dettes permiſe

par la Coûtume, qui profite aux heritiers comme il a déja été dit. La raison de difference, c'est qu'au premier cas la faculté est personnelle, *quia non venit à lege ; sed ex vi contractus & ex conventione*, ainsi jugé par Arrêt cité par Fortin en ses Notes sur l'art. 237. de la Coûtume de Paris. *Non transit ad heredes , quia in Contractibus non fit extensio de casu ad casum, nec de persona ad personam*, toûjours sur ce même principe que la clause de reprendre non-seulement ce qui est permis par la Coûtume, mais encore tout ce que la femme a apporté, & ce qui étoit entré en communauté, est de droit étroit. C'est une faculté extraordinaire & personnelle qui s'interprete & s'execute à la lettre suivant la rigueur des termes & avec limitation aux personnes qui font dénommées en la stipulation. M. le Prêtre Centur. 3. chap. 77. Voyez aussi l'Arrêt que rapporte Dufresne en son Journal des Audiances liv. 1. chap. 21. & ce qu'en dit Bacquet des Droits de Justice chap. 21. n. 92. Brodeau sur M. Loüet lett. F. n. 28.

Cette maxime n'a lieu que quand la femme a prédecedé son mary ; c'est le cas où la faculté stipulée à son profit n'est pas transmissible ny à ses heritiers, ny à ses creanciers.

Mais autre chose seroit si la femme avoit survêcu son mary, & qu'elle vinst à deceder sans avoir renoncé à la communauté, ny demandé ses reprises franches & quittes, conformément à la clause de son Contrat de Mariage ; en ce cas de survie & du deceds posterieur de la femme, encore bien que dans la clause de reprise il ne soit pas parlé ny des enfans, ny de ses hoirs & ayans cause ; neanmoins l'action de reprise pour le tout en consequence de la faculté de renoncer permise par le Contrat, appartient & se transmet tant aux heritiers directs & collateraux, qu'aux creanciers ; par cette raison que l'action étant une fois ouverte à la femme survivante par le deceds de son mary, ou plûtôt le droit de reprendre luy étant acquis, ses heritiers y doivent succeder comme aux autres biens qui se trouvent

dans fa fuceffion , *jura nomina*
font de l'heredité ; le droit de reprendre en renonçant à la communauté en fait partie , & par confequent il peut être exercé par les
heritiers & creanciers du chef de
la femme qui eft decedée fans s'ê-
tre déclarée ; cette obfervation doit
être faite pour ne pas confondre le
cas de predeceds avec le cas de
furvie de la femme , quand il s'a-
git de fçavoir fi les heritiers de la
femme peuvent joüir du benefice de
la claufe de reprife ftipulée pour
elle fans avoir été parlé d'eux.

Je voudrois auffi non-feulement
ftipuler dans le Contrat de Mariage pour fûreté de la reprife, l'hypoteque du jour du Contrat ; mais
encore l'interêt de cette reprife au
profit de la femme furvivante du
jour de la diffolution de la communauté comme pour les deniers dotaux ftipulez propres ; car quoyque
l'on tienne communément , & que
ce foit le fentiment de tous les
Auteurs , que l'hypoteque fe tire du
jour du Contrat , & que l'interêt
court du jour de la diffolution de
la communauté ; cependant atten-

du qu'il se trouve tant d'incertitude dans les décisions, & de varieté dans les Arrêts, je conseillerai
toûjours de ne jamais donner lieu
par une omission volontaire de
quelques termes, à des contestations qui peuvent naître bonnes ou
mauvaises, tandis qu'on peut lever
tout scrupule par la forme d'une
clause dont on est le maître.

Suivant ces principes, & pour tout
prévoir en même tems & par une
seule clause, elle doit être redigée
en ces termes : *Il sera permis à la*

Clause de
reprise par
la femme
en renon-
çant à la
commu-
nauté.

*future épouse aux cas de separation
de biens ou autres actes emportans
dissolution de communauté expresse ou
tacite, comme aussi aux enfans qui
naîtront du futur Mariage & autres
ses heritiers côte & ligne ou ayans
cause, soit qu'elle survive ou non,
d'accepter la communauté ou d'y renoncer, & en cas de renonciation de
reprendre franchement & quittement
tout ce qu'elle aura apporté audit
Mariage & luy sera venu & échu
par succession directe ou collaterale,
donation, legs & autre à titre que se
puisse être tant en meubles qu'immeubles, outre son douaire, préciput &*

équipages de deüil (s'il en est stipu-
lé) & la donation que ledit futur a
faite à ladite future (si aucune y a)
pour le tout audit cas de renoncia-
tion à la communauté, appartenir à
la future, sans elle ny les siens être
tenus d'aucunes dettes & hypoteques de
ladite communauté, encore que ladite
future y eût parlé, qu'elle s'y fût obli-
gée ou y fût condamnée, dont ledit
futur & ses heritiers seront tenus de
l'acquitter & indemnifer, pourquoy
elle aura hypoteque du jour du Con-
trat de Mariage avec les interêts des-
dites reprises qui courront au profit
de ladite future & des siens du jour
de la dissolution de la communauté,
sans qu'il soit besoin d'en faire deman-
de en Justice.

Il est à observer que pour la sûreté
de la reprise que stipule la femme
de ce qui luy échéra par succession, donation ou autrement, elle
doit engager son mary à faire inventaire des meubles & effets à
mesure qu'ils échéront, sans quoy
elle ne pourroit justifier aisément ce
qui luy sera venu. Et si son mary
n'en veut rien faire, la femme pourra y suppléer en deux manieres.

1°. En se faisant autoriser par Justice à cet effet. 2°. Lors que lé partage se fera de ces successions, en faisant specifier par détail les choses qui composeront son lot , la representation duquel équipolera à l'inventaire quand il s'agira de justifier ce qui luy est échu par succession ou autrement , & d'en faire la distraction en vertu de la clause de reprise.

Si elle avoit negligé de prendre ces mesures , au pis aller elle sera reçûë à faire preuve tant par témoins suivant la commune renommée,de la consistance des effets mobiliers à elle échus, que par la representation des quittances des dettes actives que le mary aura données , sans que l'on puisse empêcher cette preuve sous prétexte qu'il s'agiroit de plus de cent livres , l'Ordonnance ne pouvant militer en ce cas contre la femme qui n'a pû agir étant *in potestate mariti ,* lequel mary *est velut tutor aut administrator necessarius,* garant par consequent de sa negligence & de son dol dont il ne peut profiter ny se prévaloir contre l'interêt d'autruy, *nemini do-*

lum debet esse lucrosum, qui est une exception à l'art. 2. du Titre de l'Ordonnance de 1667. Des faits qui gissent en preuves.

Mais le mary ne doit pas luy-même negliger à faire un inventaire qui luy est necessaire, afin qu'aprés le deceds de sa femme, ses heritiers ne puissent luy demander plus de meubles qu'il n'en aura reçus.

On demande si en ce cas la confession que feroit le mary d'avoir reçu certaine quantité de meubles échus à sa femme pendant leur Mariage, suffiroit pour obliger luy ou ses heritiers d'en fournir la reprise.

On répond que non; parce que tel acte de déclaration est suspect de fraude, & fait présumer un dessein de la part du mary d'avoir par ce moyen voulu avantager indirectement sa femme, en confessant avoir reçu plus de meubles, ou d'une plus grande valeur. Il n'y a donc que l'inventaire & l'estimation des choses faite en Justice qui puisse faire foy de leur consistance pour servir tant aux parties interessées à faire la reprise, qu'à celles qui sont chargées d'en faire la reſtitution.

Quoyqu'en vertu de la clauſe cy-deſſus, la femme en renonçant puiſ-ſe tout reprendre ſans charge des dettes de la communauté, nean-moins ſi elle s'eſt obligée à ces det-tes dûëment autoriſée de ſon mary, elle pourra être pourſuivie par les creanciers envers leſquels elle eſt perſonnellement engagée. C'eſt pour-quoy dans cette clauſe deux choſes y ſont expreſſement ſtipulées : pre-mierement l'indemnité de la fem-me. En ſecond lieu l'hypoteque pour cette indemnité ſur les biens du ma-ry du jour du Contrat de Mariage pour prévenir la difficulté qu'on pourroit faire, qu'à faute de cette ſtipulation d'hypoteque, elle ne pourroit avoir lieu que du jour des obligations contractées par la fem-me, bien qu'il y ait des Arrêts qui en ayent decidé autrement.

Nous avons dit que la faculté de renoncer & de reprendre franche-ment & quittement, peut être ſti-pulée en faveur des heritiers colla-teraux de la femme ; mais auſſi comme les collateraux ne ſont pas ſi favorables que les enfans, & que

d'ailleurs

d'ailleurs les premieres dépenſes du Mariage ſont toûjours ruïneuſes au mary, il eſt juſte en ce cas de luy laiſſer pour & au lieu des choſes mobilieres ſujettes à repriſe, une ſomme de deniers pour ſes frais de nôces, laquelle ſomme peut raiſonnablement être arbitrée à la moitié de ce qui a été diſtrait de la dot de la femme pour être mis en communauté. Pour cet effet on ajoûte : *A condition toutefois qu'au cas que ce ſoient les heritiers collateraux de ladite future qui faßent les repriſes ſuſdites en conſequence de leur renonciation à la communauté, même les pere & mere ſurvivans ladite future, ledit Sieur futur retiendra ſur le fond deſdites repriſes la ſomme de.... pour l'indemnité de ſes frais de nôces.*

Souvent on va plus loin en mettant : *Qu'au cas même d'acceptation de la communauté par les pere & mere ou collateraux de la future épouſe, & que par le partage de ladite communauté, ledit futur n'ait pas en entiere ladite ſomme de.... y compris ſon préciput, leſdits heritiers ſeront obligez de luy fournir le*

Suite.

Suite.)

A a

supplément de ladite somme.

Il arrive encore quelquefois qu'entre Marchands & gens d'affaires le futur époux ne voulant pas s'il survit sa future épouse que les heritiers viennent à partager sa communauté, & pour en découvrir le fond à demander un inventaire, on stipule : *Qu'il sera permis au futur s'il survit la future épouse sans enfans lors vivans nez de leur Mariage, d'admettre au partage de la communauté les heritiers de ladite future, ou de les en exclure, auquel cas d'exclusion il sera obligé de leur rendre tout ce que ladite future luy aura apporté ou luy sera venu & échu durant ledit Mariage par succession, donation ou autrement.*

Clause qui donne le choix au mary survivant de recevoir les heritiers de sa femme au partage de la communauté, ou de les en exclure.

Mais cette clause étant trop avantageuse au mary en ce que, si la communauté est opulente, il la prendra en entiere à l'exclusion des heritiers de sa femme, au lieu que si elle est chargée de mauvaises affaires, il y appellera les heritiers, ce qui d'un côté & d'autre leur seroit trop préjudiciable ; la raison veut que pour indemniser en quelque façon les heritiers de l'exclufion laiffée au choix du mary, le futur s'oblige non-feulement de reftituer ce qui aura été apporté par la femme, & ce qui luy fera venu & échu pendant le Mariage; mais encore de donner aux heritiers une certaine fomme pour une fois payer, ou une autre fomme pour chacune année que le Mariage aura duré.

Avis fur la claufe precedente.

Outre le privilege qu'a la femme de renoncer à la communauté foit en vertu de la Coûtume, foit en vertu de la claufe de fon Contrat de Mariage pour s'exempter des dettes, elle a encore celuy, en cas qu'elle l'accepte, de n'être tenuë des dettes de cette communauté que jufqu'à concurrence de ce qu'elle amande, en faifant faire bon & loyal inventaire; c'eft la difpofition expreffe de la Coûtume de Paris, comme il a été cy-devant remarqué, laquelle eft étenduë à celles qui n'en difpofent pas, par l'argument de la loy 1. §. 4. *ff. de peculio*, qui décharge le pere & le maître des dettes du fils ou du ferviteur, en ce qu'elles excedent le pecule; *fi cum impubere filio fami-*

Aa ij

*lias vel servo contractum sit, ita da-
bitur in dominum vel patrem de peculio, si locupletius eorum peculium
factum est.*

Cette necessité à la veuve de faire inventaire pour joüir du privilege de ne pouvoir payer des dettes de la communauté au delà de
ce qu'elle a profité en rendant compte, est tellement indispensable,
qu'elle ne peut stipuler par Contrat
de Mariage qu'elle en sera dispen-
sée, ny le mary consentir à cette
stipulation, laquelle est contre le
droit commun & contre la disposition de la Coûtume de Paris art.
228. qui s'explique en termes prohibitifs. Car pour sçavoir en general s'il est permis de déroger à une
disposition de Coûtume, il n'y a
qu'à voir si elle est negative &
prohibitive, ou seulement potesta-
tive & de faculté. Au premier cas
la dérogation est inutile, *pro non
scripta habetur.* Au second cas, elle
est valable, *quia dispositio hominis
facit cessare provisionem legis.*

C'est pourquoy Tronçon sur le
même art. 228. *verbo, après le trépas,* dit que s'il est stipulé que la

femme ne pourra renoncer à la communauté, la stipulation est nulle, & que la femme ou ses heritiers en peuvent être relevez, parce que ce seroit contrevenir à la Coûtume, qui porte que le mary ne peut obliger sa femme aux dettes de la communauté au delà des effets dont elle profite à titre de communiere.

Soit que la femme survivante renonce à la communauté ou l'accepte, elle fera ses reprises, mais pour moitié seulement en cas d'acceptation, & pour le tout en cas de renonciation.

On en compte de sept sortes. 1o. La reprise des deniers stipulez propres. 2o. Le remploy des propres alienez. 3o. L'indemnité des dettes. 4o. La récompense des augmentations & bâtimens faits sur les propres du predecedé. 5o. Le préciput & les autres avantages, comme douaire & donations. 6o. Le privilege des Nobles sur les meubles de la communauté. 7o. Tout ce qui est échu à la femme par succession, donation ou autrement, quand il y a faculté de reprendre

stipulée au Contrat de Mariage.
Enfin, on demande si la veuve
pourra reprendre encore ou prétendre récompense des taxes qui auront été payées au Roy pendant la
communauté pour les Offices appartenans au mary ; l'on répond que
non, & ce n'est pas l'usage, quand
bien même il n'y auroit à la finance payée aucuns droits attachez ;
car si l'Officier avoit des augmentations de gages, il y auroit moins
de raison à la femme de demander récompense, attendu que ces
gages sont conquêts de la communauté dont elle prend la moitié,
si elle accepte la communauté.

CHAPITRE X.

*Des personnes qui convolent en
secondes ou troisiémes nòces.*

NOus avons montré dans le premier chapitre de ce Traité, l'excellence du Mariage en général, soit
qu'on l'envisage comme un Sacrement institué de Dieu pour être le
simbole de cette grande union qu'il
a faite de luy avec son Eglise, soit
qu'on le considere dans la societé civile, comme la source feconde d'où
dérivent la force des Etats, la grandeur & la gloire de leurs établissemens.

C'est ce qui fait que toutes les nations du monde, depuis son origine,
les Hebreux, les Grecs, les Romains
& les peuples d'aujourd'huy, l'ont
toûjours eu en veneration si singuliere, qu'ils l'ont favorisé de divers
avantages, pour animer un chacun
à prendre par des voyes legitimes un
engagement si loüable & si utile au
public.

Entre les preuves remarquables en France, de l'attention qu'ont eu les Princes de favoriser les Mariages, nous avons l'Edit du mois de Novembre 1666. vulgairement appellé l'Edit des Mariages, qui ordonne que les mineurs qui se marieront avant ou dans la vingtiéme année de leur âge, seront exemts de taille jusqu'à 25. ans accomplis : qu'à l'égard de ceux qui se marieront dans leur vingt-uniéme année, ne seront exemts de la contribution aux tailles que jusqu'à 24 ans : qu'au contraire ceux qui ne seront mariez dans leur vingt uniéme année, seront imposez aux tailles & autres impositions publiques, à proportion de leurs biens, arts & métiers, commerce & industrie.

C'est ainsi que l'autorité & la bienveillance du Prince, secondant l'intention des Loix, tant saintes que prophanes, travaillent à relever la dignité de ce Sacrement, par des prérogatives qui en rendent le merite plus recommandable ; & cela nous montre de quel œil de complaisance l'Etat envisage les premiers Mariages ordinairement remplis de benedictions,

benedictions , quand les intentions
des mariez se trouvent conformes
aux motifs de la religion & à l'interêt general.

Mais comme les actions les meilleures par elles-mêmes tournent en
abus & deviennent mauvaises par le
déréglement qui s'y introduit à mesure que l'on s'écarte des préceptes
& de l'esprit qui les doivent diriger,
le Mariage ainsi permis & tant favorisé , devient souvent une occasion de désordre & de malediction
en ceux qui perdant les sentimens
d'humanité , & oubliant les devoirs
que la nature leur enseigne, ne recherchent que ce qui leur fait plaisir.

C'est ce qui se rencontre dans les
hommes veufs & les femmes veuves , qui non contens de passer à de
secondes nôces , par une impulsion
de volupté , & nonobstant la retenuë que doit leur inspirer l'affection
& la consideration des enfans qu'ils
ont d'un premier Mariage , font encore en faveur de leurs seconds marys ou secondes femmes , des liberalités aux dépens & à la ruine de leurs
enfans. Ce sont les engagemens de

B b

cette qualité que les Loix civiles déf-
aprouvent , & quoi-qu'elles ne les
condamnent pas abſolument , tant à
cauſe des avantages que le public en
reçoit , que parce qu'ils ſont permis
par les Loix du Chriſtianiſme , dans
la ſeule vûë de l'interêt du ſalut des
ames , les unes & les autres ne laiſ-
ſent pas néantmoins de faire entendre que les hommes ou femmes veuves feroient plus ſagement de s'en
abſtenir , *viduitas eſt genus pudicitiæ,*
ut iteratio nuptiarum ſpecies quædam
legitima incontinentia , dit Quintilien
Déclamation 306.

Il y a un beau témoignage au livre
de Judith chap. 15. de la benediction
que reçut cette vertueuſe femme ,
veuve de Manaſſés , en récompenſe
de ſa vie retirée , & de la continence qu'elle fit éclater , en reſiſtant
aux ſollicitations d'Olopherne, grand
& puiſſant Capitaine , qui avoit con-
çû pour elle des ſentimens d'un vif
amour , qui ne la purent toucher.
Joachin ſummus Pontifex , dixit Ju-
dith poſtquam de victoria ſuper Olo-
phernum cujus caput abſciſcerat , tu
gloria Jeruſalem , tu lætitia Iſraël,
tu honorificentia populi noſtri, quia fe-

cisti veriliter & confortatum est cor tuum; eo quòd castitatem amaveris & post virum tuum alterum nescieris, ideo & manus Domini confortavit te, & ideo eris benedicta in æternum. Bel exemple qui devroit donner à toutes les femmes veuves l'amour de la continence, & leur faire rejetter un nouvel engagement, comme une action désagréable à Dieu, & pernicieuse à leurs familles.

Aussi met-on en France une grande difference entre les premieres & les secondes nôces : la faveur des unes est si grande que tout ce qui tend à en empêcher la liberté, n'est d'aucune consideration, & doit être rejetté comme contraire aux bonnes mœurs, & comme un empêchement qui combat l'interêt public, pour lequel les Mariages sont si necessaires ; par exemple la condition de ne se pas marier mise à une donation, à un legs, ou à une institution d'heritier, non seulement seroit nulle, mais la disposition ne laisseroit pas que de valoir purement & simplement, ce qui est conforme à la disposition du droit, *quòd in fraudem legis ad impediendas nuptias*

adscriptum est nullam vim habet, ve-
luti Titio patri centum, si filia quam
habet in potestate non nupserit, heres
esto : vel filio familias si pater ejus
uxorem non duxerit heres dato.

Au contraire, quand cette condition est mise à l'effet d'empêcher les
secondes nôces, pour obliger à garder l'honneur de la viduité, elle est
tellement licite, que le défaut de son
accomplissement rend caduque la
disposition à laquelle elle est atta-
chée.

Ainsi, nous voyons que si d'un
côté le Prince promet des prérogatives aux premiers Mariages faits en
minorité, comme il a été dit, nôtre
Jurisprudence approuve d'un autre
côté que l'on propose aussi des re-
compenses à ceux qui s'attacheront
à la gloire de la viduité ; ce qui fait
connoître que les premieres nôces
sont considerablement plus favori-
sées que les secondes, qui ne sont
pas à la verité absolument interdi-
tes, mais sur lesquelles le droit civil de France est en garde, s'atta-
chant à prendre toutes sortes de précautions, pour rendre le commerce
des secondes nôces moins frequent,

ou du moins pour tenir en bride les femmes veuves, qui par un motif de volupté, courent aprés des seconds marys, qu'elles acheteroient volontiers de tous leurs biens, à la ruine de leurs enfans, si elles en avoient la liberté.

Les Romains avoient la Loy *Femina 3. cod. de secund. nupt.* & la Loy *hac edictali 6.* au même titre, dont ils se servoient comme de barrieres, établies par l'autorité des Empereurs Gratien & Leon, pour arrêter parmy eux les excés de ces femmes inconsiderées.

La premiere punissoit les femmes ayant des enfans d'un premier Mariage, qui se remarioient même aprés le tems du deüil accompli, en les privant non-seulement de tous les avantages qu'elles avoient reçûs de leurs premiers maris, qu'elles étoient obligées de rendre à leurs enfans ; mais encore en les excluant des successions de leurs propres enfans, qui étoient en ce cas déferées aux autres enfans survivans, l'usufruit seulement reservé à la mere, sa vie durant.

La seconde prohiboit expressément

à la femme de donner à son second mary plus qu'à l'un de ses enfans, dans les biens de sa succession.

En France, cette Loy *hæc ediĉtali*, fut trouvée si sage & si necessaire pour arrêter les fâcheuses suites de ces conventions inofficieuses & imprudentes des peres & meres convolant en secondes nôces, que sous le regne de François II. Monsieur le Chancelier de l'Hôpital persuada au Prince, à l'occasion du Mariage de la Dame d'Alegre, qui fit des avantages excessifs à Monsieur George de Clermont son second mary, au préjudice de ses enfans, de faire un Edit conforme à la Loy Romaine, qui pût lier les mains aux personnes qui passent à de seconds Mariages, en mettant des bornes à leurs liberalitez dans la disposition de leurs biens.

Cet Edit qui passe parmi nous sous le titre de l'Edit des secondes nôces, & qui est de l'année 1560. sert de Loy generale dans le Royaume. Il contient deux chefs.

Le premier restraint à une part d'enfant moins prenant, les avantages que les femmes ayant enfans d'un premier Mariage font à leurs seconds maris.

Le second interdit à la veuve qui se remarie, la difposition des avantages & gains nuptiaux, qu'elle a reçûs de la liberalité de fon premier mari, pour être confervez en entier aux enfans du premier lit.

La Coûtume de Paris art. 279. paffe plus avant en ce qu'elle deffend à la femme veuve convolant en fecondes nôces, de difpofer en faveur d'un fecond mary, de la moitié à elle afferente dans les conquefts faits avec fes precedens maris, au préjudice des enfans du premier lit, aufquels elle eft tenuë de les conferver.

L'Ordonnance d'Henry III. faite aux Etats de Blois en l'an 1579. art. 182. ajoûte à la feverité de l'Edit ; elle déclare nuls tous dons & avantages faits à des feconds maris, par femmes veuves ayant des enfans, lors qu'elles fe méfallient, en époufant des valets & autres perfonnes indignes de leurs conditions, & leur interdit la difpofition de leurs biens qui font confervez à leurs enfans, nonobftant toutes alienations pofterieures, qui font en ce cas annulées & fans effet.　　B b iiij

Il y a quelques Coûtumes en France reformées depuis cette Ordonnance, qui poussent encore plus loin la rigueur des peines contre les femmes veuves, lesquelles emportées par l'aveuglement d'un fol amour, s'allient à personnes indignes ; la Coûtume de Bretagne est de ce nombre, voici comme elle s'explique en l'article 454.

Femme veuve qui se remarie avec son domestique ordinaire perd son doüaire, & en cas qu'elle auroit enfans d'autres mariages, & se marieroit follement à personne indigne de sa qualité, seront tous dons & avantages par elle faits à telles personnes nuls & de nul effet & valeur, & demeurera ladite femme dès-lors de la contravention de tel mariage interdite de tous ses biens.

Il s'est fait nombre de questions en interprétation de cet Edit des secondes nôces, qui toutes ont été resoluës par les Arrests. En voici les principales décisions.

Que l'Edit déroge aux Coûtumes contraires, en ce qu'elles permettent de plus amples dispositions, encore que ces Coûtumes soient redigées & reformées depuis l'Edit, M. Louet lett. N. som. 3.

Que l'Edit n'a pas un effet retro-actif, & ne s'entend pas des donations faites avant qu'il ait été publié, M. Louet *eod. loco.*

Qu'il comprend tant les hommes que les femmes veuves convolans en secondes nôces. Arreft du 10. Juillet 1656. rapporté par Dufrefne à la fin du Journal des Audiances de l'année 1665. aprés coup & hors la fuite des tems. *Contra binubos pœna communes & viri funt & mulieris.* Nov. 2. cap. 2. & nov. 22. cap. 23.

‡ Que la donation faite par la femme à fon fecond mary, ou par le mary à fa feconde femme, fe reduit au nombre & à la portion de chaque enfant vivant, lors du deceds du donateur, & non pas au nombre d'enfans qui fe trouve lors du Contrat de donation ; en forte que s'il y a deux enfans qui fuccedent également lors du deceds du pere remarié, la donation faite à la belle-mere fera du tiers. Chenu queftion 55. M. Louet lett. N. fom. 2. pag. 634. & fuivantes.

Que l'Edit comprend les donations mutuelles & fimples, celles faites par Contrat de Mariage du depuis par teſtament ou autrement, tant en proprieté qu'en uſufruit.

Que les conventions d'ameubliſ-ſement faites par Contrat de Maria-ge d'une partie des immeubles de la femme veuve qui ſe remarie, pour les faire entrer en communauté, doi-vent ſouffrir le retranchement de l'Edit, comme une voye pratiquée par la femme, pour avantager indi-rectement ſon ſecond mary, contre la prohibition de l'Edit. Ricart Trai-té des Donations part. 3. ch. 9. gloſ. 2. n. 1200.

Que le même retranchement a lieu, lors que la communauté d'un ſecond Mariage eſt de biens diſpro-portionnez ; comme ſi une veuve ri-che en effets mobiliers, épouſoit un ſecond mary indigent, ou inégal en biens, *ſans ſtipuler que les deniers & effets qui luy appartiennent, au par-deſſus de ce que ſon mary apporte en la communauté, demeureront propres à elle & à ſes enfans.* Arreſts qui l'oſt ainſi jugé des 27. Aouſt 1649. & 19. Fevrier 1653.

Que les gains de ſervice ou con-ſtitutions dotales, qui ſe font en païs de droit écrit, au profit du mary, &

les donations à cause de nôces, autrement dites augment de dot dû de droit & sans convention aux femmes sur les biens de leurs marys, par l'usage du même païs, sont pareillement sujets à la Loy du retranchement. M. Claude Henrys en son recüeil d'Arrests tom. 1. liv. 4. ch. 105.

Qu'il en est de même du doüaire préfix, en ce qu'il excede le coûtumier.

Qu'une donation faite par une mere, ayant des enfans de deux lits, à un enfant du dernier, n'est point contre l'Ordonnance, parce qu'elle défend bien de donner aux enfans l'un de l'autre d'un premier Mariage, mais non pas aux enfans communs. M. Cujas sur la Loy *hac edictali.*

Que les femmes ayant des enfans de leur premier Mariage, ne peuvent rien donner à leurs seconds ny autres marys, des biens qu'elles ont eu de la liberalité de leurs premiers marys, lesquels biens elles doivent conserver aux enfans du premier lit. Bacquet des droits de justice, chap. 21. n. 341. Chenu question 65.

Que l'Edit n'empêche pas la fem-

me qui se remarie de pouvoir disposer en faveur de son second mary,
(aux restrictions d'un enfant moins
prenant,) de sa part des meubles &
conquests immeubles faits pendant
la premiere communauté, parce
qu'ils ne viennent pas de la liberalité du premier mary, *nec ex lucro*
nuptiarum, sed ex beneficio legis vel
consuetudinis. M. Louet lett. A. n. 1.
Ricart des donations part. 3. chap. 9.
Glos. 5. nomb. 1330. & suivans, où
il traite amplement la question, faisant connoître que la disposition
contraire de l'art. 279. de la Coûtume de Paris, étant contre l'esprit de
l'Ordonnance, doit être renfermée
dans son territoire, sans pouvoir être
étenduë aux autres Coûtumes, qui
n'ont pas de semblable disposition.
C'est en effet ce qui a été jugé en la
Coûtume de Clermont en Beauvaisis
par Arrest rendu le 2. Avril 1683. en
la quatriéme Chambre des Enquêtes, au rapport de M. Merault, entre Guillaume Berenger Ecuyer sieur
de Valdavid, Garde du Corps de
Monsieur Frere unique du Roy, donataire par Contrat de Mariage de
défunte Anne Peaucelier sa femme,

auparavant venve de M. Jacques Labé, contre M. Aloph Labé Procureur du Roy en la Maîtrise des Eaux & Forests du Comté de Clermont; & M. Louis Bosquillon Procureur du Roy de l'Election de la même Ville, & Anne Labé sa femme; lesdits Labé enfans & heritiers de ladite Anne Peaucelier. Cet Arrest ordonne que tous les biens d'Anne Peaucelier, y compris les conquêts de sa premiere communauté, seront partagez entre lesdits Berenger & Labé par tiers; il est raporté dans le Journal du Palais tom. 9.

Que le pere qui se remarie & qui succede à ses enfans du premier lit, n'est pas obligé par l'Ordonnance, de reserver ces successions à ses autres enfans du premier lit seulement. M. Cujas sur la Loy *Femine.* M. Louet lett. N. n. 3. & lett. A. n. 1. parce que l'Ordonnance n'étend pas sa prohibition aux biens de successions, ne parlant que des donations, liberalités & avantages reçûs du prédecedé qui doivent être reservez aux enfans qui en sont issûs.

Que la veuve avant son remariage, ne peut vendre son bien, & aussi tôt aprés convoler en secondes nôces, pour de son argent avantager son second mary, parce que c'est faire fraude à l'Ordonnance & en éluder l'éxécution. L'on presume que le prix de l'alienation a été donné au mary, & cela passe pour un avantage reductible, s'il excede les termes de l'Edit. Bouchel sur l'art. 134. de la Coûtume de Valois.

Que les fiefs appartenans à l'aîné du premier lit en tout ou partie, selon les Coûtumes, entrent dans le partage qui est à faire entre le second mary & les enfans du premier lit, & qu'il ne s'en fait pas de distraction au profit de l'aîné des enfans, pour reduire la part du mary, qui est celle d'un enfant moins prenant.

Que si l'enfant qui prend le moins dans la succession n'a pas sa legitime entiere, il en peut demander le suplément, sans que le second mary s'en puisse prévaloir, ny prétendre que son avantage luy soit aussi fourni & augmenté jusqu'à concurrence de cette legitime.

Qu'il n'est pas permis aux peres ou meres qui passent en secondes nôces de disposer en faveur de leurs enfans du premier lit, inégalement des biens qu'ils font obligez de leur conferver, ny d'en avantager l'un plus que l'autre.

Pour fçavoir quels biens font fujets au retranchement de l'Edit, voyez le même Ricart Traité des donations partie 3. chap. 9. qui les explique amplement, auffi bien que Brodeau fur M. Louet lettre N. nomb. 3. & 8. & vous y trouverez que les Arrefts qu'ils citent y ont affujetti le don mutuel, les ameublifemens faits par les femmes, des immeubles qu'elles veulent faire entrer en communauté, pour enrichir leurs nouveaux marys ; la ftipulation d'une communauté de tous biens, le préciput, le doüairepréfix, reverfible ou non, en ce qu'il excede le coûtumier, la donation à caufe de nôces, autrement dite en païs de droit écrit, l'éxigement de dot, & generalement toutes les conventions qui fe trouvent par l'evenement utiles aux feconds marys, & préjudiciables aux enfans des precedens lits ; les actes par lefquels les hommes ou femmes veuves convolant en fecondes nôces, fe relâchent en faveur des

ſubſequens Mariages de certains
droits , que la conſideration de leurs
enfans les obligeoit de conſerver ;
qu'en un mot ce qui porte le caractere & les conſequences d'une liberalité ruineuſe à l'intereſt des enfans
des précédens Mariages , & ce qui
degenere en avantage direct ou indirect ; tout cela doit être ſoumis à la
rigueur de l'Edit.

Mais quoi-que les avantages qui
ſe font par les perſonnes veuves
ayant des enfans , à leurs ſeconds
marys ou ſecondes femmes , ſoient
reductibles aux termes de l'Edit ,
cette raiſon ne doit pas empêcher
celui qui fait l'avantage de le rendre
auſſi ample qu'il le déſire , parce
qu'il peut arriver que les enfans vivans lors du ſecond mariage , décé-
deront avant leurs pere & mere ; &
en ce cas la donation reſteroit en ſon
entiere au profit du ſecond mary ou
ſeconde femme ; car le pis aller ſera
de ſouffrir le retranchement , eu
égard au nombre d'enfans du premier lit , qui ſurvivront leur pere ou
mere.

Aprés cette explication ſommaire de la qualité des ſecondes nôces ,

&

& des moyens que les Loix & les Ordonnances prescrivent pour empêcher autant qu'il est possible les troubles domestiques qu'elles excitent, il sera plus aisé de faire entendre de quelles précautions on doit aussi se servir entre des personnes qui les contractent, pour éviter les procez & les divisions qui naissent dans les familles à leur occasion.

Chacun conçoit que les hommes veufs ou femmes veuves qui se remarient sans avoir d'enfans de leurs premiers Mariages, au jour qu'ils en contractent un second, ne sont pas differents de ceux qui n'ont jamais été mariez, quant à l'état de leurs biens & à la maniere d'établir leurs conventions.

Nous ne parlons donc que de ceux qui convolent en secondes nôces, ayant des enfans d'un premier lit; & c'est en ce cas que celuy qui épouse homme veuf ou femme veuve, ayant des enfans, doit considerer deux choses.

La premiere, qu'il est important à ses interêts, que la communauté ne continuë pas avec les enfans du premier lit, comme il arrive quand il n'y a pas d'inventaire dûëment fait avec un curateur legitime , contradicteur & folemnifé en juftice par la clôture , parce que le défaut d'inventaire emportant continuation de communauté entre le furvivant & fes enfans , fait que dans cette communauté continuée , tombent tous les meubles appartenans au furvivant & à fes enfans , même ceux qui leur viennent d'ailleurs pendant cette continuation ; enfemble les fruits de tous leurs immeubles , avec les arrerages du doüaire coûtumier ou préfix de la mere ; que tous les enfans font nourris & entretenus aux dépens de la communauté continuée , fans qu'on puiffe rien leur demander , encore bien que l'un ait plus dépenfé que l'autre ; qu'au lieu que l'un des enfans mourant fans hoirs , le pere ou la mere furvivant en feroit heritier mobilier , il perd au contraire cette fucceffion , dont tous les effets mobiliers entrent dans cette continuation de communauté, introduite par l'art. 240. de la Coûtume de Paris , étenduë aux autres Coûtumes qui n'en parlent pas , en haine du furvivant , & de la mauvaise foy, par laquelle l'on présume qu'il n'a pas fait faire d'inventaire pour cacher les forces de la communauté & en abuser. Bacquet des dr. de Justice chap. 15. n. 21. & suivans.

Il est donc de conséquence aux personnes qui épousent hommes ou femmes veuves ayant des enfans, de les obliger avant de se marier à faire inventaire pour dissoudre cette continuation de communauté, & d'inserer aux articles de Mariage la clause suivante.

Que la future épouse à déclaré ses *biens consister en telles choses..... &* *dans les conventions & reprises portées* *au Contrat de Mariage d'entre elle &* *ledit défunt son mary : & en la moitié* *des meubles & conquests, immeubles* *qui luy appartiennent par droit de la* *premiere communauté, desquels elle* *promet de faire faire inventaire &* *clove en justice, avant la celebration* *du futur Mariage, pour dissoudre la-* *dite communauté premiere.*

Clause portant qu'inventaire sera fait avant le Mariage, pour dissoudre la premiere communauté.

Ou bien quand la veuve a fait faire inventaire incontinent aprés le deceds de son premier mary, & qu'il ne s'agit que de connoître l'augmentation ou la diminution survenuë à l'état de ses effets mobiliers ; on a coutume de mettre , *Que la future épouse ayant déclaré avoir fait faire inventaire , &c. il a été convenu seulement entre les parties , que le recolement sera fait par les Notaires soussignez du contenu audit inventaire , & des meubles changez , diminuez ou augmentez d'état ou de valeur, en la presence du futur époux , avant la celebration dudit futur Mariage.*

Clause pour recoler les effets déja inventoriez.

La seconde chose que doit considerer la personne qui épouse homme veuf ou femme veuve ayant des enfans , c'est la tutelle des enfans du premier lit : car si ces enfans sont mineurs & en âge d'être émancipez, il faut avant de passer outre au Mariage , obliger le pere ou la mere à rendre compte , afin de connoître par ce moyen en quoy consistent les biens de celuy qui se remarie , s'il n'a pas dissipé ceux des mineurs, qui est un piege où plusieurs qui recherchent les personnes veuves sont attrapez. Ils s'imaginent trouver beaucoup de biens, qui souvent ne suffisent pas pour satisfaire aux sommes

dont le furvivant fe trouve reliqua-
taire par l'évenement d'un compte.
Rien n'eft plus dangereux que de fe
laiffer prendre par le faux éclat de
quelques commoditez aparentes que
poffede une femme veuve chargée
d'enfans, laquelle ne manque pas
fur tout quand elle a des vûës de remariage, de fe donner dans le monde un exterieur d'opulence, tandis
que tout ce dont elle fait parade
apartient à fes enfans mineurs. C'eft
pourquoy il fera ftipulé dans le Contrat, *qu'avant de paffer outre au Ma-*
riage p opofé, la future époufe fera te-
nuë de faire émanciper fes enfans mi-
neurs, [en cas qu'ils foient en âge
de l'être,] *pour pouvoir leur être ren-*
du compte de la geftion tutelaire qu'elle
a euë des biens de leur défunt pere, ce
qu'elle a promis de faire en dedans,
&c.

Claufe portant qu'avant le Mariage les enfans mineurs feront é-mancipez, pour leur être rendu compte de leurs biens.

D'ailleurs quand il arrive qu'une
veuve qui fe remarie conferve affez
de charité & d'affection envers fes
enfans du premier lit, pour ne vouloir pas negliger leur éducation, &
faire enforte de les nourrir & entretenir pendant leur minorité, fans
alterer le fond de leurs biens, en cas

que les revenus n'y puissent suffire, elle ne doit pas manquer de faire entrer au Contrat cette clause ; *il a été arrêté & convenu entre les parties que les enfans de ladite future épouse & de son défunt mary, seront élevez, nourris, entretenus & instruits en la Religion Catholique, Apostolique & Romaine, par les soins de ladite future épouse leur mere, & aux dépens de la communauté stipulée entre lesdits futurs conjoints, jusqu'à l'âge de..... si tant ladite communauté dure ; pour seulement le revenu de leurs biens, & sans diminution du fond d'iceux, ce qui a été agréé par ledit sieur futur époux, pour d'autant plus faire connoître à ladite future épouse son affection, &c.*

Stipulation que les enfans mineurs du premier Mariage seront nourris & élevez aux dépens de la communauté.

Quelque-fois encore l'on fait mention quand les enfans sont mineurs, *qu'en considération du futur Mariage, le futur époux prend & accepte la tutelle desdits enfans, pour régir, gouverner & administrer leurs corps & biens, conjointement avec la future épouse leur mere, & pour continuër même ladite tutelle par ledit futur, en cas de prédecés de ladite future épouse.*

Clause par laquelle le second mary accepte la tutelle des enfans du premier Mariage de sa femme.

De là l'on prend souvent occasion quand la veuve veut avantager son ſecond mary de quelque profit borné, ſans l'étendre à la part qu'il luy eſt permis de donner par l'Edit des ſecondes nôces, d'ajoûter :

Et en conſideration des peines & ſoins que ledit futur pourra prendre dans ladite tutelle, & de l'eſperance qu'elle a qu'il voudra bien aſſiſter leſdits enfans de ſes bons avis aprés la tutelle finie dans toutes leurs affaires, & les proteger en leurs perſonnes & biens, comme feroit leur veritable pere, elle fait donation audit Sieur futur en cas qu'il la ſurvive, & non autrement, de la ſomme de... à prendre ſur les plus clairs de ſes biens, pour en joüir ſa vie durant ſeulement, & aprés luy le fond appartenir à ſeſdits enfans en toute proprieté, auquel effet conſent l'inſinuation, &c.

Mais pour rendre l'avantage parfait & dans toute l'étenduë que permet l'Edit des ſecondes nôces, la donation doit être conçuë en ces termes. *En faveur duquel Mariage, & pour la bonne amitié que ladite future épouſe porte à ſondit futur époux, elle luy a fait & fait par ces preſentes donation pure & ſimple entre-vifs & irrevocable, ce acceptant*

Donation au ſecond mary ſous le titre de récompenſe des ſoins qu'il promet prendre ſans la tutelle des enfans de ſa femme.

Autre donation au ſecond mary ſelon qu'il eſt permis par l'Edit des ſecondes nôces.

pour luy, ſes hoirs & ayans cauſe, de telle part & portion de tous ſes biens meubles, acquêts immeubles, & propres preſens & à venir; que l'un de ſes enfans moins prenant aura & prendra en ſa ſucceſſion aprés ſon deceds, ainſi qu'il eſt permis par l'Edit des ſecondes nôces, pour en joüir par luy, ſes hoirs & ayans cauſe en tout droit de proprieté, & en diſpo-ſer comme de choſe à luy apparte-nante au moyen de la preſente dona-tion, qui ſera inſinuée, contenant icel-le & donnant pouvoir, &c.

Il eſt à remarquer ſur cette clau-ſe que l'on n'y fait pas mention des conquêts de la premiere com-munauté, mais ſeulement des meu-bles, acquêts & propres de la fem-me; la raiſon, c'eſt que nous ſup-poſons que le Traité de Mariage eſt fait conformement à la Coûtu-me de Paris, par laquelle art. 279. la veuve ne peut diſpoſer des con-quêts de ſa premiere communauté, qu'elle eſt obligée de conſerver à ſes enfans du premier lit. Mais dans les autres Coûtumes qui ne contien-nent pas de ſemblables diſpoſitions, la veuve eſt maîtreſſe de diſpoſer
de

de ces conquefts , comme de fes autres biens , en faveur d'un fecond
mary , aux limitations de l'Edit , fuivant le raifonnement de Ricart , *loco*
fuprà citato, de Chopin en fon Commentaire fur la Coûtume de Paris
liv. 2. tit. 3. n. 7. & conformement à
la décifion de l'Arreft du 2. Avril
1683. cy-devant rapporté , rendu en
la Coûtume de Clermont en Beauvaifis.

Et parce que fouvent les veuves
qui font de pareilles donations , ne
les reduifent à la part d'un enfant
moins prenant en leurs fucceffions ,
qu'à caufe que l'Edit des fecondes
nôces les met dans l'interdiction de
ne pouvoir donner davantage au
préjudice des enfans , elles peuvent
auffi fuivant le confeil cy - devant
donné , & dans l'attente d'un évenement où la rigueur de l'Edit devient inutile , ajoûter, *que le cas ar-*
rivant qu'au tems du deceds de ladite
future époufe , il n'y ait aucuns enfans
vivans , foit de fon premier dit , foit
dudit futur mariage , icelle future é-
poufe donne en la maniere que deffus
audit futur époux , s'il furvit , telle
partie de tous fes biens en proprieté ,

Suites

Dd

de quelque nature qu'ils soient, & en quelques lieux qu'ils soient scituez, sans aucune chose excepter, reserver ny retenir, pour desdits biens en joüir, faire & disposer, &c. consentant l'insinuation, &c. de même que dessus.

Je trouve dans M. Cujas en son Commentaire sur le livre des Fiefs liv. 4. tit. 32. la remarque singuliere d'une paction qui se peut faire par Contrat de Mariage, *que les mâles ne succederont pas aux biens fieodaux du pere.* C'est dans l'espece d'un pere noble qui a des enfans d'un premier Mariage, issûs d'une femme de pareille condition, lequel convolant en secondes nôces avec une femme de basse extraction, qu'il n'épouse qu'ensuite d'un long commerce, pour finir son désordre & pour mettre sa conscience en repos, peut en

ce cas stipuler, *que les enfans qui naî-tront dudit second Mariage, ne pren-dront part aux fiefs de leur pere au pre-judice des enfans du premier lit, & se contenteront des choses qu'il leur pourra assigner,* (soit par le même Contrat ou autrement,) *si ce n'est que les en-fans du premier Mariage vinssent à de-ceder sans hoirs.* Cet Auteur rend cette raiſon pourquoy telle convention peut être valable, *quia feuda reguntur moribus noſtris quibus poſſunt abrogare omninò pactiones privatorum.*

Il reſte à expliquer commeht ſe regle le partage des biens des communautez continuées ou non, entre les enfans d'un premier lit, le beaupere & les enfans qui ſont du ſecond lit, ſuivant l'Edit des ſecondes nôces & les articles 242. & 279. de la Coûtume de Paris.

Pour cet effet il faut diſtinguer trois cas differens en cette matiere.

1°. Quand le beaupere eſt donataire ou qu'il ne l'eſt pas, & que la communauté eſt diſcontinuée au moyen de l'inventaire.

2°. Quand la communauté eſt continuée faute d'inventaire.

3°. Quand l'homme & la femme qui ſe remarient ſont tous deux veufs, & qu'ils ont chacun de leur côté des enfans d'un premier lit, ou quand il n'y a des enfans que d'un côté.

Au premier cas, quand le ſecond mary n'eſt pas donataire, & que la femme a des enfans d'un premier lit, ayant fait inventaire aprés le decés de ſon premier mary, elle apporte en

la feconde communauté la moitié
des meubles & conquêts immeubles
de la premiere communauté, l'autre
moitié appartient aux enfans du premier lit, comme heritiers de leur
pere prédecedé ; & fi la femme lors
de fon decés laiffe des enfans de fon
fecond mariage, tous les biens de
cette communauté fe partagent par
moitié entre le fecond mary fui vivant & les enfans, tant du premier
que du fecond lit, comme enfans &
heritiers d'une même mere.

A l'égard des conquêts de la premiere communauté, le fecond mary
n'y prend aucune part, mais feulement dans ceux de la feconde communauté, les conquêts de la premiere fe partagent feulement entre les
enfans du premier & du fecond lit,
concurremment & par compenfa-
tion de ceux de la feconde, qui entrent dans le même partage qui eft à
faire avec les enfans du premier Mariage, & dans laquelle feconde communauté il n'entre rien de ce qui
appartient à la mere, procedant de
la liberalité de fon precedent mary,
qui doit être confervé aux enfans du
premier lit, fuivant l'Edit des fecon-

des nôces , auquel font conformes
les Coûtumes d'Orleans article 293.
Laon article 29. Châlons article 35.
& plusieurs autres. Voyez M. le
Prêtre centurie seconde en l'annotation de la 76. de ses questions.

Quand le beaupere est donataire
par Contrat de Mariage , outre la
moitié qui lûy apartient dans les
biens de la communauté cy-dessus
specifiez à l'encontre des enfans, tant
du premier que du second lit de sa
défunte femme , ausquels appartient
l'autre moitié , il prendra encore
dans cette moitié afferante aux enfans, sa part comme un enfant moins
prenant, en vertu de la donation à
luy faite. Il fera le même dans les acquêts & propres de la mere.

Quant aux conquêts de la premiere communauté , il faut distinguer ,
si c'est dans la Coûtume de Paris , il
n'y pourra rien prendre , à cause de
la disposition prohibitive de l'article
279. qui veut que les conquêts soient
conservez aux enfans du premier lit ;
mais si c'est dans d'autres Coûtumes
qui n'en parlent pas, la Coûtume de
Paris en cela n'est pas suivie, elle n'est
pas étenduë aux autres, c'est un point

décidé par Arreſt, comme il a été déjà remarqué ; ainſi le beaupere prendra ſa part dans ces conquêts, comme un des enfans moins avantagé, à
la part duquel ſa donation eſt limitée
par l'Edit des ſecondes nôces, moyennant quoi il ſera tenu de contribuër
aux dettes de ſa défunte femme, à
proportion de ce qu'il amande de ſes
biens comme un autre heritier.

Il faut obſerver que dans la Coûtume de Paris cette moitié des conquêts de la premiere communauté
appartient tellement aux enfans du
premier lit, du chef de leur mere,
& leur doit être conſervée comme
une reſtitution neceſſaire & un fi-
deicommis legal ordonné à leur profit, que la mere n'en peut rien vendre ny engager pendant les ſubſequens Mariages ; enſorte que ſi elle
les avoit vendus, les enfans du premier lit en renonçant à ſa ſucceſſion
pour n'être pas tenus de ſes faits &
promeſſes, ſeront reçûs à reclamer
contre la vente, & ſe feront adjuger
la moitié des conquêts en proprieté,
ſans aucune charge.

Il n'en eſt pas de même de l'homme veuf qui ſe remarie ; car quoi-

qu'il foit en tout comparé à la femme veuve, & obligé comme elle de conferver la moitié des conquêts de fa premiere communauté à fes enfans du premier lit, & qu'il n'en puiffe faire part à fa feconde femme dans la Coûtume de Paris, à caufe de l'art. 279. néantmoins il en peut difpofer autrement, parce qu'il eft le maître de la communauté & des conquêts acquis par fon travail & induftrie.

Ainfi la veuve qui fe remarie ayant des enfans, perd la proprieté abfoluë de la moitié des conquêts, puifqu'elle n'a pas la même liberté d'en difpofer, que lors qu'elle demeure en viduité. Mais ayant des enfans des premier & fecond lit, ceux du premier ne peuvent revendiquer que leurs parts & portions de ces conquêts alienez par leur mere, eu égard au nombre des enfans des deux Mariages.

Il s'enfuit de ce que deffus que la haine des fecondes nôces eft grande en ce point, vû que la veuve de Dame & maîtreffe qu'elle eft, des avantages qu'elle a eu de fon mary, fi elle fe remarie, elle devient fimple uſufruitiere de ces biens, qui ſont reputez paternels, au lieu que demeurant'en viduité, ils appartiennent aprés elle aux heritiers maternels, *quod notandum.*

Au ſecond cas, quand la communauté eſt continuée entre le ſurvivant & ſes enfans, faute d'inventaire, ſuivant la diſpoſition de l'article 240. de la Coûtume de Paris, il eſt à remarquer.

1°. Que c'eſt une queſtion douteuſe de ſçavoir ſi cette continuation de communauté introduite en faveur des enfans mineurs par cet article, a lieu au profit des enfans qui ſont majeurs, lors du deceds de l'un des conjoints, concurremment avec les mineurs. Bacquet des droits de Juſtice chap. 15. n. 15. tient pour la negative, parce que, dit-il, cette continuation *eſt facultas perſonalis*, introduite par une diſpoſition excluſive des majeurs, & par d'autres raiſons qu'il allegue, pour faire connoître qu'elle doit avoir lieu ſeulement entre les mineurs, & ceux qui deviennent majeurs pendant la continuation de communauté. C'eſt auſſi l'avis de M. Pierre le Maître, ſur la

Coûtume de Paris tit. 10. sect. 5.
pag. 263. mais Dupleſſis ſur la même
Coûtume Traité de la communauté
liv. 3. chap. 1. pag. 129. tient au contraire, que ſi lors du decés du prémourant, il y a des majeurs & des
mineurs, quand même il n'y auroit
qu'un ſeul mineur, la communauté
eſt continuée pour tous, & qu'il faut
que tous les enfans ſoient majeurs
au jour du decés, pour qu'il n'y ait
pas de continuation de communauté ; il refute l'opinion de Bacquet à
la marge de la page 119. & cite des
Auteurs pour & contre ; mais cette
incertitude demanderoit une déciſion
d'Arreſt, en attendant laquelle j'ay
un grand penchant de me tenir au
ſentiment de Bacquet que j'ay toûjours vû ſuivre. Renuſſon en ſon
Traité des Propres chap. 4. ſect. 2.
n. 7. traite de la même queſtion,
& laiſſe enfin le lecteur incertain,
diſant qu'il en faut attendre un Arrêt.

2°. Que les enfans devenus majeurs pendant la continuation de
communauté, ont le choix de s'en
tenir à cette continuation, ou de
demander au ſurvivant que les effets

de cette communauté foient partagez en l'état que le prédécedé les a
laiffez, fuivant l'eftimation ou la
commune renommée.

3°. Que la communauté n'eft continuée que jufqu'à la clôture de l'inventaire ; en forte qu'il eft libre en
tout tems au furvivant de faire inventaire pour la diffoudre.

4°. Que les conquêts de la premiere communauté n'entrent pas en
la feconde, la moitié defquels eft
propre naiffant aux enfans mineurs
heritiers du predecedé. Ricart fur
Paris art. 242. M. le Prêtre Centurie
2. chap. 80.

5°. Que fi l'un des enfans eft marié pendant la continuation de communauté, elle ne fera éteinte à fon
égard qu'à rata des biens & deniers
qui luy auront été donnez en Mariage, & fubfiftera pour le furplus jufqu'à concurrence de la part qu'il en
doit efperer, c'eft-à-dire, que lors
du partage de la communauté continuée, l'enfant marié & avantagé fera tenu de rapporter la moitié du don
à luy fait avec les interêts fa part
confufe ; & comme l'autre moitié eft
reputée donnée par le furvivant pere

ou mere, le rapport en fera fait à fa
fucceffion lors de fon ouverture :
mais s'il avoit eu en Mariage autant
que peut valoir fa part en la communauté, il en fera abfolument exclu,
& fur tout fi moyennant les chofes à
luy données, il a renoncé par fon
Contrat de Mariage à la portion
qu'il auroit pû pretendre par le partage. Ainfi lorfque les enfans majeurs ou mineurs font mariez pendant la continuation de communauté, & qu'on leur donne des biens de
cette communauté, le plus fûr eft de
les faire renoncer par le Contrat de
Mariage en cette forme.

Lequel futur époux, ou *laquelle fu-*
ture époufe, au moyen des chofes cy-
deffus à elle données par fondit pere
ou fadite mere, a de l'autorité de fon-
dit futur époux renoncé & renonce ex-
preffement, tant pour le paffé que pour
l'avenir, au droit & profit qu'elle pou-
voit ou pourroit à l'avenir pretendre, à
caufe de la communauté continuée aprés
le decés de fon défunt pere ou de fa dé-
funte mere, à l'execution de laquelle re-
nonciation lefdits futurs époux & épou-
fe, fous la même autorité, fe font foli-
dairement obligez, promettant ledit

Renoncia-
tion des
enfans du
premier lit
mariez
pendant la
continua-
tion de
commu-
nauté, à
l'efperance
d'icelle,
moyen-
nant ce qui
leur eft
donné en
faveur de
Mariage.

futur époux de faire ratifier ladite futu-
re épouse, lors qu'elle sera parvenüe en
majorité.

6°. Que s'il y avoit quelques majeurs lors du decés du prédecedé des
conjoints, comme la communauté,
(à ce que l'on pretend,) ne peut
être continuée à leur égard, on de-
duit leurs parts personnelles sur toute la masse de la communauté, eu
égard aux biens que le prémourant
à laissez, & s'ils ont été recompensez
en deniers de la communauté de leurs
droits successifs, ce sera un conquêt
qui entrera en communauté, comme
tous les autres meubles, fruits d'heritages respectifs, arrerages de doüaire, successions mobiliaires, & conquêts faits pendant la continuation
de communauté, qui doivent être
partagez par moitié, comme il a été
dit cy-devant, si le survivant ne se
remarie pas, ou qui le seront par
tiers ou par quart s'il se remarie,
comme nous le dirons cy-aprés.

Qu'enfin la part de l'un des enfans
du premier lit venant à deceder pendant la continuation de communauté, accroît aux autres enfans ses freres & sœurs, à l'exclusion du pere

ou de la mere survivante, quoyqu'-
heritier mobilier de leurs enfans.
Cecy est une autre peine que la
loy prononce contre le survivant,
quand il n'a pas fait d'inventaire
pour dissoudre la communauté avec
les enfans.

Au troisiéme cas, ce qui s'observe en consequence de l'art. 242. de
la Coûtume de Paris qui est étenduë aux autres Coûtumes qui n'ont
pas de dispositions contraires, c'est
que quand le survivant se remarie
sans faire inventaire de sa premiere communauté, avec une personne
qui n'a pas d'enfans, ou qui
ayant des enfans d'un premier lit,
a discontinué la communauté par
un inventaire, les enfans venant à
demander partage des biens de la
communauté continuée, la division
s'en fait par tiers. Un tiers est dé-
feré au pere ou à la mere du survivant, un tiers aux enfans du
premier lit, & un autre tiers au
second mary ou à la seconde femme, attendu qu'il y a societé de
trois côtez; mélange & confusion
de biens du chef du survivant, du
chef de ses enfans, & du chef de la

seconde femme. De ce partage l'on distrait les conquêts qui ont été faits pendant la viduité du survivant, qui se diviseront en deux, sçavoir moitié pour le survivant, & l'autre moitié pour les enfans du premier lit qui ne feront qu'une tête. Tronçon sur cet art. 242. *in verbo* tiers.

Et si chacun a des enfans de son precedent Mariage, & que l'un ny l'autre n'a fait inventaire pour dissoudre sa communauté, en ce cas la communauté se partage par quart; le survivant & ses enfans qui font chacun une tête, prendront aussi chacun un quart, le second mary ou la seconde femme & ses enfans faisant le même entre eux. Et pour lors à proprement parler, ce n'est plus qu'une communauté partageable en deux pour éviter le circuit de la division & la multiplication des parts dans ce seul cas où l'égalité de condition se trouve de part & d'autre. Ainsi cette communauté est nécessairement multipliée, eu égard au nombre d'enfans qui se trouvent de differents lits, à la charge de payer les dettes passives

de la communauté continuée par
tous les compartageans à proportion qu'ils en profitent.

Toutes ces maximes sont recüeil-
lies des divers Commentateurs de
la Coûtume de Paris sur l'article
préalegué, & sur tout Bacquet Traité des Droits de Justice chap. 15.
& de Duplessis sur la même Coûtume Traité des Communautez liv.
3. ausquels on peut avoir recours
pour en apprendre davantage, mon
intention n'ayant été que d'en
donner une idée generale par rapport aux circonstances les plus re-
latives aux conventions des Contrats de Mariage, pour faciliter aux
Lecteurs, ou pour mieux dire aux
personnes interessées à cet œuvre,
les moyens de prendre les précautions convenables aux familles dans
les conjonctures des secondes nôces qui n'arrivent jamais sans déreglement, & qui toûjours sont sui-
vies de disgraces domestiques qui
sont inévitables, mais qu'il faut
chercher à temperer & à combat-
tre par l'opposition de tout ce que
la prudence & l'autorité du Legisla-
teur a prescrit de plus fort pour en
reprimer les excés.

CHAPITRE XI.

Des avantages reciproques entre conjoints, & de l'augment de dot.

APrés avoir expliqué & rédigé toutes les conventions d'un Contrat de Mariage dans l'ordre enseigné par les précedens chapitres, en reglant d'abord la communauté, la dot & l'ameublissement, puis aprés le doüaire & le préciput, ensuite le remploy des propres des conjoints alienez pendant le Mariage, & les reprises de la femme en cas de renonciation par elle à la communauté; l'on finit ordinairement par la declaration des avantages que les futurs font dans l'intention de se faire. Ce n'est pas une partie indifferente du Contrat; c'est pourquoy il n'est pas moins necessaire d'en donner l'intelligence, que de toutes les autres matieres contenuës en ce Traité; puisque souvent c'est l'endroit qui

interesse

intereſſe davantage les parties contractantes dans la vûë de ſe procurer en cas de ſurvie ou autrement, le ſecours d'un bien étranger.

C'étoit la coûtume chez les peuples de l'antiquité que les marys
dotoient leurs femmes en les épou-
ſant. Il n'en faut pas d'autre preuve que ce que nous liſons dans
l'ancien Teſtament au livre 1. des
Roys chap. 18. ℣. 23. & 25. que
Saül voulant donner à David ſa
fille en Mariage, David s'en excu-
ſoit ſur ce qu'il étoit pauvre & hors
d'état de la doter, ſurquoy Saül
luy fit dire qu'il ne vouloit pas qu'il
apportât d'autre preſent à Michol
que cent prépuces des Philiſtins,
afin qu'il tirât par ce moyen van-
geance de ſes ennemis.

Cet uſage avoit pareillement lieu
entre les Grecs, comme il ſe voit
dans Plutarque en la vie de Solon.
Il étoit même parvenu à un tel excés, que ce ſage Legiſlateur voyant
que l'indignité de ce commerce in-
troduiſoit dans Athenes ouverte-
ment la venalité des Mariages &
troubloit la Republique, ſ une loy

E e

pour empêcher le progrés de ce def-
ordre, comme je l'ay déja remarqué au commencement du premier
chapitre.

Les hiftoires nous apprennent que
ce même ufage eft encore aujour-
d'huy en vigueur chez les Turcs & les
Mores, felon la coûtume defquels les
hommes achetent les femmes, & ne
les époufent qu'en les dotant d'une
fomme de deniers mentionnée au
Contrat de Mariage fait par l'aveu
du Cady & figné de luy & des parties, & laquelle eft accordée à la
femme, afin que fi fon mary la
veut repudier & renvoyer, elle fe
fafle payer de fes deniers dotaux
pour s'en aider.

Tous nos Auteurs ont remarqué
que les anciens Gaulois contractoient Mariage *à la Morganatique*,
c'eft-à-dire, en faifant par le mary
un prefent à fa femme le matin du
jour des nôces en prefence des parens & amis, lequel prefent s'ap-
pélloit *Morgengeba, id eft, matuti-
nale donum*, dont eft fait mention
dans les loix des Lombards au raport de M. Cujas en fon livre des
Fiefs liv. 4. tit. 32.

Chez les Romains on faisoit difference des donations faites avant & à cause des nôces , & de celles faites aprés le Mariage. Les premieres étoient non-seulement permises , mais d'obligation au mary, ainsi que nous le dirons cy-aprés parlant de l'augme¹t de dot. Nous en avons un titre exprés en Droit au Code liv. *5. de donationibus ante vel propter nuptias & sponsalitiis.* Mais entre conjoints toutes donations entre-vifs étoient deffenduës, même entre fiancez ; leurs loix permettoient seulement les donations qui se trouvoient confirmées & ratifiées à la mort par les conjoints donateurs. Il falloit qu'ils persereraffent en cette volonté de se donner jusqu'au deceds , & qu'ils en fissent une declaration de derniere volonté, *permittendo scilicet eas morte confirmari.* Ce sont les derniers termes de la loy *32. ff. de donat. inter vir. & uxor.* Ces mêmes loix permettoient encore au mary & à la femme de se donner & leguer par Testament ; elles permettoient aussi à l'un des conjoints d'instituer l'autre son heritier , dont le témoi-

gnage se trouve en la loy derniere au Code *de institut. & substitut.*
Cela s'observe encore en pays de droit écrit. L'authentique *Præterea* au titre *Unde vir & uxor*, s'explique en ces termes. *Conjux inops accipit quartam partem bonorum præmorientis conjugis locupletis, si tres liberos aut pauciores in Matrimonio habuerit. Quòd si plures liberi sint, conjux superstes inops succedit in virilem portionem defuncti conjugis locupletis cum liberis, salvâ illis proprietate. Quòd si liberi non extent, conjux superstes inops accipit quartam partem bonorum defuncti conjugis locupletis, etiam in dominio.* Cette authentique n'est pas observée en France, parce que la veuve se doit contenter de la part de la communauté introduite par la Coûtume entre conjoints avec son doüaire, & le mary survivant se doit pareillement contenter de sa part en la même communauté. Mais dans le pays qui est regi par le droit écrit, où la communauté de biens n'est pas reçûë entre conjoints, on observe quelque chose de ce que prescrit cette authentique pour ne pas laif-

fer le furvivant des conjoints dans l'indigence, c'eſt-à-dire, que le mary furvivant ſur la dot de ſa deffunte femme qu'il eſt obligé de reſtituer, retient par le benefice de la loy de quoy ſubſiſter. Par une des loix de Romulus la femme ſuccedoit entierement à ſon mary quand il n'y avoit point d'enfans de leur Mariage, & s'il y en avoit, elle partageoit la ſucceſſion également avec eux, au raport de Denis Halicarnaſſe au liv. 2. de ſes Antiquitez Romaines, ce qui fut obſervé long-tems, puiſque la loy des 12. tables en fait mention ; mais ce qui a été enfin abrogé, comme la lecture du Droit Civil nous l'apprend.

Parmy nous, je veux dire par le Droit coûtumier de France, cette maniere de doter par le mary ſa femme, n'eſt pas uſitée ; cependant il n'y a pas de prohibition à cet égard prononcée par la loy. Il eſt libre au futur époux de faire des liberalitez à ſa future épouſe. Ces liberalitez ne ſont point de neceſſité, mais ſeulement de volonté dépendante de la convention de l'homme. Tout ce qui nous eſt reſté d'indifpenfable ou plûtôt de droit commun plus conforme à l'ancienne coûtume de doter les femmes par les marys en les époufant, c'eft nôtre doüaire introduit en faveur des femmes, & que plufieurs Auteurs veulent comparer à la donation *propter nuptias* des Romains, contre le fentiment de quelques autres qui y mettent cette difference, que le doüaire eft en quelque façon remuneratoire, comme nous l'avons dit au chapitre fixiéme, au lieu que la donation *propter nuptias* étoit gratuite procedant de la liberalité du mary. Quoyqu'il en foit, ces avantages fe confiderent parmy nous par la diftinction des tems pour juger de leur validité. L'on regarde fi elles font faites avant ou depuis le Mariage; car les loix ou les Coûtumes qui deffendent aux conjoints de s'avantager l'un l'autre, s'entendent de ceux qui font déja mariez, & non de ceux qui contractent dans la vûë du Mariage. Il eft permis à ces derniers qui font majeurs, de leur chef, ou mineurs, de l'avis & confentement de leurs parens & amis, de s'avantager l'un l'autre par Contrat de Mariage autant & si avant qu'ils le desirent, parce que *nullâ lege prohibitum est fœmineam universa bona in dotem dare*, suivant la loy 72. *Cod. de jure dot. etiam immobilia leg. 62. ff. eod. tit. etiam præsentia & futura*, dit Balde sur la loy 4. du même titre. Et l'on n'envisage pas si l'un a beaucoup de biens & l'autre peu, parce que c'est un Contrat d'affection auquel se trouvent d'autres interêts & d'autres considerations qui suppléent & peuvent récompenser le deffaut de biens, ce qui doit s'entendre quand les futurs sont maîtres de leurs actions, n'ayant rien d'ailleurs qui leur empêche la libre disposition de leurs biens. Par exemple, la liberalité de ceux qui convolent en secondes nôces est restrainte par la consideration des enfans d'un premier lit, parce qu'il n'est pas raisonnable que la passion déreglée des pere & mere qui desirent se remarier, dépoüillent les enfans des biens qui leur doivent appartenir, en se dépoüillant eux-mêmes de l'affection qu'ils leur doivent naturellement.

A ce droit general & commun introduit dans le pays coûtumier auſſi-bien que par le droit Romain, il y a neanmoins une exception en la Coûtume de Normandie qui ne permet pas au mary de donner à ſa femme en faveur de Mariage autre choſe que le tiers coûtumier en doüaire, quelque convention qu'il y ait au contraire. En ſorte que la donation du mary à la femme, ſoit par Contrat de Mariage ou autre-ment eſt nulle ; parce que l'art. 371. deffendant d'avantager la femme en doüaire au delà du tiers de l'heritage, ſemble à plus forte raiſon prohiber toute autre donation des mêmes heritages. C'eſt l'uſage du pays autoriſé par les Arrêts du Parlement de Roüen citez par les Commentateurs de la Coûtume.

Il n'en eſt pas de même de la femme ; elle a la liberté de donner à ſon futur époux ſuivant le droit general. L'interdiction ne regarde que le mary, ce qui fait voir que cette Coûtume eſt beaucoup plus favorable aux hommes qu'aux femmes, quand il s'agit de la conſervation de leurs biens.

A

A l'égard des donations faites entre conjoints pendant le Mariage, la loy generale du Royaume les prohibe par une raison de prudence & de politique, pour ôter aux mariez les occasions de ne rien faire qui puisse troubler la paix domestique, ny alterer cette amitié conjugale qui s'entretient plus sûrement quand les conjoints vivent dans un esprit dégagé de tout interêt.

Aprés cela il faut suivre la disposition de chaque Coûtume ; car il y en a qui les deffendent conformément à la raison generale ; d'autres, comme celle d'Auvergne art. 39. chap. 14. qui les permettent non-seulement entre-vifs, mais aussi par Testament. Les unes portent, soit qu'il y ait enfans ou non ; les autres y mettent cette restriction & condition, pourvû qu'il n'y ait enfans. Quelques-unes, comme celle de Paris és articles 280. & 282. prohibent absolument la donation entre-vifs ou testamentaire, directe ou indirecte entre conjoints, sinon par donation mutuelle de l'usufruit des meubles & conquêts im-

meubles de la communauté, pourvû qu'il n'y ait enfans.

L'on prétend que la donation entre-vifs qui n'eſt pas valable entre
conjoints par la diſpoſition de la
Coûtume, ne pourroit valider a-
prés coup, ny être confirmée par
le conſentement du préſomptif heritier du donateur, qui ne peut renoncer à un droit qui ne luy eſt pas
encore acquis.

L'on tient pareillement que cette prohibition comprend les donations remuneratoires. J'eſtime neanmoins que ſi la donation étoit faite à la femme pour récompenſe
de ſes propres alienez dont le remploy auroit été ſtipulé par le Contrat de Mariage, cette donation ne
pourroit être arguée de nullité,
pourvû que le bien donné n'exce-
dât pas la valeur du bien aliené,
parce qu'en ce cas c'eſt moins une
donation gratuite qu'un veritable
remploy, ou qu'une voye qu'a pris
le mary pour s'acquitter envers ſa
femme d'une dette neceſſaire. En
effet, il n'y a que le titre de l'acte
qui choque la loy ; au fond la diſpoſition ne la bleſſe pas. *Plus va-*

*let quod agitur quàm quod simulatè
concipitur.* Il n'importe pas en ce
cas que le mary ait qualifié l'acte
du nom de donation, *veritatem e-
nim spectamus, non quod quis finxit,
lege si fortè in fine ff. de castren. pe-
cul.* Il faut qu'une donation entre-
vifs pour être reprouvée de droit
entre conjoints apporte quelqu'a-
vantage à l'un ou à l'autre ; c'est
le principe le plus assûré pour juger de la validité ou invalidité d'u-
ne pareille disposition.

Voila la difference que l'on met
entre les avantages que les futurs
mariez se font en faveur & par
leur Contrat de Mariage, & ceux
qui se font aprés le Mariage ; difference qui ne consiste que dans celle
du tems, si avant le Mariage, bons,
si aprés le Mariage, nuls.

Et pour revenir aux donations
qui se peuvent faire par Contrat
de Mariage entre les futurs époux
& épouse ; comme c'est le premier
objet de ce chapitre, nous disons
que ces donations se font ou par
l'un des futurs au profit de l'autre,
ou reciproquement l'un à l'autre.
Quelquefois en proprieté, quel-

quefois en ufufruit feulement : tantôt en proprieté ou en ufufruit, de tous biens, meubles, acquêts, conquêts & propres ; tantôt des meubles, acquêts & conquêts feulement.

En effet, il arrive quelquefois que l'un des futurs conjoints donne la proprieté de fon bien en tout ou en partie, à l'autre & aux fiens, foit qu'il furvive, foit qu'il predecede, ce qui eft rare neanmoins, n'étant pas naturel de dépoüiller fes heritiers, & encore moins de fe dépoüiller foy-même de fon vivant pour faire paffer fon bien en des mains étrangeres, & en enrichir des inconnus.

Plus fouvent cette donation de biens en proprieté fe fait en cas que le donataire furvive fans enfans procréez du Mariage & non autrement, afin qu'en cas de furvenance d'enfans, le bien du donateur leur foit confervé, & que le furvivant donataire ne puiffe en gratiffier un fecond mary ou une feconde femme, & rendre par ce moyen la condition des enfans d'un fecond lit meilleure aux dépens des

enfans du premier Mariage. En ce
cas voicy comme la clause doit être
conçûë. *En confideration dudit fu-*
tur Mariage, & pour la bonne a-
mitié que lefdits futurs époux fe por-
tent, & dont ils defirent fe donner
des témoignages : A ces caufes, fe
font par ces prefentes fait donation
reciproque entre-vifs, irrevocable en
la meilleure forme que faire fe peut,
fçavoir ledit Sieur futur declare qu'il
donne à ladite future époufe ce accep-
tant, tels biens, &c. *Et ladite fu-*
ture époufe fait pareillement donation
audit Sieur futur époux ce acceptant,
de tel bien, &c. *pour lefdits biens*
cy-deßus donnez refpectivement ap-
partenir au furvivant en pleine pro-
prieté du jour du deceds du premier
mourant, fans qu'il foit befoin d'au-
cun acte de Juftice, en joüir & dispo-
fer par le furvivant, fes hoirs &
ayans caufé, comme de chofe à eux
appartenante à jufte titre, fans pré-
judice audit furvivant des autres con-
ventions portées au prefent Contrat
de Mariage, pourvû toutefois qu'il
n'y ait enfans ißus dudit futur Ma-
riage lors du deceds du premier mou-
rant, auquel cas ladite donation fe-

*ra nulle & sans effet, transportant,
&c. consentant saisine & insinuation, &c.*

Mais le plus ordinaire dans les
Contrats de Mariage entre gens qui
veulent se faire plaisir sans faire
tort à leurs heritiers collateraux,
ny leur ôter la proprieté de leurs
biens, c'est de se faire une donation mutuelle de l'usufruit de tous
les biens en la maniere qui suit. *Et*
pour la bonne amitié que lesdits fu-
turs époux & épouse se portent l'un
à l'autre, ils se sont fait & se font
par ces presentes donation mutuelle re-
ciproque, & au survivant d'eux ce ac-
ceptant aussi reciproquement, de l'usu-
fruit de tous les biens, meubles & immeu-
bles, tant propres qu'acquêts & con-
quêts qui se trouveront appartenir au
premier mourant au jour de son de-
cds, à quelque somme qu'ils se puis-
sent monter, de quelque valeur qu'ils
soient, & en quelques lieux qu'ils se
trouvent situez, sans en reserver ny
retenir aucuns, pour desdits biens,
meubles, acquêts, conquêts & pro-
pres joüir par le survivant sa vie du-
rant à sa caution juratoire, sans
qu'il soit tenu de bailler aucune autre

Clause de
donation
mutuelle
en usufruit.

caution : ladite donation faite à la charge d'entretenir les maisons & bâtimens de toutes reparations viageres, & de les rendre en bon état à la fin dudit usufruit, & pourvû que lors du deceds du premier mourant il n'y ait aucuns enfans vivans ; au cas qu'il y en ait, la presente donation mutuelle & viagere demeurera nulle & sans effet. Et pour faire insinuer, &c.

L'on peut ajoûter : *Et où il y au-* suite. *roit des enfans vivans lors du deceds du premier mourant, & qu'ils vinssent à deceder sans hoirs dans la suite avant la mort du survivant ou avant d'avoir atteint l'âge de 25. ans, ladite donation ne laissera pas de subsister & d'avoir lieu en son entier au profit du survivant aux mêmes charges que dessus.*

La raison pourquoy l'on exclut le survivant de pouvoir prendre les biens à luy donnez soit en proprieté, soit en usufruit, au cas que les enfans decedans même sans hoirs ayent atteint l'âge de 25. ans, c'est parce qu'à cet âge ayant la liberté de disposer de leurs biens entre-vifs & par testament suivant les

F f iiij

Coûtumes, il eſt juſte de leur conſerver ce droit, ou bien c'eſt pour
prevenir les conteſtations qui pourroient naître entre le ſurvivant donataire, & ceux au profit deſquels
les enfans decedez majeurs auroient
diſpoſé des biens à eux échus par
le deceds de leurs pere & mere ;
car il faut remarquer que la conſideration des enfans doit toûjours
empêcher ces ſortes de diſpoſitions
qui ne peuvent que rendre leur
condition tres-deſavantageuſe, en
rendant le ſurvivant pere ou mere maître de leur ſort dans le tems
que de nouvelles amours ſouvent
ne leur font reſpirer que la volupté
& le deſir de paſſer à de nouveaux
engagemens qui ruïnent abſolument
les premieres affections.

Cette donation mutuelle & viagere s'execute ſans formalitez ny
conditions, ſi ce n'eſt l'inſinuation
& l'inventaire qui doit être fait.
Le ſurvivant n'eſt pas obligé de
donner caution, à la difference de
la donation mutuelle qui ſe fait
aprés le Mariage contracté entre
les conjoints, laquelle 1°. doit être
inſinuée. 2°. Oblige le ſurvivant à

donner caution suivant la Coûtume & à faire inventaire. 3°. N'a pas lieu s'il y a enfans vivans du Mariage au tems de la donation. 4°. Ne peut être que des meubles & conquêts de la communauté, & non pas des propres, suivant l'art. 280. de la Coûtume de Paris.

Il y a neanmoins des Coûtumes en France, comme celles du Maine art. 334. d'Anjou articles 321. & 325. qui permettent aux conjoints de se donner mutuellement, *liberis extantibus*, partie de leurs propres en usufruit & en proprieté, *liberis non existentibus*.

Quand les futurs conjoints se donnent mutuellement tous leurs biens en proprieté, il est bon d'y mettre cette clause : *Qu'il sera loisible au premier mourant de disposer de sesdits biens donnez jusqu'à concurrence de.... par donation entre-vifs, par testament ou autrement, &c.* sans quoy les donateurs n'auroient seulement pas la liberté de destiner la moindre chose à faire prier Dieu pour eux.

Veut-on assûrer aux enfans qui naîtront du futur Mariage le bien

Suite & reserve à l'article.

de celuy des conjoints que l'on croit devoir survivre à cause du grand âge ou des infirmitez de l'autre, l'on doit stipuler *qu'arrivant que le futur* ou *la future survive, luy* ou *elle donne aux enfans s'il en vient du futur Mariage* (ou *seulement à l'aîné desdits enfans*) *par donation entre-vifs irrevocable, telle partie* de son bien, &c. Par là l'on previent une partie du mal qu'un second Mariage pourroit faire à des enfans ; car quand le survivant a ainsi donné de ses biens aux enfans de son premier Mariage, il ne peut plus en avantager un second mary ou une seconde femme, & c'est la precaution la plus certaine qui soit à prendre contre le survivant qui reste dans un âge à le faire soupçonner de ne pas demeurer en viduité.

Enfin, ceux qui contractent Mariage doivent profiter de la liberté qu'ils ont de s'avantager autant & si avant que bon leur semble, sans apprehension de voir leurs dispositions contestées ; car le Mariage étant une fois celebré, les conjoints ont les mains liées ; ils ne peuvent plus s'avantager; il faut qu'ils en demeurent aux termes de leur Contrat, & à la simple & seule bonne volonté qu'ils ont de se faire du bien sans pouvoir l'executer jusqu'à la celebration du Mariage, ou du moins jusqu'aux fiançailles. Ils n'ont qu'à vouloir, ils peuvent se satisfaire. Mais dés que le Mariage est parfait & celebré, ils ont beau vouloir, leur volonté & leur bonne intention deviennent infructueuses. C'est le cas de cette regle : *Potuit quod non voluit, & voluit quod non potuit.* Cette interdiction est de droit ; elle est prononcée par l'Ordonnance qui prohibe les avantages entre conjoints, pour ne pas donner occasion au mary d'extorquer de sa femme par autorité & menace des liberalitez, & pour ne le pas exposer luy-même à ne pouvoir refuser la même chose aux caresses & douces sollicitations d'une femme artificieuse. *Ne mutuo amore invicem spol'arentur donationibus non temperantes*, dit la loy 1. *ff. de donat. inter vir. & uxor.* & selon la loy 3. au même titre. *Ne concordia pretio conciliari videretur, inter quos*

*honeſtus amor ſolis animis æſtimandus
eſt, &c.*

C'eſt auſſi une des raiſons pourquoy les contre-lettres en Contrat
de Mariage, c'eſt-à-dire, tous les
actes qui paroiſſent avoir été faits
avant ou depuis le Contrat hors la
preſence des parens, derogeant &
changeant quelque choſe aux clauſes & conditions du Contrat, ſont
nuls & reprouvez tant par les Ordonnances Royales, que par les
Arrêts de la Cour rapportez par
Brodeau ſur M. Loüet lett. C. n.
28. Les conjoints ne peuvent donc
ſe faire des avantages l'un à l'autre par acte ſeparé & ſecret, outre
& par deſſus ce qui eſt porté au
Contrat de Mariage. Tout ce que
les parties font entre eux clandeſti-
nement à l'inſçû des parens & hors
leur Traité de Mariage, eſt reputé
leur être préjudiciable, ſuſpect de
fraude & d'inconſideration; l'aſſiſ-
tance des parens eſt d'autant plus
neceſſaire en ces rencontres, qu'ordinairement elle ſert de frein à un
jeune homme qui ne pourroit re-
fuſer par luy-même à l'objet d'un
amour trop violent, la meilleure

partie de fon bien.

L'on doit fçavoir que les Contrats de Mariage qui contiennent des donations d'heritages, foit en proprieté, foit en ufufruit, doivent être infinuez dans les quatre mois, fuivant l'Ordonnance de Moulins ; mais ce terme de 4 mois n'eft fatal qu'à l'égard du mary, & même l'infinuation feroit toûjours valable, quoi-que faite après les 4 mois, pourvû qu'elle foit faite du vivant de la femme, fans nouveau confentement. Voyez Ricard Traité des Donations part. 1. chap. 4. fect. 3. glof. 8. n. 1258. à l'égard de la femme les 4 mois ne commencent à courir que du jour du decés du mary, parce que tant qu'elle eft fous la puiffance d'autruy, elle eft préfumée n'avoir pas eu la liberté d'agir, elle n'aquiert cette liberté que par le decés de fon époux, qui la rend *fui juris.* Le même Ricart Glof. 6.

Quant à l'augment de dot, il n'eft en ufage qu'en païs de droit écrit, où les marys font obligez de donner aux femmes par Contrat de Mariage une certaine fomme, qu'ils déclarent être pour augment de dot, qui tient

lieu de communauté & de doüaire,
& qui tire fon origine du droit, comme nous le voyons dans l'authentique *dos data, cod. de donat. avte*
nupt.

Cet augment de dot ufité dans
les Provinces qui fe régiffent par le
droit écrit, eft le fymbole de la donation *propter nuptias* des Romains,
fuivant l'opinion de plufieurs Doc-
teurs, donation *quæ opponitur doti*,
l'une étant ce que le mary donne à
fa femme, l'autre ce que la femme
apporte à fon mary ; ce qui eft expli-
qué nettement par M. Cujas en fes
obfervations liv. 5. chap. 4. où je
renvoye le lecteur, en obfervant que
dans ces mêmes païs, ce qui s'appelle augment de dot fe regle, ou fuivant l'ufage, ou fuivant la convention du Contrat ; tantôt c'eft la moitié de la dot de la femme, tantôt
c'eft le tiers ; tellement que fi la
femme apporte en dot 10000. liv.
l'augment fera de 5000 liv. que les
heritiers du mary feront obligez de
payer à la femme, outre la reftitution de fa dot, fi le mary l'a reçûë ;
fi le mary n'avoit pas reçû la dot, la
femme ny fes heritiers ne peuvent

pretendre ny dot ny augment de dot,
parce que c'eſt le payement de la dot
de la femme fait réellement au mary, qui rend ſur luy l'augment éxigi-
ble. Mais dans nôtre païs coûtumier,
nous ne reconnoiſſons pas ces eſpeces de donations, au lieu deſquelles
on a ſubſtitué le doüaire que l'on
accorde aux femmes par les mêmes
conſiderations.

CHAPITRE XII.

Des formules des Contrats de Mariage.

S'Il étoit poſſible de donner autant de formes de Contrats de
Mariage qu'il s'en peut faire dans le
commerce de cet engagement, ſelon
l'intention des differentes parties qui
le contractent, il eſt certain que cela
pourroit être de quelque ſecours à
ceux qui déſireroient trouver tout
fait un pareil ouvrage qui leur ſeroit
confié.

Je conviens même que cette voye
ſeroit trés-utile pour fixer tout d'un

coup les reflexions des perſonnes qui
s'en mêlent, & qu'en faiſant un for-
mulaire de Contrats de Mariage pour
toutes ſortes de conditions, chacun
n'auroit qu'à prendre ce qui con-
viendroit à la ſienne, ſans être expoſé à l'impreſſion des doutes que l'in-
experience en cette matiere eſt capable d'exciter.

Mais outre que cette idée ne pourroit produire qu'un cahos de formules toutes défectueuſes & pleines
d'omiſſions eſſentielles, & qu'on ſeroit obligé d'emprunter dans l'une
ce qui manqueroit dans l'autre, ſans
pouvoir aprés tout en faire un com-
poſé aſſez juſte, pour n'avoir plus
rien à deſirer à la perfection de l'acte ; c'eſt que d'ailleurs ce ne ſeroit
plus un ouvrage d'eſprit & de jugement : & comme la forme d'un Contrat de Mariage eſt une operation
dépendante abſolument de la prudence & de la pénétration de l'homme, qui luy fait prévoir tout ce qui
peut être de conſequence à l'état des
mariez & à leur poſterité, il eſt neceſſaire auſſi que l'un & l'autre agiſ-
ſent en cette occaſion.

Car enfin la varieté des interêts eſt

fi grande, les volontez des hommes
fi incertaines, la difproportion des
facultez des mariez fi difficile à concilier, les efprits fi fcrupuleux &
défians, les temperamens aux difficultez fi équivoques, & les ftipulations generales fi pleines de retour,
qu'autant de Mariages qui fe font,
ce font autant de formules qui ont
leurs regles à part, & qui produifent
des effets tous differens.

C'eft ce qui fait qu'en cette matiere l'on ne peut qu'établir des principes generaux, moyennant lefquels
je ne reponds pas encore que l'on
puiffe fe garantir contre toutes fortes d'évenemens, tant ils font infi-
nis & difficiles à prevoir, & tant le
commerce du Mariage eft devenu
aujourd'huy dangereux par la fubti-
lité judiciaire des claufes que l'on
invente tous les jours pour furpren-
dre les gens qui traitent de bonne
foy; c'eft pourquoy l'on dit communément *qu'en Mariage trompe qui
peut*, proverbe qui tire fon origine
de ce que, *dolus dans caufam contrac-
tui, non reddit illum ipfo jure nul-
lum.*

Cependant comme chaque deffein

demande certaines regles pour s'y conduire avec circonſpection, nous avons dans les chapitres precedens tracé ces regles de Contrat de Mariage, & mis les raiſons ſur leſquelles elles ſont propoſées pour déterminer les parties à les ſuivre ou à les éviter, ſelon leurs interêts.

J'ay obſervé pour la facilité d'un chacun, de reduire toutes les eſpeces de conventions en clauſes formulaires, telles qu'elles s'inſerent ordinairement dans les Contrats ; ainſi chacun y pourra prendre ce qui luy ſera propre, & il n'y a perſonne, je crois, qui ſur ces principes, voulant d'ailleurs s'aider de ſon jugement, ne ſoit en état de dreſſer toute ſorte de Contrats de Mariage, à la ſatisfaction des parties intereſſées.

C'eſt pourquoy je me contenteray ſeulement d'inſerer icy quatre formes de Contrats, l'une à l'avantage du mary, l'autre à l'avantage de la femme : une troiſiéme concernant les ſecondes nôces, & une derniere pour ceux qui contractent en païs de droit écrit. Quand l'on voudra faire un Contrat à l'ordinaire, *ſecundùm communem uſum contrahendi*, l'on en

trouvera la formule dans les precedentes.

Articles du Contrat de Mariage à l'avantage du mary.

FUrent prefens Maurice , &c. fils
de M. Guillaume , &c. Confeiller
du Roy, &c. demeurant, &c. & de
Dame Louife, &c. fes pere & mere,
d'une part ; & Damoifelle Françoife
&c. fille de, &c. d'autre part : lefquelles parties en la prefence & affi-
ftées de leurs parens & amis ; fçavoir de la part dudit Sieur futur, de
tels & tels, & de la part de ladite
Damoifelle future époufe, de tels &
tels ; ont volontairement reconnu
& confeffé avoir fait & accordé enfemble les traité & conventions de
Mariage, ainfi qu'il enfuit. C'eft à
fçavoir que lefdits Sieur & Damoifelle futurs époux ont promis & promettent reciproquement de fe prendre l'un l'autre en foy & loy de Mariage , & iceluy faire celebrer en face & avec la permiffion de nôtre
Mere Sainte Eglife , le plûtôt qu'il

fera déliberé entr'eux & leurſdits parens & amis ; pour être, comme en effet leſdits futurs époux ſeront, uns & communs en tous biens, meubles & conquêts, immeubles qu'ils auront & feront enſemble, conſtant leur futur Mariage, ſuivant & au deſir de la Coûtume de..... à laquelle ils ſe ſoumettent, voulant par icelle leurdite communauté être reglée, nonobſtant la demeure & les acquiſitions qu'ils pourroient faire en autres Coûtumes contraires, dérogeant pour cet effet auſdites Coûtumes.

En faveur duquel Mariage leſdits Sieur & Dame, &c. pere & mere dudit Sieur futur époux, ladite Dame autoriſée de ſondit mary, ont conjointement & ſolidairement donné audit Sieur futur époux leur fils, avec toute promeſſes de garantir & faire joüir, le fond & proprieté de tel bien ..... évalué à la ſomme de 20000 liv. Plus ſon Office de Conſeiller du Roy, &c. dont il eſt à preſent pourvû, qu'ils donnent pareillement à leurdit fils, auquel ledit Sieur ſon pere promet de fournir ſa procuration *a t reſignandum*, & tous

actes neceffaires pour ledit Sieur futur
époux s'en faire pourvoir en dedans
.... ans , frais & dépens dudit Sieur
pere , qui luy en fait don comme
deffus; lequel Office n'eft toutefois accepté par ledit Sieur futur époux qu'à
condition de ne courir aucun rifque,
& d'en raporter feulement le titre à
la maffe des fucceffions de fefdits
pere & mere , fans être garant d'aucuns évenemens, de diminution, de
fupreffion , ou autres, tels qu'ils puiffent être ; ayant au furplus déclaré
lefdits pere & mere qu'ils mettent
leurdit fils franc & quitte de toutes
dettes mobiliaires & hypotecaires en
ménage ; promettant acquiter toutes celles qui fe trouveroient faites
& créées jufqu'au jour de la celebration dudit futur Mariage.

Et de la part de ladite Damoifelle
future époufe , lefdits tels fes pere &
mere ont promis & promettent conjointement & folidairement , ladite
femme duëment autorifée de fondit mary , donner à leurdite fille, le
jour ou la veille de la célébration dudit Mariage, la fomme de 10000 liv.
dónt fix mil liv. entreront en la future communauté , & le furplus fera

employé en fond d'heritage, au profit de ladite future, pour tenir nature de propre à elle & aux siens, cotte & ligne.

Si au contraire tout le bien donné étoit en fond, sera dit.

Et attendu que ladite Damoiselle future n'a aucune somme de deniers ny autres effets mobiliers pour entrer en communauté, a été expressement convenu, du consentement & de l'avis de sesdits pere & mere & autres parens, que tel immeuble cydessus donné ou déclaré appartenir à ladite future épouse, sera & est ameubli jusqu'à concurrence de la somme de..... comme tel entrera en communauté, & sera reputé conquêt d'icelle, comme s'il avoit été acquis pendant ledit futur Mariage, pour par ledit Sieur futur époux pouvoir en disposer en tout droit de proprieté & sans fraude, sans le consentement de sa femme, & sans par elle ny ses heritiers pouvoir y contrevenir, à quoy ladite Damoiselle future a dés-à-present renoncé.

Si la future étoit mineure sous charge de tuteur, l'on ajoûtera.

Lequel ameublissement, quoi-que

fait du confentement defdits parens & tuteurs, fera omologué en Juftice.

Ledit Sieur futur époux a doüé & doüe ladite Damoifelle future époufe du doüaire coûtumier, fuivant les Coûtumes des lieux où les biens dudit Sieur futur font fcituez, ou de la fomme de 400 liv. par chacun an du doüaire préfix à fon choix, lequel doüaire préfix faifira du jour du decés du futur époux, fans être obligé d'en faire demande en juftice, dont la future & les enfans feront difpenfez ; & fera néanmoins reduit *à la moitié ou aux deux tiers*, en cas qu'il y ait enfans du futur Mariage, ou que n'y ayant pas d'enfans la future devenuë veuve vienne à fe remarier ; & fera ledit doüaire propre aux enfans qui naîtront dudit futur Mariage, nonobftant toutes Coûtumes contraires, aufquelles il eft expreffement dérogé ; lefquels enfans auront pareillement le choix du coûtumier ou du préfix, fans qu'ils foient obligez de fuivre celuy qu'auroit fait leur mere, s'il leur étoit préjudiciable, encore bien qu'ils en fuffent heritiers.

Quand les futurs sont Nobles domi-
ciliés en des terres à la campagne, l'on
met.

Et outre lequel doüaire ladite Damoiselle future aura son habitation
dans telle maison, cour, bassecour,
jardins & enclos dudit Sieur futur,
sa vie durant seulement, pourvû
qu'elle demeure en viduité, & pendant icelle ; & au cas qu'il y ait enfans mâles, le droit de ladite habitation cessera au jour du Mariage du
fils aîné, en donnant par luy à sadite
mere la somme de..... par chacun
an, *ou rien du tout comme il sera con-*
venu.

Arrivant la dissolution de la communauté, le survivant des conjoints,
soit qu'il y ait enfans ou non, ou ses
heritiers, reprendra par préciput,
sçavoir ledit Sieur futur ses habits,
linges, armes, chevaux & équipages : & ladite Damoiselle future pareillement ses habits, linges, bagues
& joyaux, carosse & chevaux.

Quand c'est homme de robe l'on fait
mention des livres & Biblioteque,
quelquefois pour la femme, la principale chambre garnie & meublée.

Le tout reciproquement jusqu'à
la

la somme de...... suivant la prisée
qui en sera faite par l'inventaire &
sans cruë.

Sera permis à la future épouse,
aux enfans qui naîtront dudit futur
Mariage, même aux heritiers collateraux, d'accepter la communauté, ou d'y renoncer ; & en cas de renonciation, de reprendre franc &
quitte de toutes charges, dettes &
hypoteques, tout ce qu'elle aura
aporté en Mariage, & ce qui luy sera venu & échu par succession, donation, legs ou autrement, à quelque titre que ce puisse être, tant en
meubles qu'immeubles, outre son
doüaire & préciput tels que dessus,
à l'exception de ce qui est ameubli
de son bien, au profit de la communauté, soit qu'au jour de la dissolution d'icelle ledit fond ou rente
ameubli se trouve encore en nature,
ou qu'il ait été vendu, sans être elle
ny les siens tenus d'aucunes des dettes & charges de la communauté,
encore qu'elle y eût parlé, s'y fût
obligée ou y fût condamnée, dont
ledit Sieur futur ou ses heritiers seront tenus l'acquitter & indemniser,
pourquoi elle aura hypoteque du

jour du preſent Contrat de Mariage, à condition toutefois que ſi ce ſont les heritiers collateraux de ladite future qui faſſent les repriſes ſuſdites, en conſequence de leur renonciation à la communauté, même les pere & mere ſurvivans ladite future ; ledit Sieur futur reprendra ou retiendra ſur le fonds deſdites repriſes la ſomme de. . . . . pour l'indemnité de ſes frais de nôces, & ſi la communauté étoit acceptée par leſdits collateraux ou pere & mere, & que par le partage de ladite communauté ledit futur n'ait pas pour ſa part & moitié ladite ſomme en entier, y compris ſon préciput, a été convenu qu'en ce cas leſdits heritiers ſeront tenus lui fournir le ſuplément de ladite ſomme : s'il eſt aliené pendant le futur Mariage, aucuns biens propres à l'un ou l'autre des conjoints ou rembourſé quelques rentes, le remploy en ſera fait en autres heritages ou rentes, pour tenir même nature de propre cotte & ligne, au profit de celuy du chef duquel les biens ſeront procedez ; & ledit remploy ne ſe trouvant fait au jour de la diſſolution du Mariage, la repriſe en sera faite reciproquement sur les biens de la communauté ; & s'ils ne suffisent à l'égard de la future seulement, ce qui s'en manquera se prendra sur les biens propres dudit futur indistinctement ; lequel remploy & l'action pour en faire la repetition seront & demeureront propres & immobiliers ausdits Sieur & Damoiselle futurs époux respectivement & aux leurs cotte & ligne.

En faveur duquel futur Mariage, & pour l'affection mutuelle que les futurs se portent, iceux futurs époux ont par ces presentes fait & font donation l'un à l'autre & au survivant, pure & simple & irrevocable entre-vifs, & en la meilleure forme que donation peut se faire & avoir lieu, ce acceptant par lesdits futurs époux respectivement, (*s'ils sont majeurs,*) & sous l'autorité de leursdits pere, mere ou tuteurs, (*s'ils sont mineurs,*) de tous & chacun leurs biens meubles & immeubles qui se trouveront apartenir, tant propres, acquêts & conquêts au premier mourant desdits futurs époux, au jour de son decés, sans en rien excepter ny reserver par ledit premier mourant,

pour en joüir & difpofer en tout,
droit de proprieté par ledit furvivant
fes hoirs & ayans caufes ; pourveu
toutefois qu'au jour du decés du premier mourant il n'y ait aucuns enfans vivans iffus de leur Mariage, &
où il y en auroit, & que lefdits enfans predecedaffent ledit furvivant
fans hoirs, ou avant d'avoir atteint
l'âge de 25 ans, la donation fubfiftera & aura lieu en fon entier, & pour
faire infinuer le prefent Contrat, les
parties ont conftitué leur Procureur
general & fpecial le porteur d'iceluy, &c. Car ainfi, &c. promettant,
&c. obligeant, &c. renonçant, &c.
Fait & paffé, &c.

Articles à l'avantage de la femme.

POur être, comme en effet lefdits
Sieur & Damoifelle futurs époux
feront, uns & communs en tous biens
meubles & conquêts immeubles,
fuivant & au defir de la Coûtume
de......à laquelle ils fe foûmettent,
voulant par icelle leur communauté
être reglée, nonobftant la demeure

& les acquiſitions qu'ils pourroient faire en d'autres Coûtumes contraires, dérogeant pour cet effet auſdites Coûtumes ; ſans être tenus neanmoins des dettes l'un de l'autre, créées avant le Mariage ; celuy qui les aura faites demeurant obligé de les payer ſur ſon bien, à l'effet de quoy ſera fait inventaire & deſcription la veille des épouſailles, des meubles & effets mobiliers apartenans à chacun des futurs, pour être & ſigné des parties & annexé au preſent Contrat de Mariage. (*Ou bien ſera fait declaration qu'ils, ou l'un d'eux n'a aucuns effets, de la maniere expliquée au chapitre de la communauté.*)

Si l'on veut étendre la communauté à d'autres biens, faut icy en faire mention.

Si au contraire l'on veut une ſeparation de tous biens, & que chacun ait l'adminiſtration des ſiens, au lieu de commencer par la clauſe cy-deſſus, faudra mettre celle qui ſe trouvera au chapitre de la communauté pag. 50. & faire inventaire.

En faveur duquel futur Mariage ledit Sieur de.... pere, tant en ſon nom que comme chargé de la pro-

curation de la Dame ſon épouſe,
paſſée pardevant, &c. le , &c. par
laquelle il a promis faire ratifier ces
preſentes, & à la garantie des choſes
ci-apᵣés promiſes; la faire d'abondant
obliger conjointement & ſolidairement avec luy, en dedans trois mois
du jour dudit Mariage ; à l'effet de
quoy il l'autoriſe dés-à-preſent comme pour lors ; a déclaré auſdits noms
qu'ils reconnoiſſent ledit Sieur futur
époux pour leur fils aîné, legitime heritier, promettant de ne donner aucune atteinte au droit d'aîneſſe qui
luy apartient, ſuivant les Coûtumes
des lieux, dans leurs biens feodaux,
& de le luy conſerver ſans pouvoir
en diſpoſer en façon quelconque.
Promet en outre auſdits noms de
donner & donne en effet dés maintenant & à toûjours audit Sieur futur
époux leur fils, avec toute ᵢpromeſſe
de garantie & franche & quitte de
toutes dettes & hypoteques la Terre
& Seigneurie de. ..... ſituée dans le
Bailliage de. ... conſiſtant, &c. en
quoy qu'elle ſe puiſſe conſiſter, circonſtances & dépendances, tant en
fiefs que rotures, ſans en rien excepter, reſerver ny retenir , même

tous les meubles & effets étant dans
les château, basse-cour, & ferme dudit...... laquelle Terre & Seigneurie ils font valoir audit Sieur futur
époux la somme de 150000 liv. y
compris les meubles & effets : ledit
Sieur futur ayant agréé & accepté
cette estimation, dont il a declaré
être content. Declare encore qu'il
apartient audit Sieur son fils la Terre
de...... par acquisition qu'il en a
faite depuis peu. Et de la part de ladite Damoiselle future épouse lesdits
Sieur & Dame de..... ses pere &
mere luy donnent & constituent en
dot la somme de 60000 liv. qu'ils
promettent solidairement, sans division ny discussion bailler, fournir
& payer ausdits futurs époux ; sçavoir la veille des nôces la somme de
10000 liv. qui entreront en communauté, & le surplus en dedans
l'année, & sera reputée propre à ladite Damoiselle future, aux siens
cotte & ligne, ou employée en fond de
terres ou rentes, pour tenir nature
de propre à la future, aux siens cotte
& ligne ; en sorte que le tout soit
reputé propre, tant pour disposition
que pour succession, & pour toutes

fortes d'effets ; étant convenu que
les premiers heritages qui feront acquis, ou rentes fur particuliers qui
feront conftituées par le mary à fon
profit aprés la celebration du Mariage, tiendront à ladite Damoifelle
future nature de propre cotte & ligne, comme prefumez acquis defdits
deniers dotaux ftipulez en employ,
fans qu'il foit befoin d'en faire declaration dans les contrats d'acquifition ny d'acceptation de ladite future ; & jufqu'à ce que ledit emploi
foit fait, ledit Sieur futur pour plus
grande fûreté d'iceluy a affigné &
affigne à ladite future 2500 liv. de
rente, fur tous & uns chacuns fes
biens meubles & immeubles, notamment fur ladite Terre de......
laquelle rente tiendra lieu à ladite
Damoifelle future d'heritage &
d'employ ; lequel employ ledit Sieur
futur ne pourra réellement faire en
aquifition de fonds, comme eft dit
cy-deffus, que dans le Bailliage &
la Coûtume de..... & par l'avis des
pere & mere de ladite Damoifelle
future époufe. Et parce que ledit
Sieur futur époux a declaré avoir acquis ladite Terre & Seigneurie de......

depuis deux ans, dont il doit encore partie du prix, *ou être chargé d'autres dettes & rentes qu'il defireroit acqui-ter*, a été pareillement convenu qu'il fera permis audit Sieur futur d'employer les deniers de la dot de ladite Damoiselle future, à l'acquit & remboursement desdites dettes & rentes, dont fera fait declaration dans les actes de remboursement, lesquels feront avec les titres concernant lesdites dettes & rentes, mis és mains de..... fix mois aprés ledit futur Mariage; moyennant quoy ladite Damoiselle future demeurera fubrogée jufqu'à concurrence defdites fommes aux hypoteques des créanciers, qui accorderont ladite fubrogation par lefdits actes, pour fûreté de la reprife des deniers dotaux de ladite Damoiselle future ; & pour plus grande affûrance de l'employ ftipulé cy-deffus, affignat de rente & autres conventions à cet égard, ledit Sieur futur a promis & promet de donner caution bonne & folvable, dans le reffort de...... la veille de la celebration du Mariage.

Sera ladite Damoiselle future

doüée du doüaire Coûtumier, fuivant les Coûtumes où les biens du Sieur futur font affis ; ou de la fomme de 1500 liv. de rente par chacun an de doüaire préfix fans retour, & hereditaire à ladite future & aux fiens à fon choix, lequel doüaire préfix faifira & courra du jour du decés dumary, fans être tenuë d'en faire demande en juftice, dont ladite Damoifelle future, fes hoirs & ayant caufes feront difpenfez, & fe prendra fur tous & chacuns les biens meubles & immeubles prefens & avenir dudit Sieur futur époux, lequel doüaire fera propre aux enfans nez dudit futur Mariage, nonobftant toutes Coûtumes contraires, aufquelles il eft dérogé ; lefquels enfans feulement auront le choix du Coûtumier ou du préfix, fans que celuy que leur mere auroit fait leur pût préjudicier ny être tenus de le fuivre, encore qu'ils en fuffent heritiers : & outre ledit doüaire aura ladite Damoifelle future époufe fon habitation fa vie durant dans le Château de...... cour, baffe-cour, jardins & enclos appartenans audit Sieur futur, même en cas qu'elle fe remarie par la facilité de faire valoir & percevoir son doüaire, pour de ladite habitation en joüir par elle, sa famille & domestiques, ou qui bon luy semblera, sans que les heritiers de son mary puissent prétendre ce droit d'habitation, ne devoir profiter & avoir lieu que pour sa personne, à la garantie duquel doüaire & autres conventions matrimoniales accordées par le present Contrat de Mariage, lesdits Sieur & Dame pere & mere dudit Sieur futur se sont obligez solidairement, certifiant leurdit fils franc & quitte de toutes dettes & hypoteques jusqu'au jour de son Mariage ; & en cas qu'il s'en trouve quelqu'unes precedentes ledit Contrat, promettent solidairement les acquitter en leurs noms.

· Arrivant la dissolution de la communauté, le survivant des conjoints, soit qu'il y ait enfans ou non, reprendra par préciput, sçavoir ledit Sieur futur ses habits, linges, armes, chevaux & équipages, & ladite Damoiselle future épouse pareillement ses habits, linges, bagues, diamans & joyaux, carrosse

& chevaux, le tout reciproquement jufqu'à la fomme de... fuivant la prifée qui en fera faite par l'inventaire & fans cruë, ou bien ladite fomme en deniers clairs fur les biens de la communauté au choix & option de ladite Damoifelle future furvivante feulement, outre lequel préciput icelle Damoifelle future aura fes habits & équipages de deüil proportionnez à la condition dudit Sieur futur, lefquels luy feront fournis par fes heritiers, foit qu'elle renonce à la communauté ou l'accepte, fans qu'aucunes des chofes neceffaires à fefdits habits & équipages de deüil puiffent être imputées fur le fond du préciput cydeffus ftipulé qui n'en fera aucunement diminué.

Audit cas de diffolution de communauté, par mort, par feparation de biens ou autres actes emportant ladite diffolution expreffe ou tacite, fera permis à ladite Damoifelle future époufe, aux enfans qui naîtront dudit Mariage & autres fes heritiers ou ayans caufe, foit qu'elle furvive ou non, d'accepter la communauté ou d'y renoncer ; &

en cas de renonciation, de reprendre tout ce qu'elle aura apporté audit Mariage, & luy sera venu & échu par succession directe & collaterale, donation, legs & à autres titres que ce puisse être tant en meubles qu'immeubles, outre son doüaire, préciput, habits & équipages de deüil, & la donation dont sera parlé y-après, pour le tout audit cas de renonciation à la communauté appartenir à ladite Damoiselle future, ses hoirs & ayans cause, sans être tenus d'aucunes charges, dettes & hypoteques de ladite communauté, encore qu'elle y eût parlé, qu'elle s'y fût obligée ou y fût condamnée, dont ledit futur & ses heritiers seront tenus l'acquitter & indemniser, pourquoy elle aura hypoteque du jour du present Contrat de Mariage, avec l'interêt desdites reprises qui courra au profit de ladite future ou de ses heritiers du jour de la dissolution de la communauté, sans qu'il soit besoin d'en faire demande en Justice,

S'il est alienè pendant le futur Mariage aucuns biens propres à l'un

ou à l'autre des conjoints , ou remboursé quelques rentes , le remploy en sera fait en autres heritages ou rentes , pour tenir même nature de propre côte & ligne au profit de celuy de qui ils seront procedez , & ledit remploy ne se trouvant fait au jour de la dissolution
dudit Mariage , la reprise en sera
faite sur les biens de la communauté , & s'ils ne suffisent pas à l'é-
gard de la future seulement , sur
tous les autres biens du futur pour
tenir même nature de propre côte &
ligne à ladite future & à ses heritiers,
aussi-bien que l'action que laisseroit
ladite future dans sa succession pour
le remploy ou repetition de ses
propres vendus en cas qu'elle decedât sans qu'il eût été fait. , qui
sera immobiliere à l'effet d'en exclure le mary survivant tant par
droit de communauté, que comme
heritier mobilier de ses enfans ; é-
tant expressement convenu qu'audit cas de vente & alienation de
propres de la future ou remboursement de ses rentes , les acquisitions qui seront faites d'heritages
pendant la communauté , luy tien-

dront lieu de remploy jufqu'à concurrence de la valeur de fefdits propres alienez, fans qu'il foit befoin d'en faire declaration dans les Contrats d'acquifition, ny d'acceptation de la part de ladite future; declarant ledit Sieur futur pour plus grande fûreté dudit remploy ftipulé au profit de ladite Damoifelle future & des fiens, qu'au cas defdites alienations, & en attendant qu'il foit en état ou trouve le moyen de faire ledit remploy, il affigne & crée au profit de ladite future & des fiens une rente annuelle fur tous fes biens jufqu'à concurrence de la valeur defdites alienations, les interêts de laquelle rente courront du jour de fon deceds, non pas feulement du jour de la demande; ce qu'il a promis & promet garantir & effectuer fous l'obligation de tous fefdits biens, & pour raifon de quoy ladite future époufe aura hypoteque du jour du prefent Contrat de Mariage, ainfi que pour toutes fes autres conventions matrimoniales.

En confideration duquel futur Mariage, & pour témoignage de

l'affection & amitié que ledit Sieur
futur époux porte à ladite Damoiselle future épouse, ledit Sieur futur époux a donné & donne par
ces présentes par donation entre-
vifs & irrevocable en la meilleure
forme que donation puisse valoir &
avoir lieu, à ladite Damoiselle future épouse ce acceptant pour elle, ses hoirs & ayans cause, telle
somme, ou tel bien pour en joüir
par elle, sesdits hoirs & ayans cause, soit qu'elle survive ou non,
pourvû toutefois qu'il n'y ait pas
d'enfans au jour du deceds du premier mourant, & où il en auroit,
& qu'ils predecedent sans hoirs ladite future épouse leur mere, ladite donation subsistera & aura lieu,
faire & disposer en tout droit de
proprieté, transportant, &c. consentant saisine & insinuation, &c.
comme au precedent Contrat.

Les articles cy-dessus sont comme
l'on voit, dressez le plus favorable-
ment qu'il se peut pour la femme,
& dans les circonstances les plus ri-
goureuses contre le mary. On ne les
passe gueres de cette qualité; mais
comme

comme ils ne sont donnez que pour
modele , & pour faire connoître où
se peuvent porter les précautions contre le futur , quand l'on veut traiter
en partisan declaré de la future ,
l'adoucissement dépendra de ceux qui
tiendront la balance entre les deux
parties.

Articles pour une perſonne qui épouſe homme veuf ou femme veuve ayant enfans d'un premier Mariage.

FUrent preſens Philippe tel.... Écuyer, Seigneur de.... demeurant à.... fils de deffunts, &c. pour luy & en ſon nom, d'une part ; & Dame Françoiſe Doublet demeurante à.... veuve de deffunt, &c. pour elle & en ſon nom, d'autre part, leſquelles parties ont fait les traitez & accords de Mariage qui enſuivent volontairement & ſans contrainte, en preſence & du conſentement de leurs parens & amis ; ſçavoir de la part dudit Sieur futur tels & tels ; & de la part de ladite Dame future de tels & tels, par l'avis deſquels ils ont promis & promettent ſe prendre l'un l'autre en foy & loy de Mariage, & iceluy faire celebrer, &c. Pour être, comme en effet leſdits Sieur & Dame futurs époux ſeront, uns & communs, &c. ſans être tenus neanmoins des dettes l'un de l'autre , &c. *Ces clauses comme aux precedens Contrats.*

Ledit Sieur futur est entré audit Mariage avec ses droits , noms , raisons & actions que ladite Dame future épouse a dit bien sçavoir & connoître , dont elle est contente , & pourquoy n'en est fait icy plus ample déclaration. Comme pareillement ledit Sieur futur prend ladite Dame future épouse avec ses biens , droits, noms, raisons & actions qu'elle a dit consister en ses propres (*il les faudra déclarer si l'on veut*) & en ses autres reprises & conventions portées au Contrat de Mariage d'entre elle & ledit deffunt son premier mary , passé pardevant tels Notaires à.... le.... & aux meubles & immeubles qui luy appartiennent par droit de communauté d'entre elle & ledit deffunt, desquels elle a promis faire faire inventaire à sa requête , tant en son nom , que comme Tutrice de ses enfans mineurs , en presence d'un legitime contradicteur , & ledit inventaire faire clore en Justice avant la celebration du futur Mariage pour diſſoudre la communauté du premier Mariage.

Ou ſi elle a fait inventaire, elle le dé-clarera, & ſera ſeulement ajoûté.

Deſquels meubles & effets inventaire ayant été fait incontinent aprés le deceds de ſon premier mary, a été convenu que recolement ſera fait par les Notaires ſouſſignez du contenu audit inventaire & mention des meubles changez, diminuez ou augmentez d'état ou de valeur en preſence dudit Sieur futur époux avant la celebration du futur Mariage, pour être attaché audit inventaire, & en être déli-vré des copies à la premiere requi-ſition des parties, & qu'avant de paſſer outre audit Mariage ladite Dame future épouſe ſera tenuë auſſi de faire émanciper ſes enfans (*s'ils ſont en âge de l'être*) pour pouvoir leur être rendu compte de la geſtion & adminiſtration tutelaire qu'elle a eu des biens de leur deffunt pere. Deſquels biens appartenans à ladite Dame future épouſe en entrera en communauté la ſomme de.... le ſurplus ſera reputé propre, &c. *comme aux precedens Contrats.*

A été accordé expreſſement entre les parties que les enfans de ladite Dame future épouſe & dudit deffunt Sieur de.... ſon premier mary, ſeront élevez, nourris, entretenus & inſtruits en la Religion Catholique, Apoſtolique & Romaine par les ſoins de ladite Dame leur mere, & aux dépens de la communauté ſtipulée entre leſdits futurs conjoints juſqu'à l'âge de.... ſi tant dure ladite communauté, pour ſeulement le revenu de leurs biens & ſans diminution du fond d'iceux ; ce qui a été agréé par ledit Sieur futur époux, lequel pour d'autant plus faire connoître ſon affection à ladite future & à ſes enfans, déclare qu'il prend & accepte volontairement la tutelle deſdits enfans pour regir, gouverner & adminiſtrer leurs corps & biens conjointement avec ladite future épouſe leur mere ; & pour continuer même ladite tutelle par ledit futur en cas de predeceds de leurdite mere. Et en conſideration des peines & ſoins que ledit Sieur futur pourra prendre dans ladite tutelle, & de l'eſperance qu'a ladite

Dame future épouse qu'il voudra
bien assister sesdits enfans de ses
bons avis aprés la tutelle finie dans
toutes leurs affaires, & les assister
de sa protection comme feroit leur
propre pere ; & pour la bonne a-
mitié que ladite future porte d'ailleurs à sondit futur époux, elle luy
a fait & fait par ces presentes donation pure & simple entre-vifs &
irrevocable, ce acceptant pour luy,
ses hoirs & ayans cause, de telle
part & portion de tous ses biens
meubles, acquêts & conquêts immeubles, & de ses propres presens
& à venir, que l'un de ses enfans
moins prenant aura & prendra à
titre de succession en ses biens aprés
son deceds, ainsi qu'il est permis
par l'Edit des secondes nôces ; même le cas arrivant qu'au tems du
deceds de ladite future épouse, il
n'y ait aucuns enfans vivans soit
de son premier lit, soit dudit futur Mariage, elle donne audit Sieur
futur époux, ses hoirs & ayans
cause en la maniere que dessus entre-
vifs & irrevocablement, ce acceptant,
telle partie de tous ses biens en proprieté de quelque nature qu'ils

foient, & en quelques lieux qu'ils foient affis & fituez, fans aucune chofe excepter, referver, ny retenir, pour defdits biens en joüir, faire & difpofer par ledit futur époux, fes hoirs & ayans caufe en tout droit de proprieté, poffeffion & joüiffance, & comme de chofes à eux appartenantes au moyen de la prefente donation qui fera infinuée, confentant icelle, & donnant pouvoir à cet effet au porteur, &c.

Les claufes du doüaire, du préciput, de renonciation par la femme à la communauté avec faculté de reprendre, & de remploy de propres en cas d'alienation, & le refte comme aux modeles precedens.

Contrat de Mariage en pays de droit écrit.

FUrent presens & conſtituez en leurs perſonnes Meſſire Hector du Val, Chevalier, Seigneur de ſaint Illieres, & avec luy de ſon autorité & permiſſion Meſſire Thimoleon du Val ſon fils aîné, d'une part : Et Meſſire Claude Corbie, & avec luy de ſon autorité & per- miſſion Damoiſelle Marie-Thereſe de Corbie ſa fille, d'autre part. Leſ- quelles parties de l'avis & conſen- tement de leurs parens & amis, font entre elles pour eux & les leurs les promeſſes, conſtitutions, donations en cas de ſurvie & au- tres pactions & conventions qui en- ſuivent ; c'eſt à ſçavoir que leſdits Sieur Thimoleon du Val & Da- moiſelle Marie-Thereſe de Corbie ont promis & promettent ſe pren- dre en foy & loy de Mariage en face de nôtre mere ſainte Egliſe , &c.

En faveur duquel futur Mariage ledit

ledit Sieur de faint Illieres conftitué en fa perfonne pere dudit Sieur futur époux, a donné & donne audit Sieur fon fils par donation entre-vifs irrevocable & à caufe de nôces à perpetuité, pour préciput & avantages, ce acceptant, la Terre & Seigneurie de..... confiftant, &c. Et pour joüir par ledit Sieur futur époux de la préfente donation à luy faite, & en pouvoir difpofer à l'avenir à fa volonté comme de chofe à luy appartenante. Ledit Sieur de faint Illieres pere a déclaré & déclare qu'il l'a émancipé & émancipe ; ladite donation faite fans préjudice audit Sieur futur à prendre part aux autres biens dudit Sieur de faint Illieres fon pere, par fucceffion, *ab inteftat*, par teftament ou autrement.

Et de la part de ladite Damoifelle future époufe, en faveur dudit futur Mariage, ledit Sieur de Corbie pere & conftitué tel en fa perfonne, a volontairement conftitué & conftituë en dot audit Sieur futur époux, au profit toutefois de ladite Damoifelle future époufe fa fille, la fomme de quarante mil

livres qu'il promet payer, fçavoir
moitié le jour de la benediction
nuptiale, & l'autre moitié trois mois
aprés fans interêts pendant ce tems,
laquelle fomme dés lors du payement & pour affûrance de la reftitution qui s'en devra faire le cas
d'icelle arrivant, ledit Sieur futur
du confentement de fefdits parens,
a affigné & affigne fur ladite Terre & Seigneurie de.... à luy donnée par ledit Sieur fon pere ; &
moyennant le payement de laquelle
fomme ladite Damoifelle future é-
poufe de l'autorité & confentement
dudit Sieur futur époux, renoncera
& renonce dés à prefent comme
pour lors aux fucceffions échûës &
à écheoir defdits Sieur & Dame fes
pere & mere, fans prétendre aucun droit de legitime, fupplément
d'icelle & autres generalement quelconques, & ce au profit & pour
l'avantage de fes freres & de leurs
enfans & defcendans, & de chacun
d'eux pour telle part & portion
qu'il plaira audit Sieur de faint Illieres de difpofer de leurs biens entre ces autres enfans. Et à la charge que ledit Sieur futur époux s'obli-

gera en son nom de garantir & faire valoir en cas que ladite Damoiselle future épouse pendant le present Mariage, ou les enfans issus d'iceluy voulussent aprés son deceds reclamer contre ladite renonciation; mais s'il arrivoit que lesdits enfans mâles vinssent à deceder sans hoirs avant ledit Sieur de saint Illieres pere, sera loisible à ladite Damoiselle future épouse de prendre & accepter si bon luy semble la succession de sesdits pere & mere, le tout sans préjudice à ladite Damoiselle future des droits successifs qui luy pourroient écheoir de ses ayeux & autres ascendans aprés le deceds de sesdits pere & mere. Ledit Sieur futur époux a donné & promis donner le jour de la benediction nuptiale à ladite Damoiselle sa future épouse en bagues & joyaux jusqu'à la somme de trois mil livres, pour en disposer par elle à sa volonté.

Au cas que ledit Sieur futur époux vienne à deceder avant ladite Damoiselle sa future épouse, il luy donne pour gain de survie sa vie durant, & par chacun an la somme de six cens livres. Mais au cas que ladite Damoiselle future épouse predecede ledit Sieur futur époux, elle luy donne en proprieté la somme de dix mil livres à prendre sur les deniers qui composent sa dot, & ne sera ledit Sieur futur audit cas de survie de sa part tenu de restituer le surplus de la dot que deux ans aprés la dissolution de la communauté, sans être obligé d'en payer l'interêt. Car ainsi le tout a été accordé, convenu & arrêté entre lesdites parties qui ont promis le tenir & entretenir selon sa forme & teneur, à peine de tous dépens, dommages & interêts, & sans lesquelles clauses le futur Mariage ne prendroit sa perfection. Et pour la validité des presentes, lesdites parties consentent qu'elles soient insinuées & enregistrées où besoin sera, constituant à cet effet, &c. Fait & passé, &c.

L'on trouvera bien d'autres clauses extraordinaires répanduës dans ce Traité, qui n'ont pû entrer dans le corps des formules cy-dessus, sans en troubler l'œconomie, ny

fans former des contrarietez cho-
quantes ; ainfi pour ne pas tomber
dans cet inconvenient, il a fallu é-
viter, par exemple, d'y faire entrer
la claufe qu'il n'y aura pas de communauté entre les conjoints ; celle
de feparation de biens dans toutes
fes circonftances ; les précautions
que les pere & mere mariant leurs
enfans, ftipulent pour eux par bien
des endroits expliquez au chapitre
de la dot ; les referves & ftipulations d'ufufruit que font les pere
& mere à leur profit en cas qu'ils les
furvivent, des biens qu'ils donnent en
Mariage à leurs enfans, fuivant l'art.
281. de la Coûtume de Paris ; les
conditions qui s'impofent aux donations en faveur de Mariage, charge
de rapport en tout ou partie ; les renonciations des filles aux fucceffions
directes échûës en faveur d'un aîné ou autrement, moyennant la
dot promife ; les conditions & les
claufes de fûreté pour les faire valoir ; les referves des fucceffions à
écheoir & celles des afcendans ;
autre renonciation par les enfans
d'un premier lit au droit & profit
d'une communauté continuée avec

le furvivant pere ou mere ; les dé-
charges de geſtion & adminiſtration tutelaire & de compte ſtipulées
par les pere & mere , moyennant
les avantages faits aux enfans , les
ſûretez à prendre à cet égard ; l'imputation de la dot promiſe ſur les
ſucceſſions échûës ou à écheoir ;
les inſtitutions d'heritier avec leurs
differences ; les ſubſtitutions ; les
promeſſes de garder l'égalité entre
enfans ſans pouvoir avantager l'un
plus que l'autre ; les differentes manieres de changer les biens de nature ; le doüaire ſans retour ; la faculté accordée à la femme de reprendre en cas de ſurvie ; les differentes voyes & manieres par leſquelles les futurs peuvent s'avantager par Contrat de Mariage , expliquées au chap. 11. les differentes
clauſes qui entrent dans les Contrats
de Mariage faits en pays de droit
écrit , & tant d'autres clauſes &
conventions dont nous avons parlé qui dépendent de la nature de
chaque Contrat par rapport aux circonſtances , aux conditions & facultez des parties , à l'intelligence
deſquelles le diſcernement, l'étude

& l'experience doivent plus contribuer qu'un tas de formules qui ne
donnent du fond des chofes qu'une
idée fpeculative qui conduit fouvent
à l'erreur.

F I N.

Observations principales sur les Contrats de Mariage en pays de droit écrit.

DAns les Provinces de France qui n'ont point de loix municipales uniformes redigées en Coûtumes, qui n'ont au plus que des Statuts particuliers sur certaines choses, & qui en general se regissent selon l'esprit des loix Romaines, comme en Gascogne, Languedoc, Provence, Lionnois, Beaujolois, Forests, Maconnois & autres pays adjacens,

La communauté de biens entre mary & femme n'y est point reçüe; cependant les futurs conjoints en peuvent stipuler une par Contrat de Mariage de même qu'en pays coûtumier, parce que le droit Romain ne prohibe pas telle convention.

La femme n'a pas de doüaire; mais le mary luy constituë une donation à cause de nôces, ou un augment de dot qui tient lieu de communauté & de doüaire.

Cet augment fe regle fuivant l'u-
fage ; par les Statuts de la ville de
Touloufe, c'eft la moitié de la dot
de la femme. Ailleurs c'eft le tiers ;
il peut être rendu plus fort par Contrat de Mariage, & quoyqu'il n'en
foit pas parlé au Contrat, il ne laiffe
pas d'être dû à la femme, *arbitrio
boni viri, quia non venit ab homine,
fed à lege.*

Mais cet augment n'eft dû à la
veuve par les heritiers du mary,
qu'en cas que la dot en deniers ait
été payée, autrement il n'eft pas
dû, ou du moins la femme n'a-t-el-
le droit d'en demander le payement
qu'à proportion de ce que le mary a
reçu de la dot.

Il fe fait & conftituë entre les
conjoints des dons ou gains de furvie qui dépendent des parties contractantes & qui appartiennent au
furvivant fuivant la loy du Contrat. Ces gains de furvie font ordinairement.

1°. L'augment de dot promis à
la femme par le mary, dont vient
d'être parlé.

Il en faut ftipuler l'interêt du jour

de la diffolution du Mariage par mort ou par feparation, pour éviter la difficulté de fçavoir fi l'augment a le même privilege que la dot pour les arrerages, qui eft une queftion diverfement agitée.

2°. C'eft un don de furvie quand il eft ftipulé que fi la femme predecede le mary fans enfans, la dot appartiendra au mary en tout ou en partie.

3o. De même s'il eft ftipulé qu'arrivant le deceds du mary, les fruits & interêts des biens de la femme pendant la derniere année du Mariage luy appartiendront fans en faire part aux heritiers du mary.

Autrement & fans laquelle claufe ils fe partageront en commun.

4°. L'on appelle encore gain de furvie la rente viagere que le mary donne ordinairement à fa femme à prendre fur fes biens en cas qu'elle le furvive, foit qu'il y ait enfans ou non, ou dans ce dernier cas feulement.

Enfin, tout ce qui dégenere en avantage foit reciproque entre conjoints, foit au profit de l'un ou de l'autre, est compris sous le titre de gain de survie.

La femme a de deux sortes de biens. Le fond dotal & les paraphernaux.

Le fond dotal est ce qui luy est donné & constitué en dot, dont le mary jouit pour soutenir les charges du Mariage, & qui sert ordinairement de proportion à l'augment & donation à cause de nôces, que le mary constituë à sa femme.

Les paraphernaux sont les biens qu'elle reserve outre sa dot, & ceux qui luy viennent par succession, donation ou autrement pendant le Mariage, pour en disposer à sa volonté, & dont elle jouit pour son profit personnel.

Il est bon d'en faire mention au Contrat par une clause de reserve.

La femme peut commettre à son mary par le Traité de Mariage l'administration de ses biens paraphernaux; en ce cas le mary est tenu de rendre compte des revenus.

Quand la dot est constituée par pere & mere en deniers, la restitution ne s'en fait par le mary sur-

vivant qu'un an après le deceds de
sa femme, sans interêt, s'il n'est
stipulé au Contrat que le mary sera tenu de la restituer si-tôt le deceds de la future, avec les interêts
du jour de la mort.

Pour sûreté de laquelle dot promise en argent, l'on stipule ordinairement assignat en rente sur un certain bien du mary, ou que le remploy en sera fait pendant le Mariage en acquisition d'heritages.

En pays coûtumier l'on mettroit
cette clause à autre fin, sçavoir pour
rendre les deniers dotaux propres
de communauté ; mais en pays de
droit écrit, il n'y a pas de communauté entre conjoints. Cette stipulation n'est que pour procurer une
assûrance à la femme des deniers
dotaux qui doivent être restituez par
le mary après la dissolution du Mariage.

Moyennant les choses promises
par pere & mere à leur fille en Mariage, ils la peuvent faire renoncer à leurs successions futures, droit
de legitime & supplément d'icelle
au profit des autres enfans mâles,
ou descendans des mâles.

L'on peut convenir que le mary sera obligé de supporter les charges du Mariage pour une certaine somme par chacun an qui sera prise sur la dot de sa femme, pour le surplus de la dot être rendu à la femme ou ses heritiers.

Celuy qui constituë la dot, peut stipuler qu'arrivant le deceds de la femme sans enfans, la restitution s'en fera à luy ou aprés luy à la personne qu'il indiquera au Contrat, ou qu'il se reserve de nommer quand il luy plaira.

Le mary n'est obligé de restituer la dot de sa femme predecedée, qu'autant qu'il le peut, & déduction faite de ce qui luy est necessaire pour vivre quand il n'a pas de biens de son chef, la dignité du Sacrement de Mariage qui unit les conjoints d'un nœud sacré & indissoluble ne permettant pas que le mary qui reste indigent soit privé de son necessaire aprés le deceds de sa femme qui laisse des biens, ce qui est conforme à l'authentique *Prætereà* au titre du Droit *Unde vir & uxor.*

Par Contrat de Mariage le pere a la liberté d'instituer son fils son

heritier, & de choisir pour cela celuy de ses enfans qu'il luy plaît ;
& il n'y a gueres de Contrats de
Mariage en pays de droit écrit, sur
tout entre gens de qualité, où il n'y
ait une institution d'heritier univer-
sel, & cette institution d'heritier
d'un des enfans est valable au préjudice des autres.

Les substitutions directes, fidei-
commissaires & graduelles y sont
aussi d'un frequent usage en faveur
des mâles, les unes & les autres
étant introduites pour conserver le
nom & la dignité des familles.

Tous avantages sont permis entre
les futurs conjoints par Contrat de
Mariage sans aucune limitation.

Toutes ces clauses sont conformes
à l'esprit du Droit Romain ; l'on s'en
sert de beaucoup d'autres qui qua-
drent à l'usage du pays coûtumier ;
il n'en est pas icy parlé, parce qu'elles sont distribuées dans le corps de
ce Traité, & moins extraordinaires
que celles qu'on pratique en pays
de droit écrit, qui dans nos Provinces sont connuës de peu de personnes.

Instruction sommaire sur les Traitez de Mariage qui se passent en Normandie.

LEs singularitez qui se trouvent dans l'usage de la Province de Normandie, quoi-que pays coûtumier, touchant les droits qui apartiennent aux gens mariez, meritent quelques observations particulieres pour donner tout d'un coup une idée generale de cette Coûtume, & faire connoître quelles sont ses dispositions en ce qui regarde les communautez, dots, doüaires, avantages des conjoints, & autres conventions matrimoniales ; ce qui est d'autant plus utile à sçavoir, que comme cette Province est voisine de Paris, elle est aussi celle avec laquelle l'on a plus de commerce & d'habitude pour faire des établissemens par Mariage ; & par consequent chacun a interêt d'être instruit de la difference qu'il y a de la condition des Mariez de ce pays-là, avec celle des Provinces limitrophes.

La Coûtume de Normandie semblable à quelques autres du Royaume ne reçoit pas la communauté entre conjoints.

Le mary est le maître de tout le mobilier , & des acquisitions qui sont faites pendant le Mariage ; il en peut disposer à sa volonté , même en fraude de la femme, qui ne peut y rien prendre qu'après le decés de son mary , en cas qu'elle en soit heritiere , auquel cas elle prend dans la plûpart des Bailliages la moitié en proprieté des conquêts faits en bourgage , & la moitié ou le tiers de ceux faits hors bourgage.

La même Coûtume qui exclud la communauté étant prohibitive , l'on ne peut par Contrat de Mariage déroger à sa disposition. Cela est certain , & s'observe entre les personnes domiciliées & contractans Mariage en Normandie.

L'on tient aussi que cette regle a lieu entre les personnes de Normandie qui vont se marier à Paris , qui y passent leur Contrat , mais qui retournent continuër leur domicile en leur païs.

Des personnes étant domiciliées

à

à Paris ou en autres Coûtumes fem-
blables où elles contractent Mariage, suivant la loy municipale du
pays qui admet la communauté, si
le mary vient à faire des acquisitions en Normandie fans y aller demeurer, la regle eft de les reputer
communs aux conjoints, foit pour
empêcher la fraude du mary, qui
pour avoir la libre difpofition de
toutes les acquifitions ne manqueroit pas de les faire dans des lieux
où la communauté n'eft pas reçûë,
foit pour empêcher les avantages
indirects de la part de la femme,
qui pour favorifer fon mary, confentiroit qu'il ne fe fift d'acquifitions
qu'en pays où les mariez ne font pas
communs en biens.

L'on tient encore que les perfonnes mariées en Normandie allant faire leur demeure en pays de
communauté, si le mary y decede,
la femme joüira de la communauté pour les meubles, parce qu'ils
suivent le domicile ; enfemble pour
les conquêts fi les Coûtumes où ils
font fituez le permettent ; qu'au
contraire fe mariant à Paris ou en
autres Coûtumes femblables, & al-

lant aprés coup s'établir en Normandie où le mary decede , la femme sera privée du mobilier & des conquêts situez dans la Province , si ce n'est de la part que la Coûtume luy donne à titre d'heritiere de son mary dans ceux faits en bourgage ou hors bourgage.

Rien n'empêche qu'en Normandie les filles ne soient dotées en Mariage comme en autre pays coûtumier ; cela est certain en general. Voicy neanmoins les restrictions & differences remarquables qu'on y apporte.

1°. Que les pere & mere peuvent marier leur fille avec *un chapeau de rose* ; c'est le langage dont se sert la Coûtume pour marquer qu'ils ne sont pas obligez neceffairement de la doter en argent ny en heritage , ny de luy rien donner.

2°. Que la fille étant une fois mariée du vivant de pere & mere quoyque gratuitement, n'a plus rien à esperer en leurs succeffions dont elle est excluse par la Coûtume , si par le Contrat de Mariage elle n'est refervée en termes exprés au partage desdites succeffions.

z°. Que les pere & mere qui promettent à leur fille certains biens
pour la dot fuivant la liberté generale qu'ils ont de le faire, ne font
pas garants des chofes promifes, fur
ce principe & par cet argument tiré de la Coûtume, que n'étant o-
bligez à rien donner, ils font pré-
fumez ne s'être voulu obliger à la
garantie de ce qu'ils donnent.

Un gendre en ce cas doit prendre
fes précautions, & fe faire donner
des fûretez immanquables.

4°. Qu'encore qu'une fille dotée
réellement ou non, quand elle a des
freres, foit à jamais privée de toute efperance de fucceder à fes pere
& mere à titre d'heritiere, ou par
le benefice d'un rappel fait hors le
Contrat de Mariage ; cependant elle
eft capable de legs, & de recevoir
de fes pere & mere des liberalitez
jufqu'à concurrence de ce qu'il eft
permis de donner à un étranger.

5°. Que quand une fille eft mariée par pere & mere en deniers
ou autres effets mobiliers excedans
le tiers de la fucceffion defdits pere & mere tant en meubles qu'immeubles, fi fon mary ne s'en eft pas

fait payer en entier du vivant des
donateurs, aprés leurs deceds les
freres ont la faculté de faire réduire la dot au tiers de tous les biens,
meubles & heritages qui se trouvent dans les successions. C'est pourquoy en Normandie plus qu'ailleurs
le gendre a grand interêt d'être
payé comptant la veille ou le jour
des nôces de la dot de sa femme,
& ne doit pas se rendre facile à accorder des termes trop longs de
payement, de crainte de tomber
dans le cas de la disposition de l'art.
255. de la Coûtume, lequel a rapport à l'art. 404. qui attribuë aux
enfans renonçans à la succession de
leur mere le tiers des biens qu'elle
avoit lors de son Mariage, de ceux
qui luy sont échûs constant iceluy,
ou qui luy ont appartenus, à droit
de conquêts, qui est une disposition
singuliere pour cette Coûtume donnant aux enfans ce tiers des biens
maternels, à l'exemple du tiers coûtumier en doüaire sur les biens paternels & aux mêmes conditions,
comme une ressource qu'elle leur
conserve pour les aider à subsister.

6°. Que si les filles ne sont pas

mariées du vivant de pere & mere, aprés leur deceds elles restent en la garde de leur frere pendant un an pour être pourvûës. Qu'en dedans l'année elles peuvent demander au frere *Mariage avenant.* Que ce *Mariage avenant*, autrement dit *dot raisonnable*, est à l'arbitrage du frere. Que son obligation capitale c'est de marier ses sœurs sans les déparager, ny mesallier. Que si le parti proposé par le frere est sortable à la condition de la sœur, elle doit se contenter de la dot offerte & agréée par le futur époux, & plus encore si le Mariage est contracté sur ce pied, sans pouvoir prétendre autre chose en l'heritage des pere & mere; que si le frere neglige ou fait refus de marier sa sœur, elle peut se pourvoir par l'avis de ses parens, & demander *Mariage avenant* suivant l'estimation qu'ils en feront.

En Normandie le mary prend ordinairement un don mobile sur la dot promise à sa femme; ce don mobile est plus ou moins fort suivant qu'il est stipulé au Contrat; il se prend par le mary en cas de survie, & l'usage de la Province l'a introduit pour le récompenser des avantages qu'il fait à sa femme (quoyque tres-bornez, comme on le reconnoît par ce memoire.)

Quand ce don mobile n'est pas convenu par Contrat de Mariage, l'usage du Parlement de Roüen est de le regler au tiers de la dot de la femme ; mais pour cela il faut que le Contrat ne renferme point de clauses opposées. Car par exemple si la dot a été constituée à la femme en deniers pour luy tenir lieu de patrimoine, ou qu'elle soit destinée en acquisition d'heritage pour tenir nature de propre à la fille côte & ligne, le mary sera privé du don mobile ; il faut suivre la loy du Contrat.

Delà s'ensuit que le mary survivant est obligé de restituer entierement la dot de sa femme quand elle consiste en immeubles, ou que les deniers dotaux ont été promis pour servir de patrimoine à la future épouse.

Que si la dot en deniers a été promise & donnée purement & simplement, le mary fait diftraction à fon profit de fon don mobile, & rend le furplus aux heritiers de la femme.

Dans les Contrats de Mariage faits en Normandie, l'on n'y voit ny convention d'ameubliffemeut de partie de l'heritage de la femme, ny ftipulation d'un préciput reciproque en meubles au profit du furvivant des deux conjoints.

Parce qu'à l'égard de l'ameubliffement, comme il ne fe fait jamais *nifi refpectu focietatis*, que pour faire un fond à la communauté à laquelle les futurs mariez doivent contribuer dans une proportion raifonnable qui ne peut être gardée fans le fecours de l'ameubliffement quand l'un des futurs n'a point d'argent, point d'effets mobiliers, mais feulement des immeubles, dés que la Coûtume de Normandie deffend fi pofitivement les communautez entre gens mariez fans laiffer la liberté d'y déroger, elle exclut par confequent l'ufage de ces ameubliffemens qui n'ont autre caufe que l'interêt d'une communauté.

Quant au préciput, quoyque ce ne foient pas tout-à-fait les mêmes motifs qui en font rejetter l'ufage, il eft vray neanmoins que le préciput en general fuppofant une maffe commune de biens dans lefquels le furvivant a déja part & un droit acquis, il femble que fans cette communauté de biens qui fait l'objet du préciput il ne puiffe fubfifter. Auffi ne parle-t on pas de préciput dans les Coûtumes qui rejettent la communauté, & en celle de Normandie l'on qualifie de don mobile l'avantage que le mary prend fur la dot mobiliere de fa femme.

Le doüaire dû à la femme & aux enfans confifte au tiers de l'heritage du mary, art. 371. Il s'appelle le *tiers coûtumier* qui ne peut être augmenté telle convention qu'on puiffe faire ; parce qu'il n'eft pas permis de déroger à la Coûtume en ce qui regarde le doüaire.

Delà vient qu'en Normandie l'on ne fe fert gueres de doüaire prefix ; car comme il ne peut être plus avantageux que le coûtumier, & que s'il eft ftipulé au delà, il eft fujet à réduction à proportion du tiers coûtumier, on s'en tient à ce qu'en ordonne la Coûtume.

Le

Le doüaire confiftant au tiers coûtumier de l'heritage du mary, peut être ftipulé moindre par le Contrat de Mariage ; mais telle convention n'a lieu que contre la femme ; elle ne peut nuire aux enfans propriétaires & faifis du doüaire par la Coûtume en conformité de laquelle ils peuvent demander la totalité du tiers des heritages, nonobftant le choix de leur mere.

A l'égard des avantages que les futurs fe peuvent faire par Contrat de Mariage, ils ne font pas reciproquement libres en la Coûtume de Normandie.

La donation de la femme au mary par Contrat de Mariage, eft permife.

Mais fi le futur époux donne à fa future époufe, la donation fera nulle.

Tout l'avantage que le mary peut faire à fa femme, fe réduit au tiers coûtumier en doüaire.

La femme veuve renonçant à la fucceffion de fon mary prend fon lit, fes robes, linges & autres meubles neceffaires à fa perfonne par un benefice que la Coûtume art. 395. luy accorde, & ces meubles

M m

s'appellent les *paraphernaux* de la
femme, differens toutefois de ceux
reconnus en pays de droit écrit expliquez au chap. 4.

Il est necessaire de sçavoir qu'en
Normandie les femmes ne peuvent
s'obliger envers qui que ce soit,
même de l'autorité de leurs maris.
Ainsi la femme ne peut consentir
l'alienation de ses biens dans tous
les actes qu'elle auroit passez ; elle
joüit pleinement du benefice du Senatusconsulte Velleian qui est en
vigueur en Normandie, nonobstant
l'Edit abrogatoire du Roy Henry
IV. de l'an 1606. qui n'y a pas été
verifié.

C'est par la même raison qu'il est
inutile de stipuler au Contrat de
Mariage l'hypoteque au profit de
la femme pour l'indemnité des dettes, comme à plus forte raison de
mettre aucune clause d'indemnité
en sa faveur ; car ne pouvant s'obliger valablement, elle n'a pas d'indemnité à prétendre, ny par consequent de précautions à prendre
pour s'en procurer la sûreté.

La loy generale établie sur la Jurisprudence des Arrêts du Parlement

de Paris, donne hypoteque legale & tacite à la femme du jour de fon Contrat de Mariage, tant pour la repetition de fa dot, que pour le remploy de fes propres alienez & autres reprifes & conventions matrimoniales ; il en eft de même en Normandie par l'art. 539. de la Coûtume pour la repetition de la dot, & au cas de *Mariage encombré,* c'eft-à-dire, de biens dotaux alienez, tant ceux qui ont été donnez en faveur de Mariage, que ceux qui font échus à la femme en ligne directe pendant le Mariage ; ainfi fe doit entendre ledit art. 539. fuivant les raifons & les Arrêts rapportez par Bafnage en fon Traité des hypoteques chap. 13. pag. 218. & fuivantes.

Mais par l'art. 542. cette hypoteque tacite n'a lieu pour la repetition des autres biens autrement à elle venus & échus depuis la dot, que du jour des alienations.

Il eft vray que comme la femme ne peut confentir à l'alienation de fes biens, elle a droit de revendication de fon fond, & d'en évincer les tiers acquereurs quand les biens du mary ne suffisent pas pour l'indemniser.

L'Edit de 1606. concernant l'obligation du controlle de tous Contrats passez pardevant Notaires pour acquerir hypoteque a été revoqué en France, si ce n'est en Normandie où cet Edit a lieu ; les Contrats de Mariage sont assujettis comme d'autres à cette formalité il ne la faut pas négliger.

Ces observations serviront à ceux qui ne sont pas nourris dans les usages de Normandie, pour n'être pas surpris dans les occasions du Mariage qui demandent une instruction d'autant plus certaine, que les fautes & omissions faites à cet égard sont sans remede.

Elles servent en même tems à faire connoître qu'en Normandie les mâles sont grandement favorisez. La Coûtume se déclare pour eux en toutes occasions, & les filles au contraire y sont mal traitées. Cette difference de condition vient de ce que ces peuples n'ont en vûë que la conservation de leurs familles dans une fortune qui puisse se soutenir par la réünion des biens, à quoy les filles ne peuvent contribuer , puifqu'elles s'écliptiffent au contraire des meilleures maisons par leurs Mariages qui les fait changer de nom. Delà vient auffi que l'on dit vulgairement en Normandie : *Marie ton fils à Paris.* Et à Paris, *Marie ta fille en Normandie.*

Ordonnance de Blois du Roy Henry III. du mois de May 1579.

ARTICLE XL.

POur obvier aux abus & inconvéniens qui adviennent des Mariages clandeftins, avons ordonné & ordonnons que nos Sujets de quelque état, qualité & condition qu'ils foient, ne pourront valablement contracter Mariages fans proclamations precedentes de bans faites par trois divers jours de Fêtes, avec interval competant, dont on ne pourra obtenir difpenfe finon aprés la premiere proclamation faite, & ce

Mm iij

feulement pour quelqu'urgente ou
legitime caufe, & à la requifition
des principaux & plus proches parens communs des parties contractantes. Aprés lefquels bans feront
époufez publiquement ; & pour
pouvoir témoigner de la forme qui
aura été obfervée efdits Mariages,
y affifteront quatre perfonnes dignes de foy pour le moins, dont
fera fait regiftre, le tout fur les
peines portées par les Conciles. Enjoignons aux Curez, Vicaires &
autres de s'enquerir foigneufement
de la qualité de ceux qui fe vou-
d ont marier ; & s'ils font enfans
de famille ou étant en la puiffance
d'autruy, Nous leur deffendons expreffement de paffer outre à la celebration defdits Mariages, s'il ne
leur apparoît du confentement des
peres, meres, Tuteurs ou Curateurs,
fur peine d'être punis comme fauteurs du crime de rapt.

ARTICLE XLI.

Nous voulons que les Ordonnances cy-devant faites contre les enfans contractans Mariages fans le

consentement de leurs peres, meres, Tuteurs ou Curateurs, soient gardées, mêmement celle qui permet en ce cas les exheredations.

Article XLII.

Et neanmoins voulons que ceux qui se trouveront avoir suborné fils ou fille mineurs de vingt-cinq ans sous prétexte de Mariage ou autre couleur, sans le gré, sçû, vouloir & consentement exprés des peres, meres & de Tuteurs, soient punis de mort sans esperance de grace & pardon, nonobstant tous consentemens que lesdits mineurs pourroient alleguer par aprés avoir donnez audit rapt lors d'iceluy ou auparavant, & pareillement seront punis extraordinairement tous ceux qui auront participé au rapt, & qui auront prêté conseil, confort & aide en aucune maniere que ce soit.

Article XLIII.

Deffendons à tous Tuteurs accorder ou consentir le Mariage de leurs mineurs, sinon avec l'avis &

confentement des plus proches parens d'iceux, tant paternels que maternels, fur peine de punition exemplaire.

Article XLIV.

Deffendons pareillement à tous Notaires, fur peine de punition corporelle, de paffer ou recevoir aucunes promeffes de Mariage par paroles de prefent.

Article CCLXXI.

De la même Ordonnance de Blois.

Deffendons à tous Gentilhommes & Seigneurs de contraindre leurs fujets & autres de bailler leurs filles, nieces ou pupilles en Mariage à leurs ferviteurs ou autres contre la volonté & liberté qui doit être en tels Contrats, fur peine d'être privez du droit de Nobleffe, & punis comme coupables de rapt. Ce que femblablement nous voulons aux mêmes peines être obfervé contre ceux qui abufant de nôtre faveur par importunité ou plû.

tôt subrepticement, ont obtenu ou
obtiennent de Nous lettres de ca-
chet, closes ou patentes, en vertu
desquelles ils font enlever ou se-
questrer filles, icelles épousent ou
font épouser contre le gré & vouloir de père, mere, parent, Tuteurs ou Curateurs.

Article 25. de l'Edit de Melun
du mois de Fevrier 1580.

NOus deffendons à nos Juges,
és causes de Mariages pen-
dantes pardevant les Ecclesiastiques,
de faire deffenses de passer outre au
jugement d'icelles, sous prétexte de
rapt, sans grande & apparente raison, dont nous chargeons leur
conscience & honneur ; & neanmoins seront tenus les delateurs
ou parties instigantes, faire instrui-
re & mettre en état de juger ladite Instance de rapt dans un an,
autrement & à faute de ce faire,
sera passé outre au jugement desdits
Mariages par lesdits Juges Ecclesiastiques. Voulons neanmoins l'ar-

ticle 40. dudit Edit des Eſtats tenus à Blois, portant deffenſes aux
Curez & Vicaires d'épouſer aucuns
enfans de famille, ou ceux qui ſont
en puiſſance d'autruy, s'il ne leur
appert du conſentement des peres,
meres, Tuteurs ou Curateurs, être
inviolablement gardé ſur les peines
contenuës en iceluy Edit.

Ordonnance du Roy Loüis XIII. du mois de Janvier 1629.

ARTICLE XXXIX.

L'Ordonnance de Blois touchant
les Mariages clandeſtins, ſera
exactement obſervée, & y ajoûtant:
Voulons que tous Mariages contractez contre la teneur de ladite
Ordonnance ſoient déclarez non
valablement contractez, faiſant deffenſes à tous Curez & autres Prêtres Seculiers ou Reguliers, ſur peine d'amende arbitraire, celebrer aucun Mariage de perſonnes qui ne
ſoient de leurs Paroiſſes, ſans la
permiſſion de leurs Curez, ou de

leur Evêque Diocefain, nonobftant tous privileges à ce contraires, & feront tenus les Juges d'Eglife juger les caufes defdits Mariages, conformément à cet article.

Article CLXIX.

Defirant conferver l'autorité des peres fur leurs enfans, l'honneur & la liberté des Mariages, & la reverence dûë à un fi faint Sacrement, & empêcher qu'à l'avenir plufieurs familles de qualité ne foient alliées de perfonnes indignes & demeures diffemblables, avons renouvellé les Ordonnances pour la punition du crime de rapt, & ajoûtant à icelles : Voulons que tous ceux qui commettront rapt & enlevement de veuves, de fils & de filles étant fous la puiffance des peres, meres, Tuteurs & parents, ou entreprendront de les fuborner pour fe marier, & qui auront aidé & favorifé tels Mariages fans l'aveu & confentement de leurs parents, Tuteurs & autres qui les auront en charge, foient punis comme infracteurs des loix & perturbateurs du repos public, & fera procedé contr'eux extraordinairement par punition de mort & confiscation de biens, fur iceux préalablement prifes les reparations adjugées, fans qu'il foit loifible aux Juges de nos Cours Souveraines & autres de moderer la peine établie par nôtre prefente Ordonnance. Enjoignons à cet effet à tous nos Juges d'informer promptement defdits crimes fi-tôt qu'ils auront été commis, & à nos Procureurs generaux & leurs Subftituts d'en faire pourfuite, encore qu'il n'y eût plainte ny partie, pour être procedé au jugement nonobftant oppofitions & appellations quelconques, fur peine d'en répondre en leur nom ; & outre deffendons tres-expreffement à toutes perfonnes de quelque qualité ou condition qu'elles foient de favorifer, donner retraite ou recevoir en leurs maifons lefdits coupables, ny retenir les perfonnes enlevées, à peine du rafement d'icelles, & de répondre folidairement, & leurs heritiers, des reparations adjugées ; mais aux Capitaines & Gouverneurs qui com-

mandent fous nôtre autorité aux
places, de ne les y admettre, ny
recevoir, fur les mêmes peines, &
d'être privez de leurs Charges, lefquelles en ce cas avons déclarées va-
cantes & impetrables pour y être par
Nous pourvû, fans qu'ils y puiffent
être rétablis, & afin de faire ceffer
telles entreprifes, & qu'à l'avenir tels
crimes ne puiffent être excufez &
couverts, Voulons fuivant les faints
Decrets & les Conftitutions Canoniques, tels Mariages faits avec
ceux qui auront enlevé lefdites veuves, fils & filles, être déclarez nuls
& de nul effet & valeur, comme
non valablement ny legitimement
contractez, fans que par le tems,
confentement des perfonnes ravies,
leurs parents & Tuteurs, prêtez a-
vant ou aprés lefdits prétendus Mariages, ils puiffent être validez &
confirmez, & que les enfans qui
viendront defdits Mariages foient
& demeurent bâtards & illegitimes, indignes de toutes fucceffions
directes & collaterales qui leur
pourroient écheoir. Enfemble les parents qui affiftent, donnent confeil,
aide & retraite, ou prêtent con-

sentement ausdits prétendus Mariages, & leurs hoirs, à toûjours incapables de pouvoir succeder directement ou indirectement ausdites veuves, fils, ou filles, & desquelles audit cas nous les avons privez &
déclarez indignes, sans que lesdits
enfans puissent être legitimez, ny
leurs parens rehabilitez pour recüeillir lesdits biens, & si aucunes
lettres étoient impetrées de nous
par importunité ou autrement, deffendons à nos Juges d'y avoir é-
gard.

DECLARATION DU ROY,

Portant Reglement fur l'ordre qui doit être obfervé en la celebration des Mariages , & contre ceux qui commettent le crime de rapt.

Du 26. Novembre 1639.

LOUIS par la Grace de Dieu Roy de France & de Navarre : A toux ceux qui ces prefentes Lettres verront, Salut. Comme les Mariages font le femeninaire des Etats, la fource & l'origine de la focieté civile , & le fondement des familles qui compofent les Republiques, qui fervent de principes à former leurs Polices, & dans lefquels fe trouvent la naturelle reverence des enfans envers leurs parents , & le lien de la legitime obeïffance des *Sujets* envers leur Souverain ; auffi les Rois nos predeceffeurs ont jugé digne de

leur foin de faire des loix de leur
ordre public, de leur decence ex-
terieure , de leur honnêteté & de
leur dignité. A cet effet ils ont
voulu que les Mariages fuſſent publiquement celebrez en face d'E-
gliſe avec toutes les juſtes ſolem-
nîtez & les cérémonies qui ont été
preſcrites comme eſſentielles par les
ſaints Conciles & par eux déclarées être non-ſeulement de la neceſſité du precepte , mais encore de
la neceſſité du Sacrement ; mais
outre les peines indictes par les Conciles , aucuns de noſdits predecef-
ſeurs ont permis aux peres & aux
meres d'exhereder leurs enfans qui
contractoient des Mariages clandeſtins ſans leur conſentement , &
de revoquer toutes & chacunes les
donations & avantages qu'ils leur
avoient faits ; mais quoyque cette
Ordonnance fût fondée ſur le premier commandement de la ſeconde table, contenant l'honneur &
la reverence qui eſt dûë aux parents, elle n'a pas été aſſez forte
pour arrêter le cours du mal & du
deſordre qui a troublé le repos de
tant de familles, & fletri leur honneur

neur par des alliances inégales, &
souvent honteuses & infames, ce
qui depuis a donné sujet à d'autres
Ordonnances qui desirent la proclamation de bans, la presence du propre Curé, & de témoins assistans à
la benediction nuptiale, avec des
peines contre les Curez, Vicaires
& autres qui passeroient outre à la
celebration des Mariages des enfans
de famille, s'il ne leur apparoissoit
des consentemens des peres & meres, Tuteurs & Curateurs, sur peine d'être punis comme fauteurs du
crime de rapt, comme les auteurs
& les complices de tels illegitimes
Mariages ; toutefois quelque ordre
qu'on ait pû apporter jusques à
maintenant, & pour rétablir l'honnêteté publique & des actes si importans, la licence du siecle, la dé-
pravation des mœurs ont toûjours
prévalu sur nos Ordonnances si
saintes & si salutaires, dont même
la vigueur & observation a été souvent relâchée par la consideration
des peres & meres qui remettent
leur offense particuliere, bien qu'ils
ne puissent remettre celle qui est
faite aux loix publiques ; c'est pour

quoy ne pouvant plus souffrir que nos Ordonnances soient ainsi violées, ny que la sainteté d'un si grand Sacrement, qui est le signe mystique de la conjonction de Jesus-Christ avec son Eglise, soit indignement profanée: & voyant d'autre part à nôtre grand regret, & au préjudice de nôtre Etat, que la plûpart des honnêtes familles de nôtre Royaume demeurent en trouble par la subornation & enlevement de leurs enfans qui trouvent eux-mêmes la ruïne de leurs fortunes dans ces illegitimes conjonctions, Nous avons resolu d'opposer à la frequence de ces maux la severité des loix, & de retenir par la terreur de nouvelles peines, ceux que la crainte ny la reverence des loix divines & humaines ne peuvent arrêter, n'ayant en cela autre dessein que de sanctifier le Mariage, regler les mœurs de nos Sujets, & empêcher que les crimes de rapt ne servent plus à l'avenir de moyens & de degrez pour parvenir à des Mariages avantageux. A ces causes, aprés avoir mis cette affaire en déliberation en nôtre Conseil, de l'avis d'iceluy, & de nôtre certaine fcience, pleine puiffance & autorité Royale, Nous avons ftatué & ordonné, ftatuons & ordonnons ce qui enfuit.

PREMIEREMENT.

Nous voulons que l'article quarante de l'Ordonnance de Blois touchant les Mariages clandeftins foit exactement gardé, & interpretant iceluy, ordonnons que la proclamation des bans fera faite par le Curé de chacune des parties contractantes, avec le confentement des peres & meres, Tuteurs ou Curateurs, s'ils font enfans de famille, ou en la puiffance d'autruy, & qu'à la celebration du Mariage affifteront quatre témoins dignes de foy, outre le Curé qui recevra le confentement des parties, & les conjoindra en Mariage fuivant la forme pratiquée en l'Eglife. Faifons tres-expreffes deffenfes à tous Prêtres tant Seculiers que Reguliers, de celebrer aucun Mariage qu'entre leurs vrais & ordinaires Paroiffiens, fans la permiffion par écrit des Cu-

rez des parties , ou de l'Evêque Diocesain , nonobstant les Coûtumes
immemorialés & privileges que l'on
pourroit alleguer au contraire ; &
ordonnons qu'il sera fait un bon &
fidele registre tant des Mariages que
de la publication des bans , ou des
dispenses , & des permissions qui auront été accordées.

II.

Le contenu en l'Edit de l'an 1556,
& aux articles 41. 42. 43. & 44.
de l'Ordonnance de Blois sera ob-
servé , & y ajoûtant : Nous ordonnons que la peine de rapt demeure encouruë , nonobstant les consentemens qui pourroient intervenir
puis aprés de la part des peres , meres , Tuteurs & Curateurs , dérogeant expressement aux Coûtumes
qui permettent aux enfans de se
marier aprés l'âge de vingt ans ,
sans le consentement des peres , &
avons déclaré & déclarons les veuves , fils & filles moindres de vingt-
cinq ans qui auront contracté Mariage contre la teneur desdites Ordonnances , privez & déchûs par

leur seul fait. Ensemble les enfans
qui en naîtront & leurs hoirs indignes
& incapables à jamais des successions
de leurs peres, meres & ayeuls,
& de toutes autres directes & collaterales, comme aussi des droits &
avantages qui pourroient leur être
acquis par Contrats de Mariages &
Testamens, ou par les Coûtumes
& loix de nôtre Royaume, même
du droit de legitime, & les dispositions qui seront faites au préjudice de cette Ordonnance, soit en faveur des personnes mariées ou par
elles au profit des enfans nez de
ces Mariages, nulles & de nul effet
& valeur. Voulons que les choses
ainsi données, leguées ou transpor-
tées sous quelque prétexte que ce
soit, demeurent en ce cas acqui-
ses irrevocablement à nôtre fisque,
sans que nous en puissions disposer
qu'en faveur des Hôpitaux ou autres œuvres pies. Enjoignons aux
fils qui excedent l'âge de trente ans,
& aux filles qui excedent celuy de
vingt cinq, de requerir par écrit
l'avis & conseil de leurs pere &
mere pour se marier, sous peine
d'être exheredez par eux suivant l'E-
dit de l'an 1556.

III.

Déclarons conformément aux
saints Decrets & Constitutions Canoniques, les Mariages faits avec
ceux qui ont ravi & enlevé des
veuves, fils & filles de quelque âge
& condition qu'ils soient, non valablement contractez, sans que par
le tems, ny par le consentement
des personnes ravies, & de leurs
peres & meres, Tuteurs & Curateurs ils puissent être confirmez,
tandis que la personne ravie est en
la possession du ravisseur ; & neanmoins en cas que sous prétexte de
majorité elle donne un nouveau
consentement aprés être mise en liberté pour se marier avec le ravisseur, nous la déclarons, ensemble les enfans qui naîtront d'un tel
Mariage, indignes & incapables de
legitimes & de toutes successions directes & collaterales qui leur pourront écheoir sous quelque titre que
ce soit, conformément à ce que
nous ordonnons contre les personnes ravies par subornation, & les
parents qui auront assisté, donné

conseil & favorisé lesdits Mariages,
& leurs hoirs, incapables de succeder directement ou indirectement
ausdites veuves, fils & filles. Enjoignons tres-expressément à nos
Procureurs Generaux & à leurs
Substituts de faire toutes les poursuites necessaires contre ces ravisseurs
& leurs complices, nonobstant qu'il
n'y eût plainte de partie civile, &
à nos Juges de punir les coupables
de peine de mort, & confiscation
de biens, sur iceux préalablement
prises les reparations qui seront
ordonnées, sans que cette peine
puisse être moderée, faisant deffenses à tous nos Sujets de quelque
qualité & condition qu'ils soient,
de donner faveur ny retraite aux
coupables, ny retenir les personnes
nes enlevées, à peine d'être punis
comme complices, & de répondre
solidairement & leurs hoirs des reparations adjugées, & d'être privez
de leurs Offices & Gouvernemens
s'ils en ont, dont ils encourront la
privation par le seul acte de la contravention à cette deffense.

IV.

Et afin qu'un chacun reconnoisse combien nous détestons toutes sortes de rapts, nous deffendons tres-expressement aux Princes & Seigneurs de nous faire Instances pour accorder des lettres afin de rehabiliter ceux que nous avons déclarez incapables de successions, à nos Secretaires d'Etat de les signer, & à nôtre tres-cher & feal Chancelier de les sceller, & à tous Juges d'y avoir aucun égard, en cas que par importunité ou autrement on en eût impetré aucunes de nous, voulant que nonobstant telles dérogations ou dispenses, les peines contenuës en nos Ordonnances soient executées.

V.

Desirant pourvoir à l'abus qui commence à s'introduire dans nôtre Royaume par ceux qui tiennent leurs Mariages secrets & cachez pendant leur vie contre le respect qui est dû à un si grand Sacrement, Nous

Nous ordonnons que les majeurs contractent leurs Mariages publiquement & en face d'Eglise avec les solemnitez prescrites par l'Ordonnance de Blois, & déclarons les enfans qui naîtront de ces Mariages, que les parties ont tenus jusques icy ou tiendront à l'avenir cachez pendant leur vie, qui ressentent plûtôt la honte d'un concubinage, que la dignité d'un Mariage, incapables de toutes successions aussibien que leur posterité.

VI.

Nous voulons que la même peine ait lieu contre les enfans qui sont nez des femmes que les peres ont entretenuës, & qu'ils épousent lors qu'ils sont à l'extremité de la vie, comme aussi contre les enfans procréez par ceux qui se marient aprés avoir été condamnez à mort, même par les Sentences de nos Juges renduës par défaut, si avant leurs deceds ils n'ont été remis au premier état suivant la loy prescrite par nos Ordonnances,

VII.

Deffendons à tous Juges, même à ceux d'Eglise, de recevoir la preuve par témoins des promesses de Mariages, ny autrement que par écrit, qui soit attesté en presence de quatre proches parents de l'une & l'autre des parties, encoré qu'elles soient de basse condition. Si donnons en mandement à nos amez & feaux Conseillers les gens tenans nôtre Cour de Parlement à Paris, Baillifs, Senechaux, Juges ou leurs Lieutenans, & à tous autres nos Justiciers & Officiers qu'il appartiendra, que ces presentes ils fassent lire, publier, regiftrer, executer, garder & obferver felon leur forme & teneur. Enjoignons à nos Procureurs Generaux, leurs Subftituts presens & à venir d'y tenir la main, & faire toutes les diligences requises & necessaires pour ladite execution. Car tel est nôtre plaisir, en témoin de quoy nous avons fait mettre nôtre scel à ces presentes. Donné à saint Germain en Laye le 26. jour de Novembre, l'an de gra-

ce 1639. & de nôtre Regne le tren-
tiéme. Signé, LOUIS. Et plus
bas, par le Roy, DE LOMENIE, &
fcellé du grand Sceau de cire jaune.

Et encore eſt écrit :

Lûës, publiées, regiſtrées, oüy, &
ce requerant le Procureur Général du
Roy, pour être executées, gardées &
obſervées ſelon leur forme & teneur.
A Paris, ce 19. jour de Decembre
1639. Signé, DU TILLET.

EDIT DU ROY,

Concernant les formalitez qui doivent être obſervées dans les Mariages.

Du mois de Mars 1697.

LOUIS par la Grace de Dieu Roy de France & de Navarre : A tous preſens & à venir, Salut. Les ſaints Conciles ayant preſcrit comme une des ſolemnitez eſſentielles au Sacrement de Mariage la preſence du propre Curé de ceux qui contractent, les Rois nos predeceſſeurs ont autoriſé par pluſieurs Ordonnances l'execution d'un Reglement ſi ſage & qui pouvoit contribuer auſſi utilement à empêcher ces conjonctions malheureuſes qui troublent le repos, & fletriſſent l'honneur de pluſieurs familles par des alliances ſouvent encore plus honteuſes par la corruption des mœurs, que par l'inégalité de la naiſſance ; mais comme nous voyons

avec beaucoup de déplaifir que la
juftice de ces loix, & le refpect
qui eft dû aux deux Puiffances qui
les ont faites, n'ont pas été capables d'arrêter la violence des paf-
fions qui engagent dans les Mariages de cette nature, & qu'un interêt fordide fait trouver trop aifé-
ment des témoins, & même des
Prêtres qui proftituent leur miniftere auffi-bien que leur foy pour profaner de concert ce qu'il y a de
plus facré dans la Religion & dans
la focieté civile ; nous avons eftimé
neceffaire d'établir plus expreffement que l'on n'avoit fait jufqu'à
cette heure la qualité du domicile,
tel qu'il eft neceffaire pour contracter un Mariage en qualité d'Ha-
bitant d'une Paroiffe, & de prefcri-
re des peines dont la jufte feverité
pût empêcher à l'avenir ces furpri-
fes, que des perfonnes fuppofées
& des témoins corrompus ont ofé
faire pour la conceffion des difpen-
fes & pour la celebration des Mariages, & contenir dans leur devoir
les Curez & les autres Prêtres tant
Seculiers que Reguliers, lefquels
oubliant la dignité & les obliga-

tions de leur caractere , violant eux-
mêmes les regles que l'Eglife leur
a prefcrites , & la fainteté d'un Sacrement dont ils font encore plus
obligez d'infpirer le refpect par leurs
exemples , que par leurs paroles ; &
comme nous avons été informé en
même tems qu'il s'étoit prefenté
quelques cas en nos Cours , aufquels n'ayant pas été pourvû par
les Ordonnances qui ont été faites
fur le fait des Mariages , nos Juges n'avoient pas pû apporter les
remedes qu'ils avoient eftimez neceffaires pour l'ordre & la Police
publique. A ces caufes , aprés avoir
fait mettre cette affaire en déliberation en nôtre Confeil , de l'avis
d'iceluy , & de nôtre certaine fcience,pleine puiffance & autorité Royale , nous avons par nôtre prefent
Edit ftatué & ordonné , ftatuons &
ordonnons , voulons & nous plaît ,
que les difpofitions des faints Canons & les Ordonnances des Rois
nos predeceffeurs concernant la celebration des Mariages , & notamment celles qui regardent la neceffité de la prefence du propre Curé de ceux qui contractent , foient

exactement observées , & en execution d'icelles, deffendons à tous Curez & Prêtres tant Seculiers que Reguliers de conjoindre en Mariage autres personnes que ceux qui sont leurs vrais & ordinaires Paroissiens, demeurans actuellement & publiquement dans leurs Paroisses au moins depuis six mois , à l'égard de ceux qui demeuroient auparavant dans une autre Paroisse de la même ville ou dans le même Diocese ; & depuis un an pour ceux qui demeuroient dans un autre Diocese, si ce n'est qu'ils en ayent une permission speciale & par écrit du Curé des parties qui contractent, ou de l'Archevêque ou Evêque Diocesain.

Enjoignons à cet effet à tous Curez & autres Prêtres qui doivent celebrer des Mariages de s'informer soigneusement avant d'en commencer les ceremonies , & en presence de ceux qui y assistent par le témoignage de quatre témoins dignes de foy, domiciliez , & qui sçachent signer leurs noms, s'il s'en peut aisément trouver autant dans le lieu où l'on celebrera le Mariage, du domicile auffi-bien que de l'âge, & de la qualité de ceux qui le contractent, & particulierement s'ils font enfans de famille ou en la puiffance d'autruy, afin d'avoir en ce cas les confentemens de leurs peres, meres, Tuteurs, ou Curateurs, & d'avertir lefdits témoins des peines portées par nôtre prefent Edit contre ceux qui certifient en ce cas des faits qui ne font pas veritables, & de leur en faire figner aprés la celebration du Mariage les actes qui en feront écrits fur le Regiftre, lequel en fera tenu en la forme prefcrite par les articles 7. 8. 9. & 10. du Titre 20. de nôtre Ordonnance du mois d'Avril 1667.

Voulons que fi aucuns defdits Curez ou Prêtres tant Seculiers que Reguliers celebrent cy-aprés fciemment & avec connoiffance de caufe, des Mariages entre des perfonnes qui ne font pas effectivement de leurs Paroiffes, fans en avoir la permiffion par écrit des Curez de ceux qui les contractent, ou de l'Archevêque ou Evêque Diocefain, il foit procedé contre eux extraordi-

nairement, & qu'outre les points
Canoniques que les Juges d'Eglise
pourront prononcer contre eux, lefdits Curez & autres Prêtres tant
Seculiers que Reguliers qui auront
des Benefices, foient privez pour
la premiere fois de la joüiffance
de tous les revenus de leurs Cures
& Benefices pendant trois ans, à
la reserve de ce qui eft abfolument
neceffaire pour leur fubfiftance, ce
qui ne pourra exceder la fomme
de fix cens livres dans les plus
grandes villes, & celle de trois cens
livres par tout ailleurs, & que le
furplus defdits revenus foit faifi à
la diligence de nos Procureurs, &
diftribué en œuvres pies par l'ordre
de l'Archevêque ou Evêque Diocefain ; qu'en cas d'une feconde contravention, ils foient bannis pendant le tems de neuf ans, des lieux
que nos Juges eftimeront à propos ;
que les Prêtres Seculiers qui n'auront point de Cures & de Benefices foient condamnez pour la premiere fois au banniffement pendant trois ans, & en cas de recidi-
ve pendant neuf ans ; & qu'à l'é-
gard des Prêtres Reguliers ils foient

envoyez dans un Convent de leur
Ordre, tel que leur Superieur leur
aſſignera, hors des Provinces qui
ſeront marquées par les Arrêts de
nos Cours, ou les Sentences de nos
Juges, pour y demeurer renfermez
pendant le tems qui ſera marqué
par leſdits jugemens, ſans y avoir
aucune charge, fonction, ny voix
active & paſſive, & que leſdits
Curez & Prêtres puiſſent en cas de
rapt fait avec violence être condamnez à plus grandes peines lors
qu'ils prêteront leur miniſtere pour
celebrer des Mariages en cet état.

Voulons pareillement que le procés ſoit fait à tous ceux qui auront
ſuppoſé être les peres, meres, Tuteurs ou Curateurs des mineurs
pour l'obtention des permiſſions de
celebrer des Mariages, des diſpenſes de bans & des main-levées des
oppoſitions formées à la celebration
deſdits Mariages, comme auſſi aux
témoins qui auront certifié des
faits qui ſe trouveront faux à l'é-
gard de l'âge, qualité & domicile
de ceux qui contractent, ſoit pardevant les Archevêques & Evêques
Diocesains, ſoit pardevant leſdits

Curez & Prêtres lors de la celebration defdits Mariages, & que
ceux qui feront trouvez coupables
defdites fuppofitions & faux témoignages foient condamnez, fçavoir
les hommes à faire amande honorable & aux galeres pour le tems
que nos Juges eftimeront jufte, &
au banniffement, s'ils ne font pas
capables de fubir ladite peine des galeres, & les femmes à faire pareillement amande honorable, & au
banniffement, qui ne pourra être
moindre de neuf ans.

Déclarons que le domicile des
fils & filles de famille mineurs de
vingt-cinq ans pour la celebration
de leurs Mariages, eft celuy de leurs
peres, meres ou de leurs Tuteurs
& Curateurs après la mort de leurf-
dits peres & meres; & en cas qu'-
ils ayent un autre domicile de
fait, ordonnons que les bans feront publiez dans les Paroiffes où
ils demeurent, & dans celles de
leurs peres, meres, Tuteurs & Curateurs,

Ajoûtant à l'Ordonnance de l'an
1556. & à l'article 2. de celle de
l'an 1639. permettons aux peres &

aux meres d'exhereder leurs filles,
veuves, mêmes majeures de vingt-
cinq ans, lesquelles se marieront sans
avoir requis par écrit leurs avis &
conseils.

Déclarons lesdites veuves & les
fils & filles majeures même de
vingt-cinq & de trente ans, lesquels demeurans actuellement avec
leurs peres & meres contractent à
leur insçû des Mariages, comme
Habitans d'une autre Paroisse sous
prétexte de quelque logement qu'ils
y ont pris peu de tems auparavant
leurs Mariages, privez & déchûs
par leur seul fait; ensemble les enfans qui en naîtront, des successions de leursdits peres, meres,
ayeuls & ayeulles, & de tous autres
avantages qui pourroient leur être
acquis en quelque maniere que ce
puisse être, même du droit de legitime.

Voulons que l'article 6. de l'Ordonnance de 1639. au sujet des
Mariages que l'on contracte à l'extremité de la vie ait lieu, tant à
l'égard des femmes, qu'à celuy des
hommes, & que les enfans qui sont
nez de leurs débauches avant les-

dits Mariages, ou qui pourront naître aprés lefdits Mariages contractez en cet état, foient auffi-bien que leur pofterité declarez incapables de toutes fucceffions.

Si donnons en mandement à nos amez & feaux Confeillers les gens tenans nôtre Cour de Parlement de Paris que nôtre prefent Edit, Statut & Ordonnance ils faffent lire, publier & enregiftrer, le gardent & obfervent, & le faffent garder & obferver fans fouffrir qu'il y foit contrevenu, nonobftant toutes autres Ordonnances, Coûtumes & chofes qui pourroient y être contraires, aufquelles en tant que befoin feroit nous avons dérogé & dérogeons par ces prefentes. Car tel eft nôtre plaifir ; & afin que ce foit chofe ferme & ftable à toûjours, nous y avons fait mettre nôtre Scel. Donné à Verfailles au mois de Mars l'an de grace mil fix cens quatre-vingt-dix-fept, & de nôtre Regne le cinquante-quatriéme. Signé, LOUIS. Et fur le repli, par le Roy, PHELYPEAUX. *Vifa* BOUCHERAT. Et fcellé du grand Sceau de cire verte.

Lûës, publiées & regiftrées, oüy
& ce requerant le Procureur Général
du Roy, pour être executées felon leur
forme & teneur. *A Paris en Parle-*
ment. le 11. Mars 1697. Signé ,
DONGOIS.

TABLE

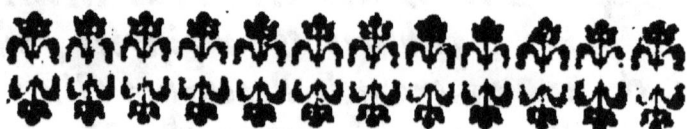

DES MATIERES
contenuës dans ce Traité.

A

B

C

TABLE

DES MATIERES.

TABLE

DES MATIERES.

DES MATIERES.

D

TABLE

Elles

Q q

DES MATIERES.

TABLE

F

G

DES MATIERES.

I

TABLE

L

TABLE

N

DES MATIERES.

O

TABLE

P

DES MATIERES.

TABLE

R

DES MATIERES.

TABLE

S.

DES MATIERES.

T

V

Fin de la Table des Matieres.

APPROBATION.

J'Ay lû par ordre de Monseigneur le Chancelier un Livre intitulé, *Traité des Contrats de Mariage*, dont l'Impression ne peut qu'être utile au Public. A Paris, ce 22. Decembre 1707.

Signé, CAPON.

PRIVILEGE DU ROY.

LOUIS par la Grace de Dieu Roy de France & de Navarre : A nos amez & feaux Confeillers, les gens tenans nos Cours de Parlement, Maîtres des Requêtes ordinaires de nôtre Hôtel, Grand Confeil, Prevôt de Paris, Baillifs, Senechaux, leurs Lieutenans Civils & autres nos Jufticiers qu'il appartiendra, Salut. DAMIEN BEUGNIE' Libraire à Paris nous ayant fait remontrer qu'il defireroit donner au Public un Livre intitulé, *Traité des Contrats de Mariage*, s'il nous plaifoit luy accorder nos Lettres de Privilege fur ce neceffaires, Nous avons permis & permettons par ces Prefentes audit Beugnié de faire imprimer ledit Livre en telle forme, marge, caractere, & autant de fois que bon luy semblera, & de le vendre, faire vendre & debiter par tout nôtre Royaume pendant le tems de quatre années confecutives, à compter du jour de la date defdites prefentes.

Faifons

Faisons défenses à toutes personnes de quelque qualité & condition qu'elles puissent être, d'en introduire d'impression étrangere dans aucun lieu de nôtre obéïssance, & à tous Imprimeurs, Libraires & autres d'imprimer, faire imprimer, vendre, debiter, ny contrefaire ledit livre en tout ou en partie, sans la permission expresse & par écrit dudit Exposant, ou de ceux qui auront droit de luy, à peine de confiscation des Exemplaires contrefaits, de quinze cens livres d'amende contre chacun des contrevenans, dont un tiers à nous, un tiers à l'Hôtel-Dieu de Paris, l'autre tiers audit Exposant, & de tous dépens, dommages & interêts; à la charge que ces presentes seront enregistrées tout au long sur le Registre de la Communauté des Imprimeurs & Libraires de Paris, & ce dans trois mois de la date d'icelles; que l'impression dudit livre sera faite dans nôtre Royaume, & non ailleurs, en bon papier & en beaux caracteres, conformément aux Reglemens de la Librairie, & qu'avant que de l'exposer en vente , il en fera mis deux Exemplai-res dans nôtre Bibliotheque publi-que , un dans celle de nôtre Châ-teau du Louvre , & un dans celle de nôtre tres-cher & feal Cheva-lier Chancelier de France , le Sieur Phelypeaux Comte de Pontchar-train, Commandeur de nos Ordres ; le tout à peine de nullité des Pre-fentes , du contenu defquelles vous mandons & enjoignons de faire joüir l'Expofant ou fes ayans caufe plei-nement & paifiblement , fans fouf-frir qu'il leur foit fait aucun trou-ble ou empêchement. Voulons que la copie defdites Prefentes qui fera imprimée au commencement ou à la fin dudit livre , foit tenuë pour dûëment fignifiée , & qu'aux copies collationnées par l'un de nos amez & feaux Confeillers & Secretaires, foy foit ajoûtée comme à l'origi-nal. Commandons au premier nô-tre Huiffier ou Sergent de faire pour l'execution d'icelles tous actes requis & neceffaires fans autre per-miffion , & nonobftant clameur de Haro, Charte Normande & Let-tres à ce contraires. Car tel eft nô-tre plaifir. Donné à Verfailles le huitiéme jour de Janvier l'an de grace mil fept cent huit, & de nôtre Regne le foixante-cinquiéme. Signé, Par le Roy en fon Confeil, Le Comte. Et fcellé du grand Sceau de Cire jaune.

Regiftré fur le Regiftre No. 2. de la Communanté des Libraires & Imprimeurs de Paris page 303. No 379. conformément aux Reglemens, & notamment à l'Arrêt du Confeil du 15. Août 1703. A Paris ce 18. Janvier 1708. Signé, L. SEVISTRE & Syndic.

Le prix de ce Livre eft de quarante-cinq fols relié en veau.